城镇供水行业职业技能培训教材

自来水生产工

浙江省城市水业协会
浙江省产品与工程标准化协会 组织编写

中国建筑工业出版社

图书在版编目（CIP）数据

自来水生产工/浙江省城市水业协会，浙江省产品与
工程标准化协会组织编写. —北京：中国建筑工业出
版社，2020.2（2023.12重印）
城镇供水行业职业技能培训教材
ISBN 978-7-112-24592-5

Ⅰ. ①自⋯ Ⅱ. ①浙⋯ ②浙⋯ Ⅲ. ①给水-制
造-技术培训-教材 Ⅳ. ①TU991

中国版本图书馆 CIP 数据核字（2020）第 011866 号

　　本书是根据《城镇供水行业职业技能标准》CJJ/T 225—2016，结合供水行业
的特点，理论联系实际，由专业人员集体编写而成。
　　本册教材共分十章，包括水力学基础知识、供水水质基础、给水处理、机电
设备、电气基础、计算机基础与自动化信息化、供水调度基础、质量管理基础、
水厂生产管理基础、水厂安全生产基础等方面的内容。本书系统介绍了自来水生
产工作相关的基本理论、概念、构造原则及生产组织管理、新技术发展应用，结
合行业实际对常用工艺类型、设备类型的特点与操作、巡检、维护要求进行了阐
述，对自来水生产与水厂管理具有指导意义。
　　本书可作为浙江省供水行业职工的岗前培训、职业技能素质提高培训及职业
技能鉴定的参考教材使用。

　　　　责任编辑：杜　　川
　　　　责任校对：芦欣甜

城镇供水行业职业技能培训教材
自来水生产工
浙 江 省 城 市 水 业 协 会
浙江省产品与工程标准化协会　组织编写

*

中国建筑工业出版社出版、发行（北京海淀三里河路9号）
各地新华书店、建筑书店经销
霸州市顺浩图文科技发展有限公司制版
建工社（河北）印刷有限公司印刷

*

开本：787×1092毫米　1/16　印张：12¼　字数：300千字
2020年7月第一版　　2023年12月第三次印刷
定价：49.00元
ISBN 978-7-112-24592-5
（35294）

《城镇供水行业职业技能培训教材》编写委员会

主　　任：赵志仁
副 主 任：柳成荫　徐丽东　程　卫　刘兴旺
委　　员：方　强　卢汉清　朱鹏利　郑昌育　查人光
　　　　　代　荣　陈爱朝　陈　柳　邓铭庭
参编单位：杭州市水务集团有限公司
　　　　　宁波市供排水集团有限公司
　　　　　温州市自来水有限公司
　　　　　嘉兴市水务投资集团有限公司
　　　　　湖州市水务集团有限公司
　　　　　绍兴市公用事业集团有限公司
　　　　　绍兴柯桥水务集团有限公司
　　　　　金华市水务集团有限公司
　　　　　浙江衢州水业集团有限公司
　　　　　舟山市自来水有限公司
　　　　　台州自来水有限公司
　　　　　丽水市供排水有限公司
　　　　　浙江省长三角标准技术研究院

本书编委会

主　　编：陈爱朝
副主编：高建峰
参　　编：赵安瑜　吴园园　李小敏　高　骐　相春根
　　　　　钱金祥　蔡慧野　高建峰　蔡华杰　王　蕾
　　　　　王剑俊　傅晓冬　朱军进　朱宇珂　孙国厚
　　　　　董益鸣　吴建卫　孔华明　刘升彧

序

为贯彻落实《中共中央　国务院关于印发〈新时期产业工人队伍建设改革方案〉的通知》和中央城市工作会议精神，健全住房城乡建设行业职业技能培训体系，全面提高住房城乡建设行业一线从业人员的素质和技能水平。根据《住房城乡建设部办公厅关于印发住房城乡建设行业职业工种目录的通知》（建办人〔2017〕76号）和《城镇供水行业职业技能标准》CJJ/T 225—2016要求，结合供水行业的特点，浙江省城市水业协会和浙江省产品与工程标准化协会组织编写了《城镇供水行业职业技能培训教材》。

本套教材共9册，分别为《水质检验工》《供水管道工》《供水泵站运行工》《供水营销员》《供水稽查员》《供水客户服务员》《供水调度工》《自来水生产工》《机电设备维修工》。

本套教材结合供水行业的特点，理论联系实际，系统阐述了城镇供水行业从业人员应掌握的安全生产知识、理论知识和操作技能等内容。内容简明扼要，定义明确，逻辑清晰，图文并举，文字通俗易懂。对提升城镇供水行业从业人员职业技能素质具有重要意义。

本套教材编写过程中参考了有关作者的著作，在此表示深深的谢意。

本套教材内容的缺点和不足之处在所难免，希望读者批评、指正。

浙江省城市水业协会
浙江省产品与工程标准化协会

前　　言

本册教材是根据《城镇供水行业职业技能标准》CJJ/T 225—2016编写。

本册教材共分十章，包括水力学基础知识、供水水质基础、给水处理、机电设备、电气基础、计算机基础与自动化信息化、供水调度基础、质量管理基础、水厂生产管理基础、水厂安全生产基础等方面的内容。

本册教材由杭州市水务集团有限公司组织编写，主编陈爱朝，副主编高建峰，其中水力学基础知识由蔡华杰、刘升彧编写，供水水质基础由李小敏编写，给水处理由赵安瑜、吴园园、吴建卫编写，机电设备由相春根、孔华明、孙国厚、董益鸣编写，电气基础由钱金祥、王剑俊编写，计算机基础与自动化信息化由高骐编写，供水调度基础由蔡慧野、朱宇珂编写，质量管理基础、水厂生产管理基础、水厂安全生产基础由高建峰、朱军进编写。陈爱朝、高建峰、王蕾、王剑俊、傅晓冬参与审稿。

本册教材内容的缺点和不足之处在所难免，希望读者批评、指正。

目 录

第一章

水力学基础知识

第一节 概　　述

水力学是净水工程的理论基础，其贯穿净水工程的整个流程。水力学主要研究水的宏观机械运动规律及其在工程技术中的应用，包括水静力学和水动力学。

水的物理性质是其运动状态主要影响因素，水的物理性质主要有：

1. 密度

密度指单位体积物体所包含质量，可用符号 ρ 表示。水的密度，在标准状况（指温度为 4℃，压力为一个标准大气压强的情况）下为常数，其数值为 1 克/立方厘米（g/cm^3）或 1000 克/立方米（kg/m^3）。

2. 黏滞性

黏滞性本质是水的内摩擦力。作用体现为管、渠中水流的分层现象，见图 1-1。

水的黏滞性主要与温度有关，温度升高，黏滞性减小。

水的黏滞性常常使用水的运动黏滞系数 ν 来表示，可通过式（1-1）计算：

$$\nu = \mu/\rho \qquad (1-1)$$

式中：ν 指运动黏滞系数，单位平方米/秒，习惯把 1 平方厘米/秒（cm^2/s）称为 1 "斯托克斯"，1 "斯托克斯" 等于 $0.0001m^2/s$；μ 指动力黏滞系数，具有运动学量纲。

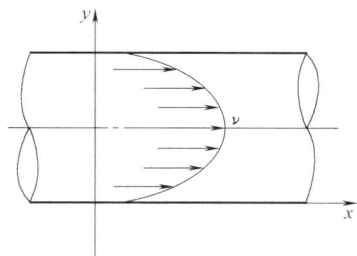

图 1-1　管中水流分层现象

3. 水的膨胀性与压缩性

水的膨胀性及压缩性指水在受到外力或温度影响时，体积相应变大或变小的现象，实验证明水的体积受外力或温度的影响微乎其微，常可将其视为常数。

4. 水的表面张力

作用于液体表面，使液体表面积缩小、放大的力，称为水的表面张力。

第二节　水　静　力　学

研究水处于静止或相对静止状态下的平衡规律及其在工程上的应用的学科被称之为水静力学。水静力学研究的是水体的平衡规律，而水体平衡规律主要是研究静水压强在空间分布规律及其实际应用。

1. 静水压强及其特性

（1）静水压强

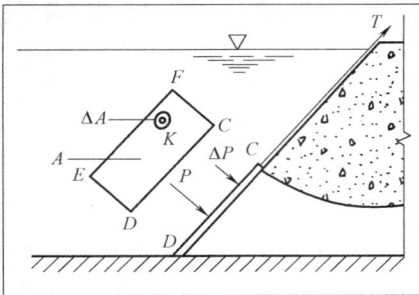

图 1-2　平均压强与点压强

静水压强指作用在单位面积上的静水压力，可用 P 表示。通常我们可用平均压强或点压强来表示静水压力，见图 1-2。

平均压强 P 指作用于接触面上水压的平均值，点压强 ΔP 指作用于接触面上某一点的具体压力值，平均压强的极限值定义为该点的静水压强。

（2）静水压强的特性

主要体现为压强方向及压强大小的分布。静水压强的方向总是垂直于受压面并且始终指向受压面，静水压强的方向性与受压面的方位无关。静水压强的大小取决于压力点的空间位置而与其作用面的方位无关，亦即任何一点在空间三维的各个方向上的静水压强大小总是相等的，见图 1-3，$P_{zx}=P_{xy}=P_z=P_x$，以此类推。

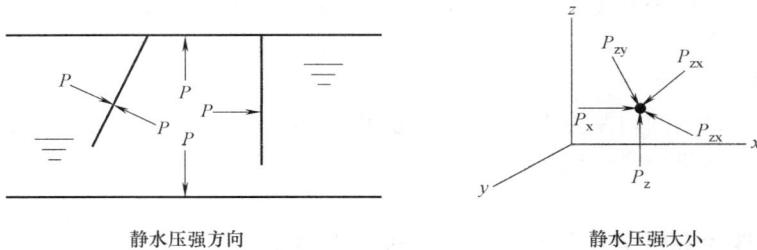

静水压强方向

静水压强大小

图 1-3　静水压强方向与大小

2. 重力作用下的水静力学基本方程

水体中某一点的压强与其所处的深度有关，静止水体中，水体中的任意一质点处于力学平衡状态，即任意方向总合力为零。

如图 1-4，任意方向合力为零，可得式（1-2）：

$$P=P_0+P_1 \tag{1-2}$$

即：

$$P=P_0+\gamma \cdot h$$

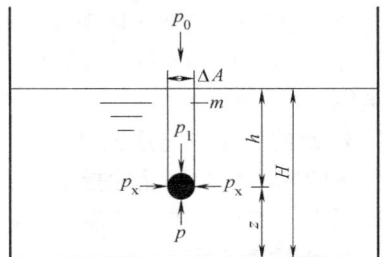

图 1-4　水体中任一质点力学平衡状态

式中：

P 指水体中任意一点压强，单位 N/m² 或 Pa；

P_0 指水面所承受大气压等其他外压，单位 N/m² 或 Pa；

γ 指该水体重度，$\gamma = mg/V$，单位 N/m²；

h 指该点所处水深，单位 m。

实验证明，静止水体中，无论哪一点的 $z + P/\gamma$ 总是一个常数，如图 1-5，即有式（1-3）：

$$z_2 + P_2/\gamma = z_1 + P_1/\gamma = C \qquad (1-3)$$

式中：

z 指位置高度，或者位置水头，或指单位位能，单位，m；

P/γ 指压强高度，或压强水头，或单位压能，单位，m；

$z + P/\gamma$ 指测压管水头，或单位势能，单位，m。

根据净水力学基本方程，我们可得出如下三条规律：

帕斯卡定律，即在静水中，水体任意表面的气体压强或者外压，均可大小不变地传递到水体中的任何一点。

仅在重力或稳定外力作用下，水中某一点的静水压强与该点深度成正比。

在只有重力或稳定外力作用的静止均质水体中，自由表面下同一深度 h 的点压力均相等。压强相等的各点所组成的面，我们称为等压面，等压面必定为等势面。

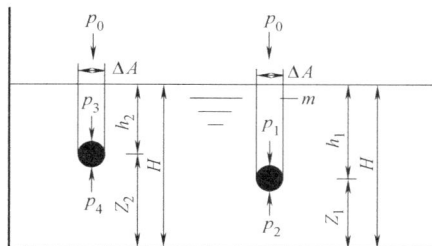

图 1-5 水体中不同位置质点压强示意

3. 静水压强的度量和测量

静水压强根据零基准的选择分为绝对压强 P'（以真空为基准面）、相对压强 P_a（以大气压为基准面）和真空压强三类 P_v（即真空度），如图 1-6、公式 1-4。

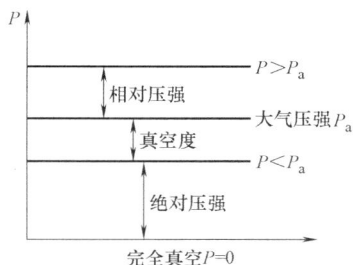

图 1-6 绝对压强、相对压强与真空压强

$$P_V = P_a - P' = P \qquad (1-4)$$

静水压强的测量按测量压强与大气压的大小关系，可分为压力计（或压力表）、真空计（或真空表），其中前者测量压力大于大气压，后者测量压力小于大气压。

（1）测压管

测压管是直接利用同种液体的高度差来测量静水压强的仪器。

如图 1-7，图中所示点相对压强可用公式（1-5）计算：

$$P_a = \rho \cdot g \cdot H = \rho \cdot g \cdot L \cdot \sin\theta \qquad (1-5)$$

（2）水银测压计

测压管一般用于较小压强的测定，当压强较高时，常使用水银测压计。

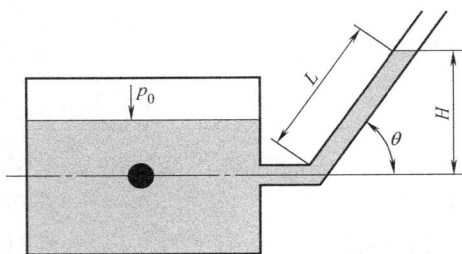

图 1-7　测压管示意图

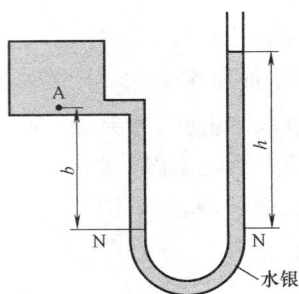

图 1-8　水银测压计示意图

如图 1-8，图中测压点相对压强可用公式（1-6）计算：

$$P_a = \rho_{Hg} \cdot g \cdot h - \rho_{水} \cdot g \cdot b \tag{1-6}$$

（3）压差计

在净水工程中常需要测量不同点间的压强之差或测压管水头差，这种情况下需要使用压差计。

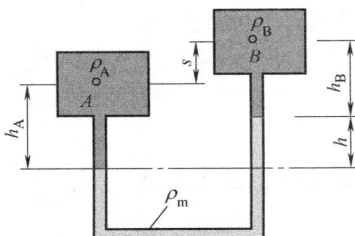

图 1-9　压差计示意图

如上图，图中测压点相对压强可用公式（1-7）计算：

$$P_A = (\rho_m \cdot g - \rho_A \cdot g) \cdot h + (\rho_B \cdot g - \rho_A \cdot g) \cdot h_B + \rho_A \cdot g \cdot s \tag{1-7}$$

（4）金属测压计

常用的金属测压计有弹力测压计是金属测压表与弹簧测压表。他们的原理是利用弹性材料随压强高低的变形幅度不同，通过量测变形的大小达到压强量测的目的。

4. 静水压强在净水工程中的应用

净水力学在净水工程中有着非常重要的意义，如在做水池、水箱、闸门、防洪堤等净水设施时，需要掌握净水设施中受压面的压强分布、总压力大小、方向及主要作用点，以配合结构设计。

确定任意形状，任意方位物体在受压面上所承受的净水总压力的大小、方向及作用点的方法主要有图解法和解析法两种。

其中，图解法利用静水压强与水深呈线性关系的原理，通过绘制长度成比例的线段表征不同深度的压力大小及静水压强的分布图来计算静水总压力及其受力点。解析法则是应用力学和数学分析的方法，通过积分方式来计算平面壁的静水总压力。

第三节 水 动 力 学

水力学中，研究水处于运动状态下的宏观机械运动规律的学科，我们称之为水动力学。

1. 水动力学基本概念

水动力学有诸多概念，主要用途在于便于定性、定量描述水的运动状态。

（1）基本概念（图 1-10）

流场：主要指流动液体所处的空间，如管道、沟渠等。

流线：指同一时刻通过一系列液体质点而绘制的曲线，曲线上的任一液体质点流速方向与流线相切，流线一般不相交且可随着时间发生变化。

迹线：指某一质点在运动过程中所占据的空间线路，其本质为质点在空间内的运动轨迹。

图 1-10 水动力学基本概念示意图

过水断面：垂直于流线簇所取的断面。

流管：流场中，定义一封闭曲线，该封闭曲线上各点流线构成的中空管状界面。

流股：流管中的液流。

元流：过水断面无限小的流股。

总流：元流总和。

（2）压强

因水的黏性很小，动水压强与静水压强特性基本相同，但动水压强大小受流速影响，各点压强一般情况下不为常数。

（3）流量

液体是一种不可数物质，其通常以流量或断面平均流速来计量。

流量 Q 指单位时间内流经某过水断面的液体的总体积，以此作为水量计量。

断面平均流速 v（断面流速计量）：即断面各点流速的加权均平均值。

则流量与流速存在如下式（1-7）关系：

$$v = Q/A \tag{1-7}$$

式中，Q 为流量，单位 m^3/h，或 cm^3/s；A 为过流断面的面积，单位 m^2 或者 cm^2。

（4）有压流和无压流

有压流：无自由液面，整个周界与固面接触，有压力，依靠压力差作用流动。

无压流：有自由液面，通常某个周界与大气接触，主要靠重力流动。

（5）稳定流和不稳定流

稳定流：液体在运动过程中所有点的流速与压强均不随时间变化而变化。

不稳定流：性质与稳定流相反。

（6）均匀流与非均匀流

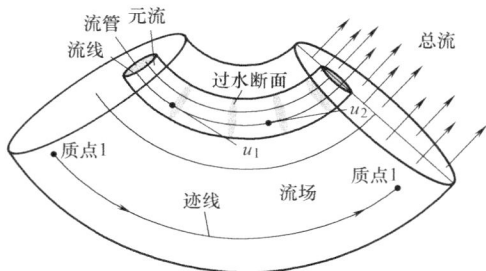

均匀流：指流场流线平行，液体质点流速大小和方向沿流程方向不变的流动。

非均匀流：与均匀流相反。

（7）渐变流和急变流

渐变流：流场流线沿流程平行缓慢变化的流动，称为渐变流。

急变流：流场流线呈不平行的流线沿流程急剧变化的流动，称为急变流。

2. 稳定流连续性方程

稳定流连续性方程主要用于在已知同一流场内某过水断面的流态的情况下描述另一断面的流态。稳定流连续性方程的本质是质量守恒。

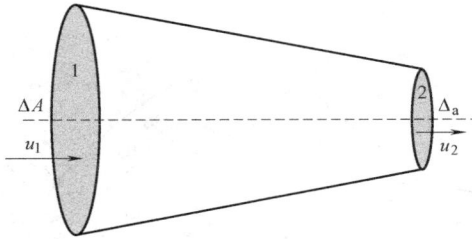

图 1-11　同一流场不同过水断面流态示意

如图 1-11，$Q_1 = Q_2$，换算得式（1-8）：

$$u_2/u_1 = \Delta A_1/\Delta_a \qquad (1-8)$$

上式即为稳定流的连续性方程，同一流场中，过水断面的平均流速与过水断面面积大小成反比，过水断面面积越大，平均流速越小，反之则越大。

3. 稳定流的能量方程（伯努利方程）

伯努利方程的本质是物质的能量守恒定律，其主要研究流体流经流场过程中所产生的能量变化，进而带来的流体压强及流速等参数的表观反应。

（1）流体的能量

净水工程中，水体输送过程存在能量变化。输送过程任意位置水体均存在位能、压能及动能，见图 1-12。

其中压能为势能的一种，其表现为水的压强，表达式为 mgp/γ，任意位置水体能量如式（1-9）：

$$mgH = \frac{1}{2}mv^2 + mgh + \frac{mgp}{\gamma} \qquad (1-9)$$

式中两边除以 mg，可得：

$$H = \frac{v^2}{2g} + h + \frac{p}{\gamma}$$

该式在水力学上也可称为流体的总水头公式，总水头也可作为流体能量的一种表现形式，其公式各个子项均有不同的物理、几何意义，见表 1-1。

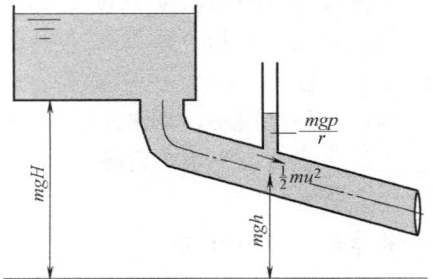

图 1-12　水体输送位能、压能及动能示意

伯努利方程各子项物理与几何意义　　　　　　　　表 1-1

项	物理意义	几何意义
z	单位位能	位置高度、位置水头
$p/\rho g$	单位压能	测压管高度、压强水头
$\alpha v^2/2g$	单位动能	速度水头
$z + p/\rho g$	单位总势能	测压管水头
$z + p/\rho g + \alpha v^2/2g$	单位总机械能	总水头
h_w	单位能量损失	水头损失

（2）伯努利方程

实际上流体在转输过程，机械能并不时刻相等，部分机械能由于水的内摩擦力、水与管道摩擦碰撞等原因，转换为热能等其他能量形式，造成机械能的损失，这也是输水管道水头损失的主要原因，宏观表现为配水过程压力的减小、水体流速的降低等。根据能量守恒原理，同一封闭流场中，下游某点的能量总和等于上游某点的能量总和减去沿程能量损失，如图 1-13 所示。

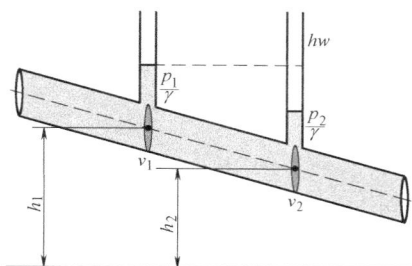

图 1-13 水流在运动过程中能量变化示意

断面 1 总水头：
$$H_1 = \frac{v_1^2}{2g} + h_1 + \frac{p_1}{\gamma}$$

断面 2 总水头：
$$H_2 = \frac{v_2^2}{2g} + h_2 + \frac{p_2}{\gamma}$$

则有：

$$\frac{v_1^2}{2g} + h_1 + \frac{p_1}{\gamma} = \frac{v_2^2}{2g} + h_2 + \frac{p_2}{\gamma} + h\omega \tag{1-10}$$

式（1-10）即为伯努利方程，他反映了水流在运动过程中的能量变化的规律。

（3）水头损失

水头损失包含沿程损失及局部损失两部分。

1）沿程损失

流体的沿程水头损失，实际上是水流在流动过程中由于摩擦力所造成的能量损失，他的数值大小与流体的流速、管道的水力半径、液体的黏滞系数等有关，通过推导可得出沿程水头损失的通用计算公式（1-11）：

$$h_f = \lambda \cdot \frac{L}{4R} \cdot \frac{v^2}{2g} \tag{1-11}$$

式中：h_f 指管道的沿程损失，单位：m；

　　　v 指过水断面的平均流速，单位：m/s；

　　　λ 指阻力系数；

　　　R 指过水断面水力半径，满管圆管 $R = 0.25D$，D 为圆管直径；

　　　L 指管渠长度，单位：m。

该式称为达西公式，其适用于满流管任何形状断面的液流沿程阻力计算。式中的阻力系数 λ 通常与水的流态、管道的材质、内壁、断面特性有关。

对于拥有自由水面的明渠管道，沿程损失可根据谢才公式（1-12）计算：

$$h_f = \frac{v^2}{C^2 \cdot R} \cdot L \tag{1-12}$$

式中：h_f 指管道的沿程损失，单位：m；

　　　v 指过水断面的平均流速，单位：m/s；

　　　C 指谢才系数，根据 $C = \sqrt{\dfrac{8g}{\lambda}}$ 计算；

R 指过水断面水力半径，满管圆管 $R=0.25D$，D 为圆管直径；

L 指管渠长度，单位：m。

谢才系数实际上是一个阻力系数，其大小同样与水的流态、管道的材质、内壁、断面特性等有关。

在实际运用中，无论是阻力系数 λ 还是谢才系数 C，可通过经验公式计算或查询相关表格获取，在本节中不再赘述。

2）局部损失

一般而言，管网中的管道除了直管段外还有包含弯头、阀门等数量庞大的管件，水流在经过这些管件时，流态很少不受影响，并不可避免伴随着一定的水头损失，这种水头损失我们统称为局部水头损失。局部水头损失的计算一般可由实验方法确定，工程应用中我们可通过公式（1-13）计算：

$$h_{\mathrm{m}}=\xi \cdot \frac{v^2}{2g} \tag{1-13}$$

式中：h_{m} 指局部水头损失；

ξ 指局部阻力系数，一般可由实验确定，也可查阅表格获取。

伯努利方程的应用条件：

流体必须是稳定流，过水断面要素如断面形状、流量、流速、压强、位置等不随时间变化而变化。

液体密度、重度等为常数。

作用于流体的外力只有重力一种。

建立伯努利方程时，过水断面必须建立在均匀流或者渐变流上。

高程基准面统一且为平面。

4. 水动力学在净水工程中的应用

水动力学在净水工程中的应用广泛，主要有如下方面：

（1）流速流量测量

1）毕托管（测速管）

如图 1-14，毕托管借测量流体总压力与静压力之差值来计算流速，通过能量公式（1-14），可计算 A 点流速：

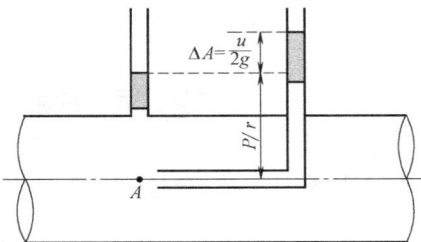

图 1-14 毕托管示意图

$$v_{\mathrm{A}}=C \cdot \sqrt{2 \cdot g \cdot h} \tag{1-14}$$

式中：v_{A} 指测量点流速，单位：m/s；

C 为校正系数，一般由仪器厂商提供。

2）文丘里流量计

文丘里流量计属压差式流量计，其测量原理是利用能量方程和连续性方程，其构造一般如图 1-15 所示。

根据能量方程及连续性方程，暂不考虑水头损失，由断面 1 与断面 2 能量相同，可得式（1-15）：

$$Q=\mu \cdot K \cdot \sqrt{h} \tag{1-15}$$

式中：Q 为测量点流量，单位 m^3/h；

　　μ 为流量系数，通过实验确定，或者仪器厂商提供；

　　K 为常数，与文丘里流量计对应；

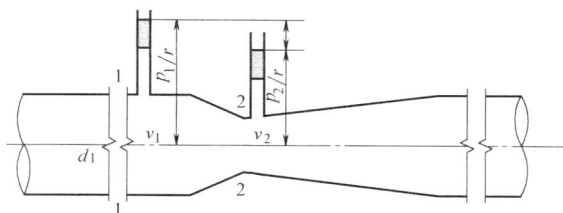

图 1-15　文丘里流量计示意图

（2）水力实验

除测量水体的流速流量外，水动力学还是水力实验的基础。水动力学在水力实验中主要体现在水力模型的建立上，这点将在下一节具体讲述。

第四节　配水管网

配水管网是净水工程重要的组成部分之一，它是指不同材料的管道、附属设施构成的网络，它主要负责供水的输送、传输、分配、压力调节和水量调节等功能。配水管网从建立到投入生产到日常的运行维护均根植于水力学理论之内。

本节主要介绍配水管网的建立及配水管网运行管理的一种方法：DMA 分区管网管理方法。

1. 配水管网的建立

配水管网的建立主要包含如下几个方面内容：需水量确定（管网流量分配）、配水管网初步定线（管网管径初定）、平差计算（水量分配、压力分配等管网最优化过程）、管网实施。

（1）需水量确定

对于新建配水管网，区域内的需水量通常是没有既有数据的，这时候需要预测区域的需水量。

对于城市用水量，常用的水量预测主要有分类估算法、单位面积法、人均综合指标法、年递增率法、线性回归法及生长曲线法等。

（2）配水管网的初步定线

配水管网的初步定线主要包含两方面内容：一是根据供水区域内规划或现状路网、地形地貌等确定配水管网管道走向；二是根据已知各用水点用水量，进行水量分配，并按照满足经济流速的基础上，确定配水管网各管线的管径。

成型的配水管网主要分为环状管网及枝状管网，如图 1-16 所示。

（3）平差计算

配水管网的管网平差是指在按初步分配流量确定管径的基础上，重新分配各管段的流量，反复计算，直到同时满足连续性（节点）方程组和能量（环）方程组的环状管网水力

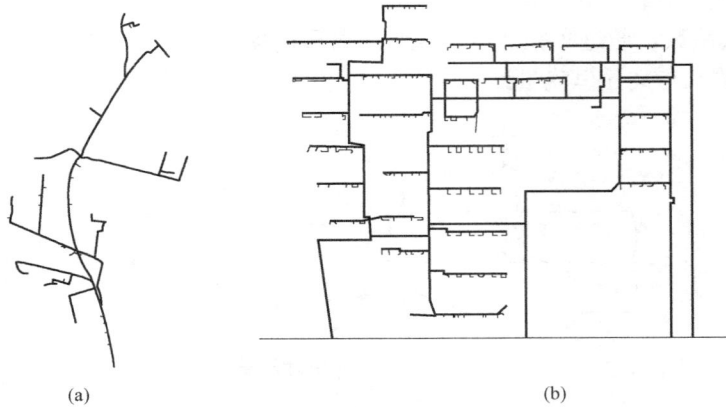

(a)   (b)

图 1-16　枝状管网与环状管网

（a）枝状管网；（b）环状管网

计算过程。简而言之即是在初步核算出管网的总体布设的基础上，核算管网水头损失，根据核算结果调整管网布设，反复推算，直到管网符合水力最优解的过程。平差计算是对初步管网进行校核优化的过程，其核心是管网水头损失的计算。

一般城市管网普遍体量较大，动辄几百上千公里的管道长度与大量的管道配件，管网平时如果由人力来实行，需消耗大量的人力物力和时间，且精度难以保证。目前，随着全国智慧水务的推进，各自来水公司逐渐通过计算机模型软件计算水力模型来实施管网模型计算。水力模型的核心是水力学基本理论，通过水力模型的构建，可以直观地还原管网中各个管段节点的水力条件，如流速、流态及压力等，如图 1-17。

图 1-17　水力模型示例（左：拓扑结构、右上：流速分布、右下：压力分布）

目前市面上的水力模型软件多种多样，但构建水力模型的流程内容大同小异，基本可分为拓扑关系的建立—属性赋值—模型运行校核—后期开发等。

（4）管网实施

管网定线后，下一步即为管网实施。管网实施是一个最终实现的过程，该过程可根据实际要求进一步细分、深化。

2. DMA 分区管理

城市供水管网由于管道材质、供水年限、地理地质状况或设计不合理等客观原因的存在，给水管道无法避免地会发生损坏渗漏，水量运输过程中的这部分损失，是自来水公司产销差率的重要组成部分之一。这部分水量的损失，不止造成资源的浪费，同时给自来水公司也带来了重大的损失。如何查找管网中的漏点，如何对供水管网进行行之有效的运行维护管理是全国自来水公司日常工作的一个重要组成部分。

DMA 分区管理是目前城市供水管网现代化管理的主要方式之一，也是控制城市供水系统水量漏失的有效方法之一。所谓 DMA 分区管理，即是将区域内配水管网，通过安装阀门或流量计，人为分隔成若干可计量的真实物理分区或者虚拟分区，通过对进入或流出这一区域的水量进行计量，并对计量流量分析来定量判断各个区域的泄漏水平，从而指导自来水公司进行重点检漏排查。DMA 分区管理系统的建立流程如图 1-18 所示：

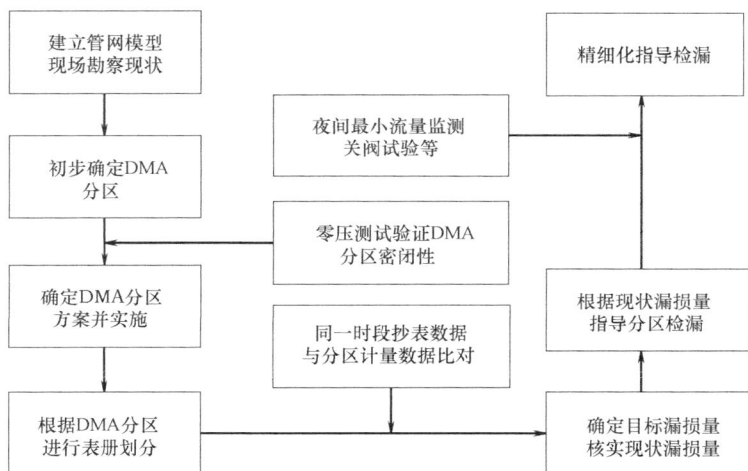

图 1-18　DMA 分区管理系统

DMA 分区有一定的规律性，合理有效的分区，不只利于管理也利于检漏的实施。图 1-19 为某地 DMA 分区示例。一般 DMA 分区边界的设定通常受到地面标高、地形、道路的限制，同时考虑划分区域后不发生死水、积滞水，使管道末梢部分形成环状，把在末端部分能设置排水设备的地方当成管段末端。通过对当前国内、外分区管理经验的总结，在实施 DMA 分区管理时，应该至少遵循以下原则：

① 选择的区域规模相对较大、供水稳定且基础资料相对齐全，用水模式变化不是特别大的封闭区域。

② 分区尽量依靠现有管网条件，减少管网的改造情况，从而保证所选区域供水管网的完整性和自然边界。

③ DMA 区域大小的划分，也主要依据现有供水管网现状，并结合实施分区管理改造后的水力模型分析供水区域水量、水质运行稳定性。

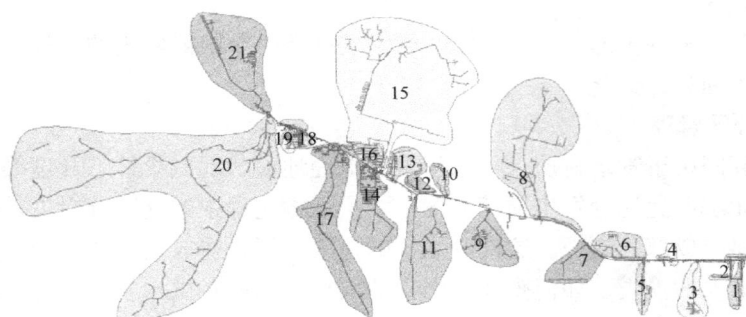

图 1-19　DMA 分区示例

④ DMA 计量表具、压力传感器等设备安装前，要对区域内管网漏损情况进行较全面普查，尽量避免已存在的漏点影响今后 DMA 数据的采集与分析，同时为保证 DMA 区域内的最小管网服务水头，应选用水阻较小的电磁水表。

⑤ 分区管理应遵循经济性、效益性，力求效益最大化。

按照 DMA 分区管理系统的建立流程，管网水力模型不仅可以指导管网优化实施，也是 DMA 分区的基础，精准的管网水力模型，可以将分区内水量分配情况一览无遗地展现出来，根据水力模型展示的管网水力条件，可以精准地知道 DMA 分区的包含范围，特别对环状管网，管网水力模型是 DMA 分区优良的指导手册。此外，DMA 分区还受山体、路网、河道等地理地貌条件的影响。

在知道所有分区产销差率的情况下，可以重点对产销差率的区域进行检漏控漏措施，通过反复检漏查漏补漏，从而逐步降低区域产销差率。

一般而言，DMA 分区划分越细，越能准确指出漏点所在，利于检漏控漏实施，但是越细致的分区，需要的资金投入越大，不一定经济划算。在知道一个分区的产销差率的情况下，如何更进一步确定漏点所在，通常可采用观察夜间最小流量或者关阀实验来确定。观察夜间最小流量，即选在凌晨等用水低谷期，观察流量仪的最小夜间流量，如果该流量明显较大，则可说明该区域存在漏点或非法用水点。关阀实验则是指，在已知区域漏损量的前提下，通过用水低谷期，逐一关闭管段阀门，通过流量计流量变化，来判断阀门控制的那个区域漏损量是否明显。比如关闭一个阀门后，流量计显示流量明显变小，则该阀门控制管段很大概率存在漏损。

第二章

供水水质基础

第一节　水源及水源保护

水由氢和氧两种元素组成，纯水是无色、无味、无臭的透明液体。在标准大气压下，水的冰点为 0℃，沸点为 100℃；最大密度在 4℃。水是人类生产和生活中不可缺少的物质，是人类赖以生存的基本物质，是生命之源，也是经济发展不可取代的自然资源和人类可持续发展的基本保障。

1. 水体与水源

（1）水体成分与污染物

天然水中含有一定数量溶解的和悬浮的有机物、无机物及微生物。这些物质进入水体的途径有：①在降雨、雪时从大气中进入水中；②地层中矿物质在水中的溶解，水流冲刷地表及河床带入水中；③从地表水体底和河床的土壤及栖息在水中的动植物有机体的生命活动和死亡时进入水中。各种杂质按其在水中存在的状态可分为悬浮物、胶体和溶解物。

外界进入水体的污染物或水体中动植物的生命活动都会致使水体受到污染。可分为自然污染和人为污染，人为污染是影响天然水体水质的主要因素。水体具有一定的自净能力，一般状况下河流、海域等的水体自净能力强于湖泊、水库。

水体污染物质主要有几类：

① 耗氧性有机污染物：生活污水或工业废水进入水体，带入污染，在降解过程中往往要消耗大量氧气，有机物在厌氧条件下分解，产生硫化氢、氨等臭气，会造成水体水质继续恶化。一般通过五日生化需氧量、化学需氧量、耗氧量、总有机碳、溶解氧等指标来指示水体有机物综合情况。

② 植物营养污染物：含大量氮、磷、有机碳等营养物质的废水进入水体，会促使藻类、浮游生物急剧繁殖，水中溶解氧降低，导致水中鱼类及藻类等死亡并释放有害物质，加速水体的恶化。

③ 化学污染：来自于工业的污水进入水体，化学污染物毒理性危害大，影响面广，往往会带来异味，对人类健康有较大的危害性。

④ 生物污染：存在于生活污水、医院污水、生物制品等废水中的致病微生物流入水体，易介水传播疾病。

（2）水源类型

作为饮用水水源，要以不影响当地水系的自身养护，尽量不破坏当地水系为第一适用条件，然后考虑输水距离、水质、水量补给，最后就是成本等。天然水源包括江河、湖泊、水库和地下水。

1）地表水

地表水包括陆地表面形成的径流及地表贮存的水（如江、河、湖、水库等的水）。

① 江河水

江河水是地表水的主要水源。由于江河水主要来源于雨雪，受地理位置、季节的影响很大。一般水中杂质含量较高，浊度高于地下水。江河水的水质受周边环境的影响很大，未经处理的生活污水和工业废水的排放，各种有机物、微生物、病毒以及无机矿物质、重金属、酸、碱性物质等大量存在，常使河流受到不同程度的污染。江河水是由地面径流汇集而成，一般来讲，河流上游水质较好，下游水质较差，流量大时，往往因河流的自净和稀释作用，水质稍好，流量越小，水质越差。水的温度季节性变化很大。江河水的特点主要是：矿化度较低，硬度不高，浑浊度高，微生物含量高，受污染机会多，水质受外界环境影响较大。

② 湖泊和水库水

湖泊和水库水体大，水量充足，流动性小，停留时间长，沉淀作用明显，浊度较江河水低，水质、水量稳定，在冬季易发生低温低浊水现象。因浑浊度较低，日照条件好，水温及水中营养成分适宜，易造成浮游生物和藻类生长，发生富营养化情况，紊流在一定环境条件下会促使水质恶化。在水位较低或水温较高情况下，更易发生藻类暴发。库容量较小时，易受温度、周边污染排放及地质等条件影响。湖泊、水库水的特点是：水质相对稳定，浑浊度较低，季节性影响较大，易暴发藻类。

2）地下水

地下水是水在地层中渗透聚集而成，存在于土层和岩层中。大气降水是地下水的主要来源，水在渗透过程中，水中的大部分悬浮物、胶体被土壤和岩层拦截去除。其外观清澈，水温、水质稳定，不易受外界环境的影响和污染，是较好的生活饮用水水源。

地下水在土壤和岩层中运动时，溶解并富集了气体、盐类、胶体物和微生物。而这些物质的存在，使得地下水具有某种化学特性。地下水中化学成分的种类和数量取决于地质条件、气候条件、温度、压力等因素，其中起重要作用的是水对岩石成分的溶解度。悬浮杂质少、浑浊度低、有机物和细菌含量少、含盐量和硬度相对较高、直接受污染机会少是地下水的基本特点。

3）海水

海水含盐量高，水量大，淡水资源特别缺乏的区域，宜选择采用海水淡化技术作为饮用水水源的补充。

2. 水源保护区划分及水源保护

（1）水源保护区划分

饮用水水源保护区：指为防止饮用水水源地污染、保证水源水质而划定，并要求加以

14

特殊保护的一定范围的水域和陆域。饮用水水源保护区分为一级保护区和二级保护区，必要时可在保护区外划分准保护区。

集中式饮用水水源地：进入输水管网送到用户和具有一定取水规模（供水人口一般大于1000人）的在用、备用和规划水源地。依据取水区域不同，集中式饮用水水源地可分为地表水饮用水水源地和地下水饮用水水源地。依据取水口所在水体类型的不同，地表水饮用水水源地可分为河流型饮用水水源地和湖泊、水库型饮用水水源地。

集中式供水单位应选择水质良好、水量充沛、便于防护的水源。取水点应设在城市和可能对饮用水水源有污染的工矿企业的上游。新建、改建、扩建集中式供水工程的水源选择，应根据城乡远期和近期规划、历年来的水质、水文、水文地质、环境影响评价资料、取水点及附近地区的卫生状况和水源性地方病等资料，从卫生、环保、水资源、技术等多方面进行综合评价，并经当地卫生行政部门卫生学评价合格后，方可作为生活饮用水水源。

水源保护区包括一定范围的水域和陆域，地下水饮用水水源保护区指影响地下水饮用水水源地水质的开采井周边及相邻的地表区域。地方人民政府应当在饮用水水源保护区的边界设立明确的地理界标和警示标志。

（2）水源保护规定

1）饮用水地表水源一级保护区必须遵守下列规定：

① 禁止一切破坏水环境生态平衡的活动以及破坏水源林、护岸林、与水源保护相关植被的活动。

② 禁止新建、改建、扩建排放污染物的建设项目等与供水设施和保护水源无关的建设项目。

③ 禁止堆置、存放或向水域倾倒工业废渣、城市垃圾、粪便和其他废弃物。

④ 禁止向水域排放污水，必须拆除已设置的排污口。

⑤ 不得设置与供水需要无关的码头，禁止设置油库，禁止停靠船舶。

⑥ 禁止从事种植、放养畜禽和网箱养殖活动。

⑦ 禁止可能污染水源的旅游活动和其他活动。

⑧ 运输有毒有害物质、油类、粪便的船舶和车辆一般不准进入保护区，必须进入者应事先申请并经有关部门批准、登记并设置防渗、防溢、防漏设施。

⑨ 禁止使用剧毒和高残留农药，不得滥用化肥，不得使用炸药、毒品捕杀鱼类。

2）饮用水地下水源一级保护区必须遵守下列规定：

① 禁止建设与取水设施无关的建筑物。

② 禁止倾倒、堆放工业废渣及城市垃圾、粪便和其他有害废弃物。

③ 禁止利用渗坑、渗井、裂隙、溶洞等排放或存储污水和其他有害废弃物。

④ 禁止从事农牧业活动，禁止设立油库、墓地等。

⑤ 禁止输送污水的渠道、管道及输油管道通过本区。

⑥ 实行人工回灌地下水时不得污染当地地下水源。

3. 水源水质要求

水质指标是水质评价的重要依据，可判断水质的优劣、污染程度以及是否满足要求。基于保障人体健康、水质安全、保护地和其他生物资源及工农业用水需求，结合各方的水质要求，对一些水质指标作出最低限值和定量要求，即水质的质量标准。《生活饮用水卫生标准》GB 5749—2006 中对生活饮用水水源水质卫生要求：采用地表水为生活饮用水水源是应符合 GB 3838—2002 的要求，采用地下水为生活饮用水水源时应符合 GB/T 14848—2017 要求。

（1）地表水环境质量标准

《地表水环境质量标准》GB 3838—2002 规定，依据地表水水域环境功能和保护目标，按功能高低依次划分为五类：

Ⅰ类——主要适用于源头水、国家自然保护区；

Ⅱ类——主要适用于集中式生活饮用水地表水源地一级保护区、珍稀水生生物栖息地、鱼虾类产卵场、仔稚幼鱼的索饵场等；

Ⅲ类——主要适用于集中式生活饮用水地表水源地二级保护区、鱼虾类越冬场、洄游通道、水产养殖区等渔业水域及游泳区；

Ⅳ类——主要适用于一般工业用水区及人体非直接接触的娱乐用水区；

Ⅴ类——主要适用于农业用水区及一般景观要求水域。

对应地表水上述五类水域功能，将地表水环境质量标准基本项目标准值分为五类，不同功能类别分别执行相应类别的标准值。水域功能类别高的标准值严于水域功能类别低的标准值。同一水域兼有多类使用功能的，执行最高功能类别对应的标准值。

《地表水环境质量标准》共 109 项水质指标，对指标限值进行了分类，表 1 是地表水环境质量标准基本项目标准限值（共 24 项，分为五类基本项目标准值），适用于全国江河、湖泊、运河、渠道、水库等具有使用功能的地表水水域；表 2 是集中式生活饮用水地表水源地补充项目标准限值（5 项，统一标准限值），适用于水源一级保护区和二级保护区；表 3 是集中式生活饮用水地表水水源地特定项目标准限值（80 项，统一标准限值），适用于水源一级保护区和二级保护区，但项目可由县级人民政府环境保护行政主管部门根据本地区地表水水质特点和环境管理需要进行选择。

（2）地下水质量标准

《地下水质量标准》GB/T 14848—2017 将指标划分为常规指标和非常规指标，共 93 项水质指标。

依据我国地下水水质现状、人体健康风险及地下水质量保护目标，并参照了生活饮用水、工业、农业等用水水质要求，将地下水质量划分为五类。

（3）生活饮用水水源水质标准

现行标准为《生活饮用水水源水质标准》CJ 3020—93，适用于城乡集中式生活饮用水的水源水质，共 34 项水质指标（主要参照了 GB 5749—2006 标准），将水源水质标准分二级标准限值，一级水源水：水质良好。地下水只需消毒处理，地表水经简易净化处理（如过滤）、消毒后即可供生活饮用。二级水源水：水质受轻度污染。经常规净化处理（如絮凝、沉淀、过滤、消毒等），其水质即可达到 GB 5749 规定，可供生活饮用。

水质浓度超过二级标准限值的水源水，不宜作为生活饮用水的水源。若限于条件需加以利用时，应采用相应的净化工艺进行处理。处理后的水质应符合 GB 5749 规定，并取得省、市、自治区卫生厅（局）及主管部门批准。

第二节 饮用水水质标准

1. 饮用水标准

（1）《生活饮用水卫生标准》GB 5749—2006

我国现行的《生活饮用水卫生标准》GB 5749—2006 由卫生部和国家标准委于 2006年 12 月 29 日联合发布，2007 年 7 月 1 日实施。涉及 106 项指标，分表 1 水质常规指标及限值（42 项）、表 2 饮用水中消毒剂常规指标及要求（4 项）和表 3 水质非常规指标及限值，并在后面增加了附录 A 的 28 项水质参考指标及限值。

标准共 106 项水质指标，其中微生物指标 6 项、饮用水消毒剂 4 项、毒理指标中无机化合物 21 项、有机化合物 53 项、感官性状和一般化学指标 20 项，修订了部分指标限值。

（2）《城市供水水质标准》CJ/T 206—2005

2005 年 6 月 1 日，建设部出台了《城市供水水质标准》CJ/T 206—2005，规定了 93项指标，常规检验项目 42 项、非常规检验项目 51 项。

标准中规定了城市供水单位水质检测采样点选择、检测项目和频率、合格率计算等内容，也是 GB 5749—2006 中要求执行的标准依据。其中检测项目与频率要求见表 2-1。

采样点选择：采样点的设置要有代表性，应分别设在水源取水口、水厂出水口和居民经常用水点及管网末梢。

《城市供水水质标准》检验项目和频率　　　　　　表 2-1

水样类别	检验项目	检验频率
水源水	浑浊度、色度、臭和味、肉眼可见物、CODMn、氨氮、细菌总数、总大肠菌群、耐热大肠菌群	每日不少于一次
	GB 3838 中有关水质检验基本项目和补充项目共 29 项	每月不少于一次
出厂水	浑浊度、色度、臭和味、肉眼可见物、CODMn、细菌总数、总大肠菌群、耐热大肠菌群	每日不少于一次
	表 1 全部项目、表 2 中可能含有的有害物质	每月不少于一次
	表 2 全部项目	以地表水为水源，每半年检测一次；以地下水为水源，每一年检测一次
管网水	浑浊度、色度、臭和味、余氯、肉眼可见物、细菌总数、总大肠菌群、CODMn（管网末梢点）	每月不少于两次
管网末梢水	表 1 全部项目、表 2 中可能含有的有害物质	每月不少于一次

注：当检验结果超出表 1、表 2 中水质指标限值时，应立即重复检测，并增加检测频率。水质检验结果连续超标时，应查明原因，采取有效措施，防止对人体健康造成危害。

（3）浙江省现代化水厂优质标准

《浙江省城市供水现代化水厂评价标准实施细则》中提出了现代化水厂出厂水优质标准，对水质提出了更高的要求，其 2018 版结合水质和工艺现状，增加溴酸盐、氯酸盐等消毒副产物以及铝、氨氮等生产工艺控制指标值，见表 2-2。

现代化水厂出厂水优质标准（2018 版）　　　表 2-2

序号	检测项目	单位	限值	备注
1	色度(铂钴标准)	度	≤5	不得有异色
2	臭和味	级	无异臭、异味	强度等级 0
3	浑浊度	NTU	≤0.1	
4	铁	mg/L	≤0.2	
5	锰	mg/L	≤0.05	
6	铝	mg/L	≤0.1	
7	pH		7.0～8.5	
8	耗氧量(COD_{Mn}法,以 O_2 计)	mg/L	≤2.0	水源水限制,原水耗氧量 >6.0 时,限值为<3.0
9	菌落总数	CFU/mL	≤30	
10	三氯甲烷	mg/L	≤0.030	
11	三卤甲烷	mg/L	≤0.080	或各单项比之和值<0.8
12	溴酸盐	mg/L	≤0.005	使用臭氧时适用
13	氯酸盐	mg/L	≤0.3	使用二氧化氯、次氯酸盐时适用
14	总有机碳	mg/L	≤4.0	
15	亚硝酸盐(以 N 计)	mg/L	≤0.1	
16	氨氮	mg/L	≤0.2	气温<10℃时,原水氨氮>2mg/L时,限值为<0.5mg/L

说明:其余检测项目与《生活饮用水卫生标准》GB 5749 相同。

2. 水质指标

按检测物质类别,可将水质指标分为物理指标、化学指标和微生物指标；生活饮用水卫生标准中将水质指标分为：微生物指标、一般化学和感官性指标、放射性指标、毒理学指标等。

（1）水温

水温是常用的物理指标之一。由于水的许多物理性质、水中进行的化学变化过程和微生物变化过程都与水温有关,通常是必测项目之一。

（2）臭和味

纯净的水是无臭无味的。清洁的水没有任何气味,天然水溶解有杂质时,使水具有味道,当天然水中含有绿色藻类和原生动物等,均会发生腥味,被污染的水往往产生一些不正常的气味。水中含有分解的有机体或矿物质,如铁、硫的化合物等,以及工业废水或生活污水进入水体后,都能产生各种不同的气味。因此,可以根据臭的测定结果,推测水的污染性质和程度。水处理过程中有些物质不能被有效去除,可能就会造成饮用水带有令人不愉快的臭和味,也可作为水处理不充分的信号。生活饮用水卫生标准要求无异臭、异味。

（3）色度

纯净的水无色透明,混有杂质的水一般有色或不透明。例如,天然水经常显示出浅黄、浅褐或黄绿等不同的颜色,其原因是溶于水的腐殖质、有机物或无机物质所造成的；

含有藻类的水而呈绿色或褐色；水中悬浮泥砂和不溶解的矿物质也会有颜色，例如，铁的氧化物使水呈黄褐色，含硫化合物氧化后析出的硫使水呈蓝色，水体受到工业废水的污染往往呈现各种不同的颜色。

水中呈色的杂质可处于悬浮、胶体或溶解状态。包括悬浮杂质在内所构成的水色称为表色，除去悬浮杂质后，由胶体及溶解杂质构成的颜色称为真色。在水质分析中，一般只对天然水的真色进行定量的测定，对其他各种水（如工业废水）的颜色就只作定性的或深浅程度的一般描述。在清洁的或浑浊度很低的水样中，水的表色和真色几乎相等。

我国生活饮用水的色度要求小于 15 度，并不得呈其他异色。

（4）pH

pH 值标识水中酸、碱的强度，是常用的水质指标之一。水的 pH 在 6.5～9.5 的范围内并不影响人的生活饮用和健康。pH 在水的混凝、消毒的水处理环节以及水质稳定、管道腐蚀控制等过程中都是一个重要因素和指标。应用一些金属元素及有毒物质在不同 pH 时化合物的变化特性，可运用于应急水质处理。地表水标准 6～9，饮用水的 pH 限值定为 6.5～8.5。

（5）浑浊度

浑浊度是表达水中各种悬浮物、胶体物质、浮游生物和微生物等杂质对光产生效应的结果。浑浊度并不直接表示水样中各种杂质的含量，但与其存在的数量是相关的。水中杂质存在可庇护微生物使其免于受到饮用水消毒处理的影响，并促进细菌的生长。达到净水过程中的消毒效果，必须保证较低的浑浊度。所以浑浊度是衡量水质的重要指标，也是水厂中重要的运行性指标，是水净化过程中最常用的操作参数。浙江省现代化水厂评价标准中要求出厂水浑浊度低于 0.1NTU。

（6）氨氮

水中氨氮主要来源于生活污水和工业废水的污染。氨氮的浓度与有机物含量、溶解氧的多少有相关性。氨氮（NH_3-N）以离子铵（NH_4^+）和非离子氨（NH_3）两种形式存在于水中，两者组成比取决于水中的 pH 和水温。氨在氧充足的条件下，通过如氧型亚硝化菌和硝化菌作用氧化成亚硝酸盐和硝酸盐；在缺氧条件下，硝酸盐可被厌氧型反硝化菌作用还原为氨。生活饮用水卫生标准在感官性状和一般化学指标中对氨氮（以 N 计）的限值规定为 0.5mg/L，其限值不是从直接影响人体健康，而是从衡量该水源被有机物污染的严重程度考虑的经验数值。

水中的氨氮浓度较高时，会导致水质黑臭，氨氮也是富营养化的主要因素。我国一些污染的湖泊、水库氨氮都很高，促使藻类暴发。

（7）微生物指标

地表水水质标准中有粪大肠菌群指标，饮用水中微生物指标有菌落总数、总大肠菌群、耐热大肠菌群、大肠埃希氏菌以及贾第氏鞭毛虫和隐孢子虫等六个微生物指标。

水中的细菌来源于空气、土壤、生活及工作污水、垃圾、死亡的动植物等。进入水体后，合适的介质及营养会促使细菌大量繁殖，包括致病菌等。可能引起伤寒、痢疾、霍乱等肠道传染病，甚至致人死亡。因此水处理中过程中也常以微生物指标来判别生物污染程度，作为水处理环节和消毒效果的控制指标。

《生活饮用水卫生标准》GB 5749—2006 菌落总数不超过 100CFU/1mL；总大肠菌

群、耐热大肠菌群、大肠埃希氏菌每 100mL 中不得检出；贾第氏鞭毛虫和隐孢子虫小于 1 个/10L。

（8）消毒剂指标

生活饮用水安全首要就是不得含有病原微生物。生活饮用水应经消毒处理，生活饮用水标准中列出了游离氯、总氯、二氧化氯、臭氧四种消毒剂指标。从有效消毒、管网输送安全以及感官指标要求等方面综合考虑，对水中消毒剂指标提出了与水接触时间、出厂水限值和余量、管网末梢水余量的限值要求，见表 2-3。

《生活饮用水卫生标准》消毒剂指标限值要求　　　　　　　　表 2-3

消毒剂名称	与水接触时间（≥min）	出厂水中限值（≤mg/L）	出厂水中余量（≥mg/L）	管网末梢水中余量（≥mg/L）
氯气及游离氯制剂（游离氯）	30	4	0.3	0.05
一氯胺（总氯）	120	3	0.5	0.05
臭氧	12	0.3	—	0.02（若加氯，总氯 0.05）
二氧化氯	30	0.8	0.1	0.02

（9）有机污染物综合指标

有机污染物综合指标并不是指单一的水质指标，是一类的概称。主要有化学需氧量（COD）、生化需氧量（BOD）、溶解氧（DO）、耗氧量（COD_{Mn}）、总有机碳（TOC）、紫外吸收（UV254）等。由于有机污染物的种类多，组成复杂，难以逐项进行测定。这些综合指标可作为水中有机物总量的水质指标，它们在水质分析和水处理中具有重要意义。

天然水体中的有机污染物一般是腐殖物质、水生物生命活动产物以及生活污水和工业废水的污染物等。有机污染物的特点是进行生物氧化分解，消耗水中溶解氧，而在缺氧条件下就会发酵腐败、使水质恶化、破坏水体，同时，水中有机污染物含量高、细菌繁殖、传播病菌的可能性增加，也会威胁水质安全。深度处理工艺主要就是为了应对有机微污染水体的水处理手段。

第三节　水质分析

1. 水质分析基础知识

（1）名词与术语

mg/L、μg/L：水质检验各项结果除了色、浑浊度、臭和味、肉眼可见物、pH、菌落总数及总大肠菌群、放射性指标等各有其特定单位或用文字描述外，其他指标测定结果的浓度一般都采用 mg/L 或 μg/L，表示每升水中含若干毫克或微克该物质。

准确称取：指用万分之一分析天平称重，准确到 0.0001g。

量取：指用量筒（量杯）取水样或试液。

吸取：指用无分度吸管（即胖肚吸管或单刻度吸管吸取）。

参比溶液：除规定外，均以溶剂空白（纯水或有机溶剂）作参比。

溶液：被分散物质（溶质）与分散介质（溶剂）组成的混合物，溶质可以是气体、液体、固体物质。习惯上认为溶液中数量多的物质为溶剂。水质检测中大部分溶剂为纯水。

（2）试剂规格及浓度

试剂规格：所用试剂，凡未指明规格者，均为分析纯（AR）。当需用其他规格时将另注明。指示剂及生物染料不分规格。

试剂的浓度常用 mol/L 表示（即摩尔浓度）：1L 溶液中含 1mol 溶质。如：氯化钠摩尔质量为 58.45g/mol（一般即为分子量），表示 58.45g 氯化钠溶于 1L 水中时，该溶液的浓度为 1mol/L。

质量百分浓度：100g 溶液中溶质的克数。如 5％溶液 5g 为溶质，100g 为溶液（即 95g 为溶剂）。

（3）纯水

纯水是指分析实验用水，包括蒸馏水、重蒸馏水或去离子水。一般化学分析实验用水要求达到三级水（GB/T 6682—2008），痕量分析或有严格要求的分析实验，应选用更高级别的纯水。

无氯水、无氨水、无二氧化碳水等实验室特殊要求的纯水，需要根据检测方法要求进行特殊处理和制备。

（4）玻璃仪器

玻璃仪器分普通玻璃型与硬质玻璃型两类。硬质玻璃型玻璃仪器如烧杯、锥形瓶、烧瓶等，能耐热、抗腐蚀。普通玻璃型的玻璃仪器，如滴定管、无分度吸管，不能加热，其硬度、耐腐性能都较差。

玻璃仪器的校验：容量瓶、滴定管、无分度吸管、刻度吸管等玻璃量器应按《常用玻璃量器》JJG 196—2006 的有关规定进行校验。

玻璃仪器的洗涤：玻璃仪器须经彻底洗净后方能使用。一般先用自来水冲洗，再用洗涤液洗涤，然后用自来水冲洗干净，最后用纯水冲洗 3 次。

洗净后的玻璃仪器，其内壁应均被水湿润，如发现有小水滴或不沾水的地方，必须重新洗涤，去掉油垢。

常用的铬酸洗涤液是一种很强的氧化剂，其作用较慢，因此须保证洗涤液与玻璃仪器的接触时间，浸泡数分钟至数小时。用铬酸洗涤液洗过的器皿，要用自来水充分清洗，后用纯水淋洗 3 次。要特别注意吸附在器皿壁上的铬离子干扰。

铬酸洗涤液应贮于磨口玻璃瓶，以免吸收水分。用毕的洗涤液仍倒回瓶中，可重复使用，洗涤液变为绿褐色，则不再使用。

肥皂液、碱液及合成洗涤剂：用以洗涤油脂和一些有机物。

玻璃器皿的干燥：每次使用后必须洗净，倒置控干备用。控出水分后，也可放入烘箱内烘干。容量瓶、吸管等玻璃量器不可高温烘干，急用时，可冷风吹干或在较低温度（一般不宜超过 60℃）烘箱中烘干。

（5）溶液的配制

在水质检测分析中，溶液的溶质一般是纯水、溶质固体或液体。一般溶液配制时，试剂药品的质量由天平称量，体积用量筒或量杯量取。标准溶液配制时，选择分析天平准确称取一定质量的物质，溶解后，在容量瓶中准确稀释定容。

根据质量及体积计算获得溶液的浓度。有些标准溶液浓度需通过标定方式进行确认。

溶液特别是标准溶液应妥善保存，采取避光、冷藏、保存剂等方式延长保存时间，需定期检查性状，标准溶液需定期复标或复核准确浓度。

2. 水样的采集和保存

（1）水样的采集

采集的水样应均匀、有代表性及不改变其理化特性。水样量根据水样类型和待测项目而定，如常规微生物指标一般采集 500mL，检测两虫指标，饮用水需采集 100L 以上水样量。

采集水样的容器，可用硬质玻璃瓶或聚乙烯瓶。采样前先将容器洗净，临用时用水样冲洗 3 次，再将水样采集于瓶中。

采集水厂各工艺段的水样，管网水等水样时应将管阀（水龙头）打开后放水数分钟，使积留于水管中杂质排出，然后采集水样。

采集江、河、湖等的水样，可用适当的容器如水桶采集，注意不能混入漂浮物质。采集湖泊、水库等具有一定深度的水时，可用直立式采样器，可在采样器下系上适宜的坠子，保证采集点位。

供微生物学指标检测用的水样的采集：采集前所用容器必须按规定进行灭菌，采样时直接采集，不清洗已灭菌的采样瓶，避免手或其他物品对瓶口的沾污，并保证水样在运送、保存过程中不受污染。

（2）水样的保存

采样和分析的间隔时间应尽可能缩短，某些项目的测定应在现场完成，如水温、溶解氧、余氯等。有些项目的样品，需冷藏保存或加入适当的保存剂。加酸保存可防止金属沉淀和抑制细菌对一些项目的影响。加碱可防止水中氰化物的挥发。取检测水中微生物用的水样瓶则应在瓶中加入硫代硫酸钠脱氯。

3. 水质分析

（1）感官指标及常用指标的检测

1）色度

水的色度是天然水或处理后的各种水进行颜色定量测定时的指标。

颜色的定量程度就是色度，色度的标准单位：度。规定相当于 1mg 铂在 1L 水中以氯铂酸离子形式所产生的颜色为 1 个色度单位，称为 1 度。

我国生活饮用水的色度要求小于 15 度，并不得呈其他异色。

铂钴标准比色法是国家生活饮用水和环境水质检测的标准方法，该方法适用于清洁水、轻度污染并略带黄色色调的水，例如地面水、地下水和生活饮用水等。水样不经稀释时，该方法最低检测色度为 5 度，测定范围为 5～50 度。该方法操作简便、色度稳定，标准色列如能合理保存，可长期使用。

用氯铂酸钾和氯化钴配成标准色列，在 50ml 成套高型无色具塞比色管中，配制 0、5、10、15、20、25、30、35、40、45、50 度的标准色列，用于水样目视比色测定。

水样的测定：取 50ml 透明水样于比色管中，与标准色列进行目视比较。观测时，可将比色管置于白色表面上，且与该表面呈适当角度，使光线从管底部向上透过液柱，目光自管口垂直向下观察。记下与水样色度相同的铂钴标准色列的色度。如水样色度较大，可少取水样，用纯水稀释至 50ml。

2）臭和味

异常的臭和味意味着可能发生了污染事件，或净水工艺及输水管网出现问题。只有查明致臭物质后，方可评价对人体健康的影响。引起水中臭和味的各种有机物质，其阈值可能在 mg/L～ng/L 的数量级之间。如加氯消毒副产物：酚、4-氯酚、2,4-二氯酚的嗅阈值分别为 1000～5000、0.5～1200、2～210ug/L。

臭和味的感官检测方法主要有嗅气和尝味法。

水样测定：常温：取 100ml 水样，置于 250ml 锥形瓶中，振摇后从瓶口嗅水的气味，用适当文字描述，并记录强度，见表 2-4。

与此同时，取少量水样放入口中（此水样应对人体无害），不要咽下，品尝水的味道，予以描述，并按六级记录强度，见表 2-4。

煮沸：将上述锥形瓶加热至开始沸腾，取下稍冷，按上法测定，并描述特征，记录强度。

臭和味强度等级　　　　　　　　　　　　　　　　　　　表 2-4

等级	强度	说　明
0	无	无任何臭和味
1	微弱	一般饮用者甚难察觉，但臭、味敏感者可以发觉
2	弱	一般饮用者刚能察觉
3	明显	已能明显察觉
4	强	已有很显著的臭味
5	很强	有强烈的恶臭或异味

注：必要时，可用无臭水（蒸馏水）对照。

3）浑浊度

浑浊度是反映水源水及饮用水的物理性状的一项指标。水源水的浑浊度是由于悬浮物或胶态物，或两者造成在光学方面的散射或吸收行为。浑浊度的单位是 NTU（Nephelometric Turbidity Unit），即散射浊度单位。饮用水标准中要求小于 1NTU。

检测原理：在相同条件下用福尔马肼标准混悬液射光的强度和水样散射光的强度进行比较。散射光的强度越大，表示浑浊度越高。

水样检测：采用散射式浑浊度仪进行测定（可参照相应浑浊度仪的说明书进行操作）。

低浊度水样检测要注意几个环节：

① 检测设备的维护保养：光源维护、环境条件、比色槽的清洁等。

② 设备预热：一般要求有预热的时间，确保设备稳定。

③ 比色器：比色管洁净、无划痕，使用吸水擦镜布或不掉毛绒布；低浊度水样比色器专用。

④ 规范操作：定期校准比对，检测时涂抹硅油等。

4）余氯

余氯（游离氯和总氯），主要有两种方法进行检测。

① 3,3′,5,5′-四甲基联苯胺比色法

在 pH 小于 2 的酸性溶液中，余氯与 3,3′,5,5′-四甲基联苯胺反应，生成黄色的醌式

化合物，用目视比色法定量。用重铬酸钾溶液配制成永久性余氯标准色列。可用于经氯化消毒后的生活饮用水及水源水中总余氯及游离余氯的测定。

水样检测：重铬酸钾-铬酸钾溶液配制成 0.01～1.0mg/L 或 1.0～10mg/L 标准色列。

于 50mL 具塞比色管中，先加入 2.5mL 四甲基联苯胺溶液，加入澄清水样至 50mL 刻度，混合后立即比色，所得结果为游离余氯；放置 10min，比色所得结果为总余氯，总余氯减去游离余氯即为化合余氯。

pH 值大于 7 的水样可先用盐酸溶液调节 pH 再行测定。

② DPD 比色法

原理：DPD 与水中余氯迅速反应而产生红色。现一般采用便携式仪器快速检测（具体操作可参照相应的仪器说明书）。

采用高锰酸钾溶液作为氯标准溶液作为比色和校准核查标准液使用。

5）总碱度

水的碱度是指水中所含能与强酸定量作用的物质总量，是水质综合性特征指标之一。

水中的碱度主要是由钾、钠、钙、镁等的碳酸盐、重碳酸盐及氢氧化物的存在形成的，磷酸盐及硅酸盐等也会产生一些碱度，但它们在天然水中含量很少，常可忽略不计。根据水中产生碱度的成分，碱度可分为以下 3 类：

① 酸盐碳度：因水中碳酸根（CO_3^{2-}）的存在而产生的碱度，称为碳酸盐碱度。

② 重碳酸盐碱度：因水中重碳酸根（HCO_3^-）的存在而产生的碱度，称为重碳酸盐碱度。

③ 氢氧化物碱度：因水中氢氧化物（OH^-）的存在而产生的碱度，称为氢氧化物碱度。

碱度测定的卫生意义不大，但含有氢氧化物的水有涩味，不宜饮用。

碱度指标常用于评价水体的酸碱缓冲能力及金属在其中的溶解性和毒性，是对水处理过程的判断性指标，在给水处理中，是必不可少的分析项目。例如在水的混凝处理中，需要了解水的碱度，因为具有一定碱度的水才能保证絮凝剂水解作用的顺利进行，若水的碱度不足时，还需在水中投碱，以增加水的碱度。

水样检测：水的碱度用酸碱滴定法进行测定，用酸标准溶液作滴定剂。是在水样中加入适当的指示剂（一般两种指示剂：酚酞、甲基橙），用标准酸溶液滴定，当达到一定的 pH 值时，指示剂就发生变色作用，表示滴定终点到达，以此分别测出水样中所含的碱度。这种采用指示剂变色判断滴定终点，简便快捷。

总碱度测定，国标中采用甲基橙为指示剂（pH 变色范围 3.1～4.4），黄色到橙红色。也可选用溴百酚绿混合指示剂（pH 变色范围 4.4～6.2），绿色到酒红色，终点判断更为明显，由于变色范围不一致，因此，采用溴百酚绿混合指示剂，需将终点溶液颜色滴定到亮酒红色，接近于甲基橙指示剂的变色范围。

6）电导率检测

天然水中含有大量的盐类物质，其主要成分是钙、镁、钠的重碳酸盐、氯化物和硫酸盐等。当其含量过大时，饮用时会改变味道，并可能损坏配水管道和设备。测定水中的含盐量有多种方法。利用水中离子导电能力来评价含盐量的多少，分析方法简单，操作快速，灵敏度也高。

水的导电能力可用电导率来表示，电导率是以数字表示溶液传导电流的能力。水的电导率与其所含无机酸、碱、盐的量有一定的关系，当它们的浓度较低时，电导率随着浓度的增大而增加，因此，该指标常用于推测水中离子的总浓度或含盐量。

水样的电导率大小不同，应使用电导池常数不同的电极。不同电导率的水样可选用不同电导池常数的电极测定。

取50～100ml水样（温度25℃±5℃），放入塑料杯或硬质玻璃杯中，将电极用测水样冲洗2～3次后，插入水样中进行电导率测定。读数即为所测的电导率值，同时记录水样温度。

为了减少误差，应当选用电导率与待测水样相近的氯化钾标准溶液进行标定。电极常数常选用已知电导率的标准氯化钾溶液测定。不同浓度氯化钾溶液的电导率如表2-5（25℃）。

不同浓度氯化钾溶液的电导率　　　　表2-5

浓度/(mol/L)	电导率/(μs/cm)	浓度/(mol/L)	电导率/(μs/cm)
0.0001	14.94	0.01	1413
0.0005	73.90	0.02	2767
0.001	147.0	0.05	6668
0.005	717.8	0.1	12900

（2）微生物指标检测

水是培养微生物的极好介质。微生物可在水中生存繁殖，且被水转移。

微生物是肉眼无法看到的微小生物，通常仅由单个细胞组成，细胞的大小一般只有1～2μm。细菌是水微生物学中最重要的微生物；病毒分析很费时间，也很麻烦，故一般的水生物分析都不作病毒分析。霉菌和酵母菌在地面水中罕见，所以在饮用水的微生物学中不起主要作用。藻类及原生动物的单胞生物也归属于水生微生物，通常用显微镜计数和检测。

水中所含细菌总数的多少，是判定水质被生活废弃物污染程度的指标之一。污染物包括各种污水、垃圾、粪便等。大肠菌群是作为粪便污染指标菌而提出来的，是以该菌的检出情况来表示水中有否粪便污染及其程度。总大肠菌群的检测在饮用水的微生物安全监测中，作为粪便污染的指示菌。检出耐热（粪）大肠菌群时则表示有粪便的最近污染。大肠埃希氏菌被认为是指示粪便污染的最有意义的指标。

菌落总数的检测主要采用琼脂倾注平皿培养后，使每个平皿上生长的菌落数在30～300之间，一般清洁的水可直接用1ml接种，水源水可作10倍的倍比稀释，适当选择2～3个稀释度，再用1ml稀释水接种。36±1℃培养，48h后观察菌落生长情况并计数。

总大肠菌群、耐热（粪）大肠菌群以及大肠埃希氏菌的检测，国家标准主要有滤膜法、多管发酵法和酶底物法，发酵法适用于饮用水、水源水，尤其是浑浊度较高的水样；滤膜法适用于饮用水及浊度低的水源水。

（3）需药量试验

净水处理过程中，加药是必须的工序，为了获得合理的加药量，需要进行小试，以确定加药量，如需矾量、需氯量、需碱量以及污泥处置、应急处理过程中加药量。

1）需矾量

采样六联搅拌机，水样杯：1L烧杯，新配制的净水剂。

① 各取1L原水至1L的烧杯中，并将烧杯定位，然后将搅拌桨片插入水样中。

② 准备混凝剂，根据经验或测算的加入量按次序加入一系列的净水剂。

③ 按生产工艺絮凝池反应的速度梯度G（混合阶段G＝1000～500/s，絮凝阶段G＝100～20/s），反应时间T，选择不同的转速和搅拌时间，运行搅拌机。观察记录矾花形成情况。

④ 静置沉淀：静置沉淀20～60min（具体沉淀时间，根据水厂沉淀池实际情况而定）后，观察记录沉淀所需时间与沉淀效果。采用虹吸或吸管在水面下5cm处取一定体积水样。

⑤ 测定：用散射光浊度仪测定上述吸取液的浑浊度。

⑥ 绘制加矾浓度-浑浊度关系图：以加矾浓度为横坐标，浑浊度为纵坐标，将测量值点在坐标上，并将各实验点连接成曲线。在纵坐标上2NTU（根据水厂实际运行控制指标确定）所对应的加矾浓度即为2NTU的需矾量。

2）需氯量

需氯量为零的纯水：在无氨的纯水中加入少量氯水或漂白粉溶液，使加氯后水中余氯约为0.5mg/L，加热煮沸去除氯气，冷却后备用。

有效氯标准溶液：取约1%有效氯溶液（氯水或次氯酸钠溶液），按有效氯标定测定步骤，分析氯水溶液的准确浓度。根据测得的有效氯含量，用需氯量为零的纯水稀释为0.10g/L氯的标准溶液。

① 取10个250ml具塞三角瓶或玻璃瓶，分别加入200ml水样。

② 用刻度吸管分别在水样中按次序加入一定量的氯标准溶液，塞好玻塞，摇匀，放于暗处。记录水温和时间。

③ 每隔适当接触时间后（如30min、60min），从每瓶取出50ml水样，放入预先加有0.5ml四甲基联苯胺溶液的50ml比色管中，混匀后于比色测定余氯。

④ 以一定接触时间后的余氯值为纵坐标，以加氯量为横坐标，绘制曲线，纵坐标0.5mg/L（按生产控制值选择）所对应的加氯量即为余氯量为0.5mg/L时的需氯量（加氯量）。

第四节　水质在线监测分析

为了及时掌握水体水质变化，保障城镇供水水质安全，提高水厂工艺运行和管网调度的科学性、合理性，水源水、工艺段处理水、供水厂出水、管网输送水、用户龙头水广泛采用了水质自动分析监测系统，分析测定部分主要水质指标。

1. 常用在线仪表配置及要求

在线监测系统应覆盖对供水水质安全有影响的关键环节，反映供水水质。根据水质特征、制水工艺特点和应急处置要求设置在线监测系统的指标和点位。

（1）水源在线监测指标设置（表2-6）

水源在线监测指标设置　　　　　　　　　　　表 2-6

	一般应监测指标（不限）	可能受污染时增加指标(不限)	其他	注
河流型	pH（酸碱度）、浑浊度、水温、电导率	氨氮、耗氧量、UV254、溶解氧	潮汐影响应增加氯化物指标	存在重金属污染风险时，应增加相应重金属指标，必要时应增加生物综合毒性指标对水源污染风险进行预警
湖库型	pH（酸碱度）、浑浊度、溶解氧、水温、电导率	氨氮、耗氧量、UV254	水体富营养化时应增加叶绿素 a 指标	
地下水	pH（酸碱度）、浑浊度、电导率	铁、锰、砷、氟化物、硝酸盐等		

在线监测布局：

监测点的位置应根据预警的要求进行设置，并应根据取水口的位置确定其设置深度。

河流型水源可根据河流形态、潮汐等情况，在取水口上游及周边影响取水口水质的河流断面增设在线监测点。

湖库型水源可在对取水口水质有影响的区域设置多个在线监测点。

地下水水源应在汇水区域或井群中选择全部或有代表性的水源井、补压井设置在线监测点。

（2）水厂在线监测指标设置（表 2-7）

水厂在线监测指标设置　　　　　　　　　　　表 2-7

	监测指标	工艺运行管理需要(可增加)	其他
进厂原水	选取对水厂后续生产可能产生影响的指标		水厂就近水源取水时，水源在线监测与原水监测合一
水厂净化工序出水	浑浊度、pH(酸碱度)、消毒剂余量	耗氧量、UV254、颗粒数量等	臭氧活性炭及膜处理工艺建议增加颗粒数量
出厂水	浑浊度、消毒剂余量、pH（酸碱度）	耗氧量、UV254 等	

在线监测点布局：应覆盖进厂原水、主要净化工序出水和出厂水。采用深度处理工艺的水厂应根据工艺需要增设监测点。

2. 在线仪表运行管理

（1）浑浊度仪

浑浊度测定常采用 90 度散射光原理，通过观测由悬浮物质产生的散射光的强度来测定浑浊度。

技术要求：

① 量程：0.001～100NTU；

② 测量原理：90°散射光，内置气泡去除系统；

③ 精度：0～20NTU：读数的±3%或±0.02NTU；

④ 重复性：优于读数的±3.0%或±0.02NTU；

⑤ 响应时间：30 秒。

校验：应进行零点校正、量程校准。将传感器置于零浊度水（纯水，应符合二级纯水标准）中，待示值稳定后调整为零。将传感器置于均匀量程校正液中，反复校准直至示值与校正液配置值相对误差符合一定要求。

运行维护：水样比对试验不应小于每周 1 次，超出要求需重新校验。校验不小于每月 1 次。水源浑浊度应根据水质情况确定清洗周期，不应小于每周 1 次，出厂水和管网水清洗频率不小于每二周 1 次。重大维护或维修后需进行校验。

（2）pH（酸碱度）

pH 是水质分析和控制的最基本理化参数之一。通过检测水中 H^+ 的浓度所产生的电极电位测定 pH 值。

技术要求：

① 测量范围：0～14pH；

② 灵敏度：±0.01pH；

③ 稳定性：每 24 小时 0.03pH，不累积；

④ 重复性：±0.1pH；

⑤ 内置温度传感器：提供自动温度补偿，分析仪显示温度值。

校验：选择 pH＝9.18、6.86、4.00（25℃）其中两点的标准溶液进行校验，重复校验操作，调节在线监测仪示值与标准溶液的值之差在一定范围内。

运行维护：实际样品比对试验不小于每月 1 次，比对误差超出范围值应进行重新校验。标准溶液校验不小于每 3 月 1 次；采用 0.01M 的酸溶液清洗传感器，不小于每月 1 次。

（3）余氯仪

可采用比色法和电极法两种在线余氯监测仪。比色法是利用指示剂与水样反应产物的显色强度与余氯浓度成正比的原理测定余氯浓度。电极法是利用电极产生的电流强度与余氯浓度成正比的原理测定余氯浓度。

技术要求：

① 测量范围：0～5mg/L；

② 准确度：读数的±5%；

③ 精度：读数的±5%；

④ 检测限：0.02mg/L；

⑤ 测量时间：2.5 分钟。

校验：应进行零点校正、量程校正。选择余氯浓度在 0.05～0.1mg/L 和 0.5～1.0mg/L 之间的水样，以经检定校准的余氯分析仪测定结果对在线余氯仪进行校准。

运行维护：水厂余氯仪，实际水样比对不小于每天 1 次；其他地方不小于每周 1 次；校验不小于每月 1 次；清洗和维护不小于每月 1 次。

（4）电导率仪

可选择两种原理的在线监测电导率仪。通过测定一定电压下水中的两个电极之间的电流值，根据欧姆定律测定电导率，也可采用平行放置的线圈，通过检测电磁感应所产生的电流值来测定水的电导率。

技术要求：

① 测量范围：0～100uS/cm 到 0～200000uS/cm；

② 传感器：带温度传感器；

③ 电极温度范围：－10～200℃；

④ 重复性：±1%。

校验：零点校正，将电极浸入零点校正液，将示值调整为零；将电极浸入量程校正液（一定浓度氯化钾溶液），将示值调整为标准电导率值。重复交替操作，使示值与标准值之差在一定范围内。

运行维护：实际水样比对不小于每月 1 次，校验不小于每三月 1 次，采用 0.01M 盐酸清洗传感器不小于每月 1 次。

（5）氨氮

在线氨氮分析仪主要有分光光度法和离子选择电极法两种。

分光光度法原理，一般采用水杨酸分光光度法，水样中的氨氮与次氯酸盐、水杨酸盐反应生成稳定的蓝色化合物，可通过检测水样于 697nm 波长的吸光度测定氨氮浓度。

采用氨气敏电极法时，水样中游离态氨或铵离子在强碱条件下转换成气态氨，气态氨透过半透膜进入氨气敏电极并改变其内部电解液的 pH 值，通过检测 pH 值变化测定氨氮浓度。

铵离子选择电极法，游离态的氨在酸性条件下转化为铵离子，铵离子透过电极表面的选择性透过膜并产生电位差，通过检测电位差测定氨氮浓度。

技术要求：

① 分析仪具有自动校正、自动清洗、自动恒温功能；

② 测量范围：0.02～2.0mg/L，0.1～20.0mg/L；

③ 准确度：测量值的±4%或 ± 0.02mg/L；

④ 测定下限：0.02mg/L 或 0.1mg/L（不同量程）；

⑤ 测量周期：5min。

校验：零点校正和量程校正，完成后进行实际水样比对试验。

运行维护：实际样品比对不小于每周 1 次，校验不小于每月 1 次；检查电极、标准溶液和电极填充液等不应小于每周 1 次。电极法，电极应每半年更换 1 次。清洗频率不应小于每两周 1 次。水杨酸法采样单元的过滤膜清洗或更换的频率不应小于每周 1 次；分流监测，采样管路应加入次氯酸钠抑制微生物生长。

（6）耗氧量

采用过量的高锰酸钾将水样中的还原性物质氧化，反应后加入过量的草酸钠还原剩余的高锰酸钾，再用高锰酸钾标准溶液返滴定过量的草酸钠，计算得到耗氧量值。

技术要求：

① 量程：0～20mg/L；

② 最低检出限：0.5mg/L；

③ 重复性：±5.0%；

④ 分辨率：0.01mg/L。

校验：零点校正，将零点校正液加入反应系统，调整示值为零（不含还原性物质的蒸馏水）；量程校正，将量程校正液加入反应系统，调整示值（仪表量程值 80%浓度耗氧量标准液）。

运行维护：比对试验不小于每月 1 次；校验不小于每月 1 次；清洗及维护频率不小于

每月 2 次。

（7）溶解氧

两种原理：采用膜法时，利用分子氧透过薄膜的扩散速率与电极上发生还原反应产生的电流成正比的原理测定溶解氧的浓度。采用荧光法时，利用蓝光照射到荧光物质激发其产生红光的时间和强度与氧分子的浓度成反比的原理测定溶解氧的浓度。

技术要求：

① 溶氧测量范围：0.00～20.00mg/L（ppm）；

② 温度测量范围：0～50℃，带温度自动补偿；

③ 精度：＜5ppm 时，±0.1ppm；

④ 重复性：±0.1ppm（mg/L）。

校验：零点校正和量程校正。

运行维护：实际水样比对不小于每两周 1 次，比对误差不能超过一定范围，否则重新校验。校验不小于每月 1 次，清洗不小于每月 1 次。

（8）叶绿素 a

采用荧光分光光度法测定叶绿素 a。

技术要求：

① 量程：0～500μg/L；

② 精度：0.5μg/L；

③ 重复性：≤5%。

校验：采用叶绿素 a 标准（HJ897）进行定值，零点校正采用纯水；量程校正采用 HJ897 或罗丹明溶液进行定值的小球藻储备液。

运行维护：实际水样比对不小于每月 1 次；校验频率不应小于每 3 月 1 次，零点漂移、重复性试验不应小于每 3 月 1 次；清洗及维护不应小于每月 1 次。

（9）颗粒计数器

采用光阻法，通过检测光电接收器上接收的光强度变化计算颗粒物的粒径和数量。

技术要求：

① 颗粒检测范围：2～400μm；

② 敏感度：2μm；

③ 最大颗粒物浓度：18000counts/ml；

④ 测流精度：≤3%。

校验：粒径校验。

标准样品比对试验：采用颗粒数量浓度已知的中位粒径 D50 为 5um 的有证标准物质配成大于或等于 300 个/ml 的溶液测量，取平均值。计算比对误差符合一定数值。

实际水样比对：选取 5 中粒径范围在 2～400um、浓度大于或等于 300 个/ml 的代表性水样，仪器选择大于 2um 档，在线与台式颗粒物（检定）分析仪比对。

运行维护：比对试验不小于每周 1 次，校验频率不小于每年 1 次；检查、清洗和维护频率不小于每月 1 次。

第三章

给水处理

第一节 概 述

给水处理是给水工程中重要的组成部分，它的任务是将原水经过投药、混合反应、沉淀（澄清）、过滤、消毒等工艺流程，去除原水中所含的各种有害杂质，达到符合人们生活、生产所要求的符合标准的水。

1. 原水水质

（1）原水中杂质的来源和分类

原水中都不同程度地含有各种各样的杂质，这些杂质不外乎两种来源：一是在大自然的水文循环中带入的杂质；二是人们在工业、农业、生活过程中产生的杂质。这些杂质按尺寸大小可分成悬浮物、胶体和溶解物，见表3-1。

水中杂质分类表 表3-1

杂质	溶解物 （低分子、离子）	胶体	悬浮物	
颗粒尺寸	<1nm	1～100nm	0.1～100μm	>100μm
分辨工具	电子显微镜可见	超显微镜可见	显微镜可见	肉眼可见
水的外观	透明	浑浊	浑浊	浑浊

（2）悬浮物和胶体杂质

悬浮物尺寸较大，易于在水中下沉或上浮。下沉的一般是大颗粒泥砂及矿物质废渣等；能够上浮的一般是体积较大而密度小的某些有机物，比如藻类。

胶体颗粒尺寸很小，在水中长期静置也难下沉。水中所存在的胶体通常有黏土、某些细菌及病毒、腐殖质及蛋白质等。有机高分子物质通常也属于胶体一类。工业废水排入水体，会引入各种各样的胶质或有机高分子物质。天然水中的胶体一般带负电荷，有时也含有少量带正电荷的金属氢氧化物胶体。

悬浮物和胶体是使水产生浑浊现象的根源，其中有机物，如腐殖质及藻类等，往往会造成水的色、臭、味。随生活污水排入水体的病菌、病毒及原生动物等病原体会通过水传播疾病。

悬浮物和胶体是饮用水处理的主要去除对象。粒径大于 0.1mm 的泥沙比较容易去除，通常在水中可很快自行下沉。而粒径较小的悬浮物和胶体杂质，须投加混凝剂方可去除。

（3）溶解杂质

溶解杂质包括有机物和无机物两类。无机溶解物是指水中所含的无机低分子和离子。它们与水所构成的均相体系，外观透明，属于真溶液。但有的无机溶解物可使水产生色、臭、味。无机溶解杂质主要是某些工业用水的去除对象，有毒、有害无机溶解物也是生活饮用水的去除对象。有机溶解物主要来源于水源污染，也有天然存在的，如腐殖质等。当前，在饮用水处理中，溶解的有机物已成为重点去除对象之一。

（4）江河水源特征

江河水一般流程长，汇水面积大且在取水区域以外，流量大，受季节和降水的影响也大。水中悬浮物和胶态杂质含量较多。浊度随季节和天气的雨晴变化幅度很大。江河水的含盐量和硬度较低，一般均无碍于生活饮用。在沿海地区，江河水还容易受潮汐的影响，氯化物含量变化较大，有时达到不能饮用的地步。

江河水最大缺点是：易受工业废水、生活污水及其他各种人为污染，因而水的色、臭、味变化较大，有毒或有害物质易进入水体。

（5）湖泊及水库水源特征

湖泊及水库水，水体大，水量充足；水质、水量受季节和降水影响较江河小；因其流动性小，贮存时间较长，故浊度比江河水低，但含盐量因水体不断得到补给又不断蒸发浓缩，往往比江河水高；湖水因流动性小和透明高，易于浮游生物及藻类生长，因而，湖水一般含藻类较多。同时，水生物死亡残骸沉积湖底，使湖底淤泥中积存了大量腐殖质，一经风浪泛起，便使水质恶化，湖水也易受废水污染。

湖泊及水库水会因为季节性密度或热量不同，有较为明显的水体分层现象。

一般深度≤6m 的浅层湖泊水库，夏季的水温和溶解氧含量受风力造成混合的影响。当表层水的温度升高，水体就会因密度不同而分层。在底泥和水的交接面上，溶解氧的缺乏会形成厌氧环境，这会导致底泥中营养物质和金属释放到水体中，臭和味、色度、浊度等就会增加。在冬季，由于水的密度比较均衡、分层状态基本不存在，因此水温和溶解氧含量在整个水体中大体保持均衡。在严寒的冬季，表层水结冰后，如果空气和水在一定时间内交换减少，水体就会呈现厌氧状态。

在深度＞6m 的深层水体中，会因热量的分层，在表层水面以下形成界面清晰的三层水体。顶层被称为表温层；底层被称为低温层；中间层被称为温跃层或变温层。在夏季，低温层会因为与表温层逐渐隔离而形成，这会产生厌氧环境，从而带来水质问题。在冬季，一般不会发生低温层缺氧的现象。对分层深层水体，季节性温度变化时会引起水体不同温层间的对流，例如当秋季水温下降时，表层水随气温依次冷却下来，表层水冷却后由于密度增加与下层水不断对流，使底部营养盐含量高处于厌氧状态的水上升。这可能会带来色度、浊度、铁、锰、氨氮以及臭和味问题。大多数水厂从水体中的不同深度取水以减小分层现象对水处理的影响。

北方城镇多取用地下水，地下水水质与处理工艺较地表水均有不同，本书不予详细介绍。

2. 给水处理方法概述

由于水源不同，水质各异，给水处理的工艺流程多种多样。对于水质较好的水源而言，饮用水的处理对象主要是去除水中悬浮物、胶体和致病微生物；对此，常规处理工艺（即混凝、沉淀、过滤、消毒）是十分有效的。但对于污染水源而言，水中溶解性的有毒有害物质，特别是具有致癌、致畸、致突变的有机污染物（简称"三致物质"）或"三致"前体物（如腐殖酸等）是常规处理方法难以解决的。需要在常规处理基础上增加预处理和深度处理，前者置于常规处理前，后者置于常规处理后。

（1）常规处理方法

处理对象主要是悬浮物、胶体和致病微生物，处理方法主要有混凝、沉淀（澄清）、过滤、消毒。在原水中投加药剂后，经混合、反应使水中悬浮物及胶体杂质形成易于沉降的大颗粒絮体，而后通过沉淀或澄清去除悬浮颗粒，再经滤池过滤截留后，投加各种消毒剂，去除致病微生物，最后达到饮用水水质。当原水浊度较低时，例如水库水，投加药剂后，也可不经混凝、沉淀而直接过滤。

（2）预处理方法

预处理通常是指在常规处理工艺前面，采用物理、化学和生物的处理方法，对水中的污染物进行初级去除，以减轻常规处理和深度处理的负担，提高对污染物的去除效果，改善和提高饮用水水质。预处理措施包括：生物预处理、化学预氧化、投加吸附剂、预沉淀、鼓风曝气、生态调控等。

原水氨氮含量持续较高，宜增加生物预处理。微污染原水，特别是污染物以可生化有机物为主时，应优先采用生物预处理。

原水藻类含量高，宜采用化学预氧化、生态调控等措施。

原水有机污染物含量高，宜采用投加吸附剂、化学预氧化等措施。

原水泥砂含量高，浊度波动大，宜增加预沉淀。

原水存在大量浮游动物（剑水蚤、红虫等）的，宜采取化学预氧化、生态调控等措施。

（3）深度处理

深度处理通常是在常规处理工艺后，增加适当的处理方法，将常规处理工艺不能有效去除的污染物或消毒副产物的前体物加以去除，提高和保证饮用水水质。

深度处理主要有以下几种方法：活性炭吸附法、臭氧氧化法、臭氧-粒状活性炭联用法或生物活性炭法、膜技术等。实践表明，采用臭氧-活性炭联用技术去除水中微量有机污染物，降低 CODMn 和水中的臭味十分有效。

（4）特殊水处理与应急水处理

对于沿海地区由于海水倒灌引起的季节性轻度苦咸水，应采取避咸蓄淡及优化调度等措施。

当原水中臭和味严重而采用常规处理工艺不能达到水质要求时可根据水中臭和味的来源选择除臭、除味工艺，例如，对于水中有机物所产生的臭和味，可用活性炭吸附或氧化法去除；对于溶解性气体或挥发性有机物所产生的臭和味，可采用曝气法去除；因藻类繁殖而产生的臭和味，可采用微滤机或气浮法去除，也可在水中投加除藻剂去除；因溶解盐类所产生的臭和味，可采用适当的除盐措施去除。

水厂应根据突发性污染的风险类型，及发生频率，合理预先配置应急设施和药剂，例如对于水源存在农药、苯系物等可吸附污染风险的水厂，应设置粉末活性炭投加设施。对于水源存在重金属污染风险的，应设置碱性药剂投加设施，并根据污染物性质，设置氧化剂或还原剂投加设施，通过沉淀去除污染物。对于水源存在硫化物、氰离子等可氧化的污染物风险的，应设置氧化剂投加设施。对于水源存在突发性致病微生物污染风险的，应设置强化消毒设施。对于水源存在油污染风险的，应在取水口处储备围栏、撇油装置，并在取水口或水厂内设置粉末活性炭投加装置。

第二节　取　　水

从水源地取集原水的过程称为取水。为取原水而设置的构筑物总称取水构筑物。由地表水源的种类、性质和取水条件的差异，决定了地表水取水构筑物的各种型式，不管是何种型式都要做到安全可靠、保证水厂正常供水和取得较好的水质。取水构筑物一般由取水头部、引水管、泵房等几大部分组成。

1. 取水头部

取水头部，是确保水厂正常供水的关键部位；要求做到在任何情况下安全可靠地取到较好水质的原水。取水头部要关注防漂浮物的问题。水流中所挟带的漂浮物，不仅漂浮在水面上，也浮沉于各层水中，很容易聚集于进水孔，严重时会将进水孔堵塞，造成断流事故。取水头部在日常生产中要加强巡回检查，一般每天检查一次，如遇汛期或异常情况，还要增加检查次数。主要检查内容有：水体颜色是否正常，水位高低，垃圾漂浮物情况等；取水头部有无堵塞现象；水源保护区界碑、界牌是否完好，保护区内是否存在污水排放和倾倒污染物、原水输送渠道是否运行正常等一切可能污染水源的情况。安装有旋转滤网或格栅垃圾抓斗的，要及时清送收集的垃圾，必要时人工清除滤网孔、格栅孔内固着的垃圾。

2. 进水管

进水管是指从取水头部至集水井或进水泵房之间的管子。为了提高进水的安全可靠性和便于清洗检修，长距离进水管一般不应少于两条，当一条进水管停止工作时，其余进水管通过的流量应满足事故用水要求。直接岸边式取水的，考虑建设难度和成本可采用一根进水管。

进水管有自流管、压力管、虹吸管等。自流引水管维护工作主要就是清淤，即消除引水管内淤积的泥沙，淤积严重时需停止进水，进行清淤工作。

虹吸进水管的运行最重要的是防止漏气。轻微漏气将使虹吸管投入运行时增加抽气时间，减少引水量，严重时会导致停止引水。

3. 泵房

从水源取水，将水送至净水构筑物，或者当原水无需处理时直接送去给水管网、蓄水池或水塔，这样的构筑物我们称为一级泵房。一级泵站可和取水构筑物合建或分建。泵站的输水能力等于处理厂供水能力加水厂用水量，一般全日均匀供水。

根据泵房在城镇给水系统中的作用划分还有以下两种泵房：

二级泵房：将处理厂清水池中的水输送（一般为高扬程）到给水管网，以供应用户需要。二级泵站的供水能力必须满足最高时的用水要求，同时也要适应用水量降低时的情况。为使水泵在高效条件下运行，一般设多台水泵，由泵间的不同组合，以及设置水塔或水池，来适应供水量的变化。有的采用调速水泵机组，以适应供水量和水压的变化。

增压泵房：提高给水管网中水压不足地带水压的泵站。在扩建或新建管网时都可采用。特别是在地形狭长或高差较大的城市或对个别水压不足的建筑物，设置增压泵站一般较为经济合理。

泵房一般由机泵间、动力及配电设备和辅助间三部分组成，其附属构筑物有进水池和阀门井等。机泵间是安装水泵机组、管道、阀门、起动设备和吊车等的场所。水泵一般采用离心泵，有卧式及立式两种，按叶轮数目分为单级及多级离心泵，多级泵用于高压供水系统。动力设备通常采用电动机，有时用内燃机。配电设备包括高、低压配电和控制机组运行的电气设备及各种监测仪表等。

泵房运行管理要求：

a. 吸水井液位在高低限范围之内。

b. 泵房通风条件良好，环境温湿度符合要求。

c. 地下或半地下式泵房排水设施正常。

d. 设备状态牌悬挂正确，设备运行正常，接地状态良好。

e. 电缆管沟内无积水。

第三节　混　凝

向原水中投加混凝剂，破坏水中胶体颗粒的稳定性，通过胶粒间以及其他微粒间的互相碰撞和聚集，形成易于从水中分离的絮状物质的过程，称为混凝，是常规水处理工艺中的基本组成部分。

混凝是去除天然水中浊度的最主要的方法。水中浊度是由细微悬浮物所造成的，分散度处于胶体状态时将产生最大的光散射，因而胶体物质是形成浊度的主要因素。

混凝也是去除天然色度的重要方法。水中天然色度来源于腐败的有机植物，主要是土壤中所含的腐殖质。

混凝对某些无机物和某些有机污染物，也有一定的去除效果。

1. 混凝影响因素

影响混凝效果的因素很多，但以水力条件、pH 值、碱度、水温和混凝剂投加量最为主要。

（1）水力条件

水力条件是影响混凝效果的重要因素。胶体颗粒凝聚有两个基本条件，一是使胶体颗粒脱稳，二是使脱稳的胶体颗粒互相碰撞。混凝剂的主要作用是使胶体颗粒脱稳，而外部水力搅动是保证胶体颗粒能充分与混凝剂接触，使胶体颗粒互相碰撞形成大絮体，俗称"矾花"。所以混凝包括两个阶段：混合阶段和絮凝反应阶段。

混合阶段：混凝剂投入水中后，在非常短的时间内就应完成电离、水解、脱稳、凝聚过程，并形成细小矾花。在此期间，一方面要避免因混凝剂水解而使局部水区域 pH 值过低；另一方面应使生成的细小矾花尽快均匀分散，产生有效的吸附作用。同时，还要防止细小的矾花被提前打碎。所以，混合阶段要求水流产生激烈的湍流，达到迅速、剧烈、均匀的效果，混合的任务应该在 10～30s 内完成，最多不超过 2min，又称快速混合。

絮凝反应阶段：在絮凝反应阶段，细小的矾花逐渐增大，成为具有良好沉降性能的矾花。在矾花的成长的前期，主要靠细小矾花之间的碰撞吸附，矾花成长后期靠矾花之间的吸附架桥和沉淀物的网捕作用。所以，在反应阶段，随着矾花的成长，搅拌强度和水流的速度都应逐渐降低，通常称为持续降速絮凝。一般在 8～30min 内完成，因此混合絮凝水流速度：快—稍快—慢—稍慢—缓慢。

（2）pH 值

pH 值是反映水中酸碱度的指标，也是水中 H^+ 的浓度指标。由于水的 pH 值的不同，水中 H^+ 的含量不一样，导致混凝剂在水中存在的状态也不同，如硫酸铝加入水体后要形成氢氧化铝才能起混凝作用。但当水的 pH<4 时，氢氧化铝就溶解成 Al^{3+} 离子了，铝离子是不能起吸附架桥作用的，混凝效果就不会好。只有当 pH 在 6.7～7.5 时，氢氧化铝的溶解度最小，水中就有条件形成大量的氢氧化铝胶体，混凝效果就好。但当水的 pH 再大些，例如 pH>8.5 时，氢氧化铝又溶解成铝酸离子，这时混凝效果又很差了。因此，在水处理中要经常测定 pH 值，并设法控制在最佳处理范围内，对保证混凝效果至关重要。

一般天然水的 pH 值在 6.5～7.5。每一种混凝剂都有合适的 pH 适用范围，常用混凝剂 pH 值适用范围可参考表 3-2。

常用混凝剂 pH 值适用范围　　　　　　　　　　　表 3-2

混凝剂名称	pH 值适用范围
硫酸铝	6.5～7.5
硫酸亚铁	8.1～9.0
三氯化铁	6.0～8.4
聚氯化铝	5～9

（3）碱度

碱度是指水中能与强酸相作用的物质含量，在水中主要指重碳酸根（HCO_3^-）、碳酸根（CO_3^{2-}）、氢氧根（OH^-）等。为使混凝剂产生良好的混凝作用，水中必须有一定的碱度。

水中加入混凝剂后，混凝剂水解都会产生一定量的 H^+，从而使水的 pH 值降低，阻碍了水解的进行，如果原水中存在重碳酸根（HCO_3^-）、碳酸根（CO_3^{2-}）、氢氧根（OH^-），它们可以中和水解产生的 H^+，水解反应就能顺利进行。所以如果水中碱度不足，就要碱化处理，可向水中投加碱性物质，如石灰、漂白粉等提高碱度，以免影响混凝效果。

（4）水温

水温对混凝效果影响很大，一般来讲，水温越低，混凝效果越差，不仅矾花形成慢，而且结构松散、颗粒细小，沉降性能差，其主要原因是：1）影响无机盐类混凝剂水解的速度，无机盐类混凝剂的水解是个吸热的过程，温度过低水解速度就慢；2）水温低时，水分子运动不剧烈，水中胶体颗粒的布朗运动减弱，颗粒之间碰撞机会少，不利于凝聚；水的黏度增大，阻碍了颗粒之间的相互凝聚和下沉；水流剪力也增大，矾花不易结大，且易破碎。

提高低温水的混凝效果，常用办法是适当增加混凝剂投加量或投加助凝剂以改善颗粒的碰撞条件，提高矾花的重量和强度。

（5）其他

混凝剂的品种、投药量、配制浓度、投药方式、原水中有无大量有机物和溶解盐类都会对混凝效果产生影响，因此确保混凝效果的有效办法是加强管理，掌握原水变化情况，正确投加混凝剂，经常观察矾花生成状况以保证最佳的混凝效果。

2. 常用混凝剂和助凝剂

为使胶体失去稳定性和脱稳胶体相互聚集所投加的药剂称为混凝剂。为改善絮凝效果所投加的辅助药剂称助凝剂。助凝剂本身可起也可不起凝聚作用，与混凝剂一起能促进水的混凝、改善絮凝体条件。如污染水，胶体表面有一层有机保护膜（表面性能变化），可加氧化剂助凝剂以破坏保护膜，帮助混凝。

混凝剂的要求：混凝效果好，对人体健康无害，适用方便，货源充足，价格低廉。

（1）常用混凝剂

① 聚合氯化铝（PAC）：工业上也称为碱式氯化铝，是三氯化铝和氢氧化铝的复合盐，是一种无机高分子化合物，以铝灰和含铝矿物为原料制成。

聚合氯化铝混凝效果好，耗药量少、出水浊度低、色度小、过滤性能好，原水浊度高时尤为显著；温度适应性高，pH适用范围广，5～9；使用时操作方便，腐蚀性小、劳动条件好；设备简单，操作方便，成本较铁矾低。

② 硫酸铝：以铝矾土与硫酸为主要原料制备而成，分为固体硫酸铝和液体硫酸铝。固体硫酸铝外观为灰白色粉末或块状晶体。在空气中长期存放易吸潮结块，由于有少量硫酸亚铁存在使产品表面发黄。硫酸铝易溶于水，水溶液呈酸性反应。

硫酸铝适宜的pH值为6.5～7.5，但在去除有机物时最佳的pH值为5～6。使用时要注意原水的pH值，必要时要进行调整，否则会影响混凝效果。调整的方法是加酸或碱，在出厂水pH值较低时，也需加石灰或碱。

硫酸铝的缺点是在低温低浊的水中，水解速度慢，生成的矾花比较轻而松，处理效果差。

③ 聚丙烯酰胺（PAM）：聚丙烯酰胺是由丙烯酰胺聚合而成的有机高分子聚合物，无色，无味，无臭，易溶于水，没有腐蚀性。聚丙烯酰胺在常温下比较稳定，高温冰冻时易降解，并降低絮凝效果。故其贮存与配加时，温度不超过65℃，室内温度不低于2℃。水解体效果较未水解好，生产中采用水解体，生产中一般采用3‰～8‰；由于固体产品不易水解，生产中要预先配制水解浓度。

聚丙烯酰胺有阳离子型、阴离子型和非离子型。阳离子型一般毒性较强，主要用于污水处理和有机质较高的工业废水；阴离子型适用于泥沙含量高的江河水，非离子型适用于一般水质的饮用水处理。

聚丙烯酰胺可单独使用，也可与混凝剂同时使用。处理高浊度原水效果很好，目前被认为是处理高浊度原水最有效的高分子絮凝剂之一。

聚丙烯酰胺本体是无害的，但产品中含未聚合的丙烯酰胺单体和游离丙烯腈有微弱的毒性。用于生活饮用水净化时，要注意控制投加量。

④ 硫酸亚铁（绿矾）：适用于高碱度、高浊度原水，pH8.1～9.6，混凝效果好，形成矾花快、稳定，不受温度影响，低温低浊时效果较稳定。但是腐蚀性高，且原水色度高时不能用。

⑤ 三氯化铁：不受水温影响，矾花大，铁盐生成的矾花颗粒大而密实，沉淀性能好，但对金属和混凝土都有腐蚀性，对塑料管也会因发热导致其变形；固体易吸水受潮，不易保管。

⑥ 聚合硫酸铁（简称聚铁，PFS）：聚合硫酸铁是一种无机高分子混凝剂。其主要优点是对原水的 pH 值适应范围广，絮凝体形成速度快，密集且重量大，有利于沉降，尤其对低温低浊水表现出较高的絮凝效果。

（2）常用助凝剂

助凝剂可以按照其在水处理中所起的作用可分为两大类：一为调节和改善混凝条件：酸碱类和氧化剂类，如氯气、石灰、漂白粉等；二为用以改善絮凝体结构：高分子药剂，如黏土、活性泥渣、聚丙烯酰胺、骨胶等。聚丙烯酰胺既可作混凝剂也可作助凝剂的。

助凝剂的投入必须根据原水的水质情况选用：

① 当原水 pH 值过低时，混凝剂水解很困难，可在水中投加助凝剂如石灰、苏打、烧碱，以调整水的 pH 值，改善混凝条件。

② 当原水受到污染时，水中腐殖质、有机物、藻类等含量高很高，色度也较大，往往投加大量的混凝剂效果也不明显，在这种情况下，可选用氧化剂类助凝剂如氯气（或次氯酸钠）、漂白粉、臭氧、高锰酸钾，以破坏有机物的干扰。

③ 当水中的 pH 值偏高时，可考虑加大前加氯量。

④ 当矾花形成很细小松散时，可投加高分子助凝剂；原水浊度和水温都很低时，可在原水中投入黏土或活性泥渣；当原水浊度过高或过低时，可选用聚丙烯酰胺加快矾花的形成和沉降。

3. 混凝剂的配制和投加

（1）混凝剂溶解池和溶液池

混凝剂有固体和液体之分。固体混凝剂也要将固体溶解后配成一定浓度的溶液投入水中。

自来水厂混凝剂投加系统一般由储液池、溶解池、溶液池和投加设备组成。如图 3-1 所示。

溶解设备往往由水厂规模和混凝剂品种决定。大、中型水厂通常建造溶解池并配以搅拌装置。搅拌是为了加速药剂溶解，搅拌装置有机械搅拌、压缩空气搅拌及水力搅拌等，其中机械搅拌用的较多。压缩空气搅拌是向溶解池内通入压缩空气进行搅拌，优点是没有与溶液直接接触的机械设备，使用维修方便，但与机械搅拌相比，动力消耗较大，溶解速度稍慢。

溶液池是配制一定浓度溶液的设施。通常用耐腐泵或靠自流将溶解池内的浓药液送入溶液池，同时用自来水稀释到所需浓度以备投加。

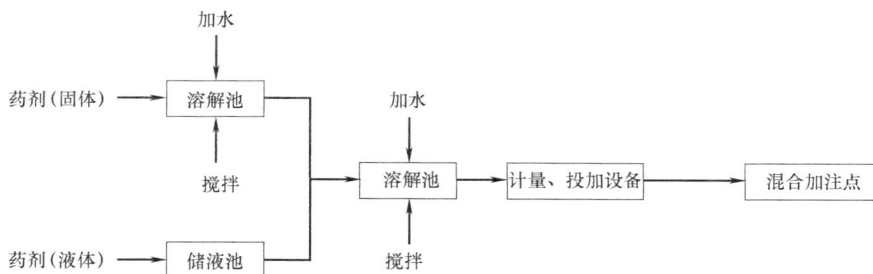

图 3-1 混凝剂投加系统

溶解池、搅拌设备及管配件等，均应有防腐措施或采用防腐材料，溶解池一般建于地面以下以便于操作，池顶一般高出地面约 0.2m 左右。当直接使用液态混凝剂时，溶解池也可不需要。

（2）混凝剂投加

混凝剂投加设备包括计量设备、药液提升设备、投药箱、必要的水封箱以及注入设备等。根据不同投药方式或投药量控制系统，所用设备也有所不同。

水厂常用混凝剂投加方式有：重力投加法、水射器投加法，以及计量泵投加法。依靠重力作用将混凝剂投药的方法称为重力投加法。重力投加法常采用提高溶液池位置，用泵将溶解池中的药液送到高位溶液池中。中小自来水厂也有采用水射器将药剂吸入进水管，这种方法称水射器投加法。但目前新建水厂一般都使用计量泵投加，并逐步开始选用更新一代的数字计量泵。

采用普通计量泵不必另备计量设备，泵上有计量标志，可通过改变计量泵行程或变频调速改变药液投量，最适合用于混凝剂自动控制系统。图 3-2 为计量泵投加示意。

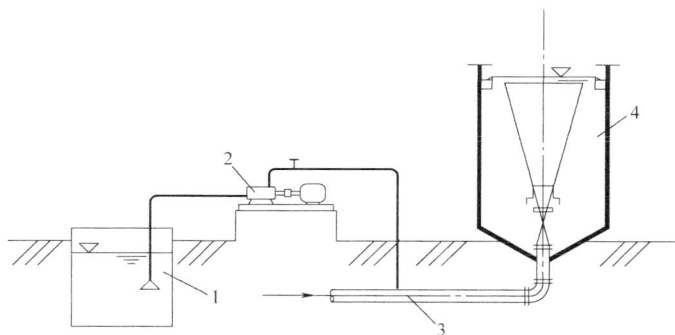

图 3-2 计量泵压力投加
1—溶液池；2—计量泵；3—原水进水管；4—澄清池

如选用数字计量泵，安装简单，其独特的驱动设计使得流量控制简便又精确，确保投加流量就是设定的流量。

（3）配制投加注意要点

1）药剂的选用和进库

① 在选用各类水处理药剂时，都应具有生产许可证、卫生许可证、产品合格及化验报告，执行索证及验收制度，相关台账存档。

② 每批净水原材料在新进厂和久存后投入使用前必须按照有关质量标准进行抽检，未经检验或检验不合格的，不得投入使用。

③ 要对每批进料的数量和重量进行核对、记录；对同一批次的原材料进库时，在进行化验的同时需要留样。

2）药剂的储存

① 储存量

药剂的储存量一般根据药剂周转与水厂交通条件决定，通常要贮备 7～15d 的混凝剂用量。药剂周转使用时要贯彻先存先用的原则。但硫酸亚铁切不可积压过久，否则会变质成碱式硫酸铁呈酱油色的冻胶体，使混凝效果大为降低。

② 药剂的堆放

絮凝剂与助凝剂一般有固体和液体之分。固体的药剂分包装和散装，其堆放的一般规定是：

a. 包装药剂：一般成袋堆放，堆放高度根据工作操作条件一般在 1～2m，药剂之间要有适当的通道，通道宽度要保持 1m 左右。

b. 液体药剂：一般都用贮液池，用泵或自流进入溶液池。巡检时注意观察池体腐蚀情况。

3）配制要求

① 配制前，关注液位变化和联络阀切换状态。查看提升泵完好情况和前后阀门开关状态，按规定的浓度或时间配制混凝剂与助凝剂溶液；

② 配制过程中时刻关注液位变化，关注提升泵、搅拌机运行情况，要求无异声、振动正常。查看管路阀门有无有无漏水、漏液现象。

③ 配制完成，及时进行相关台账的记录。

④ 必要时可根据投加量调整配制浓度，以保证投加量在泵的合理运行范围内。

4）投加要求

① 投药前对所有投药设备及水射器进行检查，确保正常后方可按规定的顺序打开各控制阀门；

② 根据原水水质、进水量变化和沉淀池出水水质的要求，及时调整和控制好投加量；可参考混凝沉淀烧杯试验结果进行投加。投加后及时观察絮凝池出口矾花，矾花大而密实，颗粒分明为佳；若矾花细小，颗粒不分明，可适当增加投加量。当药剂为硫酸铝时，要警惕加药过量问题，过量会使水的 pH 值降至铝盐混凝有效 pH 值以下，致使水体发浑发白，俗称"米泔水"，影响处理效果。

③ 必须按时正确地测定原水浊度、pH 值、沉淀池出口浊度，按控制出口浊度大小来调整投加量。

④ 及时巡检加药设施设备，注意观察各池液位，加药管线有无漏液，加药设备是否正常，混合、絮凝以及沉淀池水位与水质是否正常；

⑤ 异常情况处理：低温低浊时，为了提高混凝效果，可加助凝剂，也可适当投加黄泥以增加泥渣量提高出水水质。低温低浊阶段要适当减少排泥，尽可能保持高一点的沉降比；原水碱度不足时可投加石灰等；对污染较重的水源，有机物或藻类较多时，可采用预加氯、高锰酸盐、粉末活性炭、臭氧等方法，防止池内藻类、青苔繁殖和去除臭味。

⑥ 加药量计算公式：（加药流量×配制浓度×密度）/进水量

【例】　某水厂单个混凝池进水量为 3000m³/h，混凝剂投加量为 200L/h，稀释浓度为 30％，原液密度为 $1.2×10^3$kg/m³，试计算每千吨水的加药量为多少千克？

【解】　（200×30％×1.2）/（3000÷1000）＝24（kg/kt）

g. 做好各项原始记录、准确填写各项日报。

4. 混合和絮凝

混合和絮凝是混凝工艺过程的两个密切相关的阶段。混凝剂和原水的混合均匀与否是絮凝效果的基础。

（1）混合方式

混合的基本要求是快速、急剧和均匀。混合方式有水泵混合、管式混合、机械混合。目前国内水厂较多应用的混合方式主要是管式静态混合器和机械混合。

管道静态混合器的形式很多，水厂中常用的形式见图 3-3。

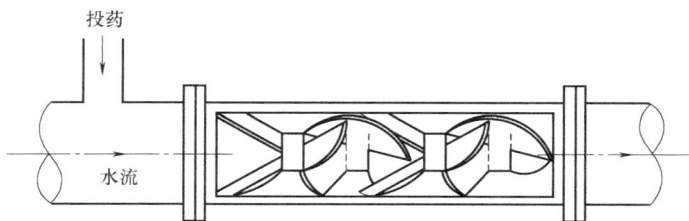

图 3-3　管式静态混合器

混合器内按要求安装若干固定混合单元。每一混合单元由若干固定叶片按一定角度交叉组成。水流和药剂通过混合器时，将被单元体多次分割、改向并形成涡旋，达到混合目的。这种混合器构造简单，无活动部件，安装方便，混合快速而均匀。管式静态混合器的口径与输水管道相配合，这种混合器水头损失稍大，但因混合效果好，从总体经济效益而言还是具有优势的。缺点是当生产流量比设计流量小时混合效果下降。

机械混合池是在混合池内安装搅拌装置，以电动机驱动搅拌器使水和药剂混合，见图 3-4。机械混合的优点是混合效果好，可根据进水量的变化，调节搅拌器的机械转速，且不受水量变化影响，适用于各种规模的水厂。缺点是增加机械设备并相应增加维修工作。

图 3-4　机械混合池

（2）絮凝方式

将混凝剂加入原水中经与水体充分混合后，水中大部分胶体杂质失去温度。脱稳的胶体颗粒在一定的水力条件下相互碰撞、凝聚，逐渐形成最后成为可以用沉淀方法去除的絮体（矾花），这一过程叫做絮凝或反应。这个过程中必须控制两个主要因素，即流速和停留时间。絮凝池（反应池）形式较多，常见的有以下几种：

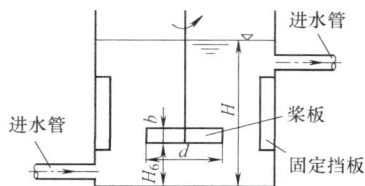

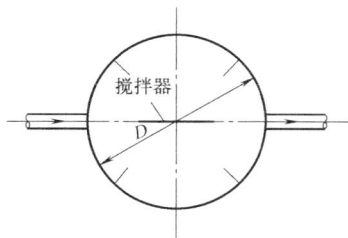

1）隔板絮凝池

隔板絮凝池应用历史较久、目前已使用较少。隔板絮凝池主要有往复式和回转式两种，见图3-5、图3-6，后者是在前者的基础上加以改进而成。在往复式隔板絮凝池内，水流作180°转弯，不仅使絮凝体有破碎可能，局部水头损失较大，回转式隔板絮凝池内水流作90°转弯，局部水头损失大为减小、絮凝效果也有所提高。

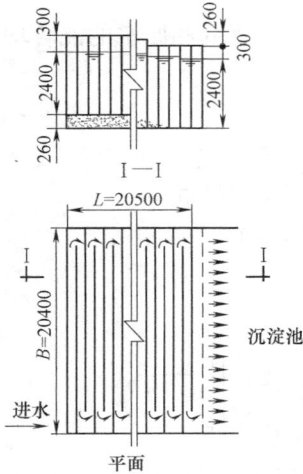

图3-5 往复式隔板絮凝池

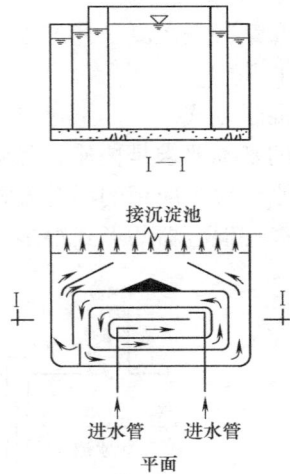

图3-6 回转式隔板絮凝池

根据絮凝池容积大小，往复式总水头损失一般在0.3～0.5m。回转式总水头损失比往复式约小40％左右。

2）折板絮凝池

折板絮凝池是在隔板絮凝池基础上发展起来的，目前已得到广泛应用。

折板絮凝池通常采用竖流式。它是将隔板絮凝池（竖流式）的平板隔板改成具有一定角度的折板。折板可以波峰对波谷平行安装，见图3-7（a），称"同波折板"；也可波峰相对安装，见图3-7（b），称"异波折板"。按水流通过折板间隙数，又分为"单通道"和"多通道"。多通道系指，将絮凝池分成若干格子，每一格内安装若干折板，水流沿着格子依次上、下流动。在每一个格子内，水流平行通过若干个由折板组成的并联通道。无论在单通道或多通道内，同波、异波折板两者均可组合应用。有时，絮凝池末端还可采用平板。例如，前面可采用异波，中部采用同波，后面采用平板。这样组合有利于絮凝体逐步成长而不易破碎，因平板对水流扰动较小。图3-8中第Ⅰ排采用同波折板，第Ⅱ排采用异波折板，第Ⅲ排可采用平板。是否需要采用不同形式折板组合，应根据设计条件和要求决定。异波和同波折板絮凝效果差别不大，但平板效果较差，故只能放置在絮凝池末端起补充作用。

如隔板絮凝池一样，折板间距应根据水流速度由大到小而改变。折板之间的流速通常也分段设计。分段数不宜少于3段。各段流速可分别为：

第一段：0.25～0.35m/s；

第二段：0.15～0.25m/s；

第三段：0.10～0.15m/s。

折板夹角采用90°～120°。折板可用钢丝网水泥板、不锈钢或塑料板等拼装而成。波高一般采用0.25～0.40m，设计絮凝时间为12～20min。

折板絮凝池的优点是：水流在同波折板之间曲折流动或在异波折板之间缩、放流动且连续不断，以至形成众多的小涡旋，提高了颗粒碰撞絮凝效果。与隔板絮凝池相比，水流条件大大改善，亦即在总的水流能量消耗中，有效能量消耗比例提高，故所需絮凝时间可以缩短、池子体积减小。从实际生产经验得知，絮凝时间在10min至15min为宜。

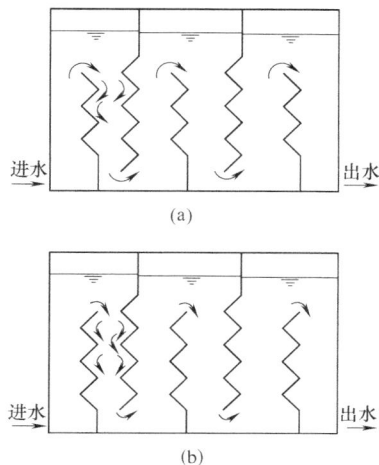

图 3-7　单通道折板絮凝池剖面示意
（a）同波折板；（b）异波折板

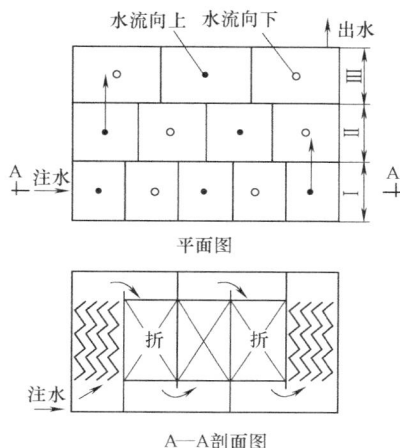

图 3-8　多通道折板絮凝池示意

3）网格（栅条）絮凝池

网格絮凝池是应用紊流理论的絮凝池，由于池高适当，可与沉淀池合建。网格絮凝池的平面布置由多格竖井串联而成。絮凝池分成许多面积相等的方格，进水流顺序从一格流向下一格，上下交错流动，一般分3段控制。前段为密网或密栅，中段为疏网或疏栅，末段不安装网、栅。图3-9所示一组絮凝池共分9格（即9个竖井），网格层数共27层。当

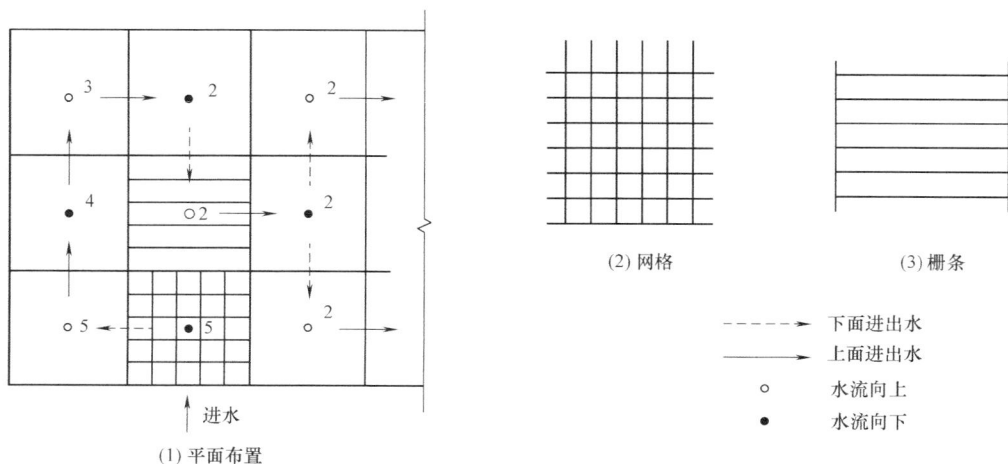

(2) 网格

(3) 栅条

- - - → 下面进出水
——→ 上面进出水
○　　水流向上
●　　水流向下

(1) 平面布置

图 3-9　网格絮凝池平面示意图

水流通过网格时，相继收缩、扩大，形成涡旋，造成颗粒碰撞。水流通过竖井之间孔洞流速及过网流速按絮凝规律逐渐减小，形成良好的絮凝条件。

网格絮凝池效果好，水头损失小，絮凝时间较短。不过，根据已建的网格和栅条絮凝池运行经验，还存在末端池底积泥现象，少数水厂发现网格上滋生藻类、堵塞网眼现象。

网格絮凝池的设计絮凝时间，一般为 10～15min；絮凝池分格大小按竖向流速确定；分格数按絮凝时间计算，多数分成 3 段，8～18 格；其中前段 3～5min，中段 3～5min，末段 4～5min。竖向流速，前段和中段 0.12～0.14m/s，末段 0.1～0.14m/s。

4) 机械絮凝池

机械絮凝池利用电动机经减速装置驱动搅拌器对水进行搅拌，故水流的能量消耗来源于搅拌机的功率输入。搅拌器有桨板式和叶轮式等。根据搅拌的安装位置，又分水平轴和垂直轴两种形式，见图 3-10。水平轴式通常用于大型水厂，垂直轴式一般用于中、小型水厂。为适应絮凝体形成规律，机械絮凝池也分成几格，第一格内搅拌强度最大，而后逐格减小，从而速度梯度 G 值也相应由大到小。搅拌强度决定于搅拌器转速和桨板面积。

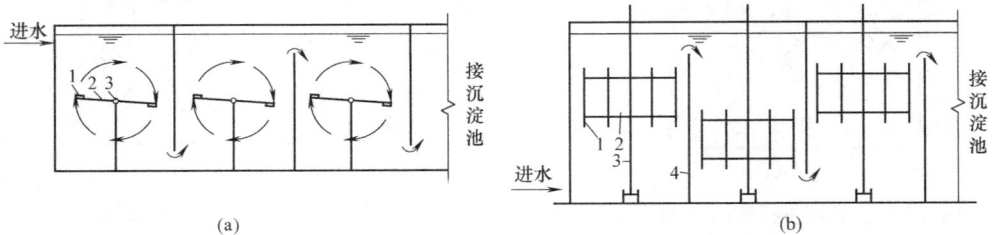

图 3-10　机械絮凝池剖面示意
(a) 水平轴式；(b) 垂直轴式
1—桨板；2—叶轮；3—旋转轴；4—隔墙

机械絮凝池的优点是，可随水质、水量变化而随时改变转速以保证絮凝效果，能应用于任何规模水厂，但需增加机械维修工作。

(3) 絮凝池的运行管理要求

1) 日常巡检内容

① 按混凝要求，注意池内矾花形成情况及时调整加药量；

② 查看池体有无渗漏，折板隔板状态是否良好，有无缺失或弯折；

③ 查看排泥阀排泥是否正常。采用水力排泥阀时，要求水压稳定可靠，冬季提前做好压力水管的防冻措施，以防水管冻裂试压。排泥阀开关正常，无堵塞。

2) 日常操作要求

① 初次运行隔板、折板絮凝池时，进水速度不宜过大。流量宜控制在设计时流量的 20%，有条件时应从其他组沉淀池出水引水灌池，确保出水水质。

② 及时进行排泥。采用水力排泥阀时，不得多组絮凝池或多个排泥阀同时排泥，以免出现水压不够，导致整组排泥阀全开。

③ 在运行的不同季节应对絮凝池进行技术测定。主要内容是混合时间、絮凝池流速及停留时间。有条件的水厂也可进行速度梯度的验算及记录测定时的水厂的进水流量、气温、水温、pH 值等。

第四节 沉淀与澄清

沉淀池与澄清池的主要作用是让矾花即水中的悬浮杂质从水中分离沉淀下来，并排除这些沉淀物。沉淀池和澄清池在整个地面水净水系统中能够去除 80%～90% 的悬浮固体。

按沉淀池的水流方向可分为竖流式、平流式和辐流式。由于竖流式沉淀池表面负荷小，处理效果差，基本上已不被采用。辐流式沉淀池多采用圆形，池底做成倾斜，水流从中心流向周边，流速逐渐减小。辐流式沉淀池主要被用作高浊度水的预沉。目前水厂中常用的沉淀池主要是平流式沉淀池和斜管（斜板）沉淀池。斜管（斜板）沉淀池又有侧向流、同向流、异向流之分，但使用较多的是异向流沉淀池。近年来水平管沉淀新技术也逐步开始得到应用。

澄清池是利用池中积聚的泥渣与原水中杂质颗粒相互接触、吸附，以达到清水较快分离的净水构筑物，可较充分发挥混凝剂的作用，提高澄清效率。澄清池按泥渣的情况，一般分为泥渣循环（回流）和泥渣悬浮（泥渣过滤）等形式。泥渣循环（回流）型常有的形式为机械搅拌澄清池、水力循环澄清池；泥渣悬浮型常有的形式为脉冲澄清池和悬浮澄清池。

1. 平流式沉淀池

平流式沉淀池应用很广，特别在城市水厂中常被使用，其主要优点是构造简单，处理效果稳定，管理方便。

（1）平流式沉淀池构造

平流沉淀池为长方形的水池。图 3-11 为一般平流沉淀池的布置形式，该池与折板絮凝池直接相连。进水采用穿孔墙配水，出水采用指形集水槽集水，排泥采用机械虹吸排泥。一般平流式沉淀池可分为进水区、沉淀区、存泥区和出水区 4 部分。

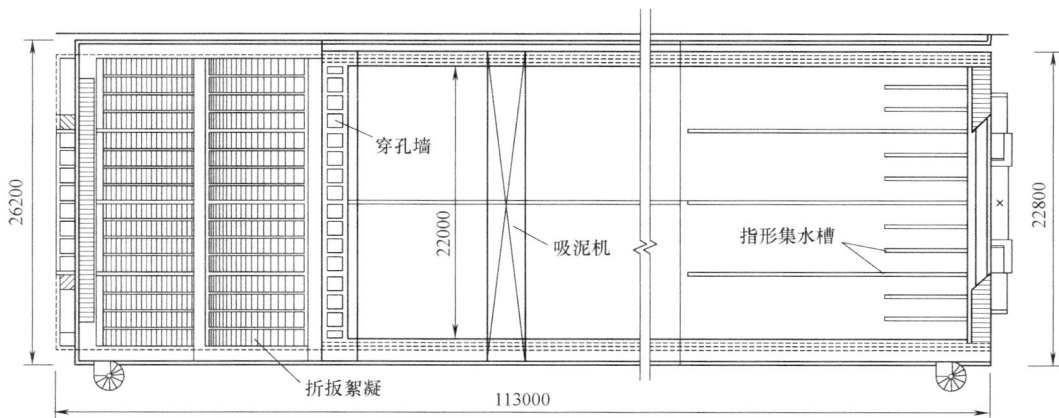

图 3-11 平流式沉淀池布置

1）进水区

进水区的作用是使水流均匀地分布在整个进水截面上，并尽量减少扰动，为防止絮凝体破碎，穿孔墙孔口流速不宜大于 0.15～0.2m/s ；为保证穿孔墙的强度，洞口总面积也不宜过大。洞口的断面形状宜沿水流方向逐渐扩大，以减少进口的射流。

2）沉淀区

沉淀区的高度一般约 3～4m；长度 L 决定于水平流速 V 和停留时间 T，即 $L＝VT$。沉淀区的宽度决定于流量 Q、池深 H 和水平流速 V，即 $B＝\dfrac{Q}{HV}$。沉淀区的长、宽、深之间相互关联，应综合研究决定，还应核算表面负荷。一般认为，长宽比不小于 4，长深比宜大于 10，每格宽度宜在 3～8m，不宜大于 15m。

3）出水区

沉淀后的水应尽量在出水区均匀流出，目前一般采用指形堰出水，指形长度由单位堰宽负荷即溢流率决定，一般要求溢流率不宜超过 $300m^3/(m\cdot d)$。

4）存泥区和排泥措施

沉淀池排泥方式有斗形底排泥、穿孔管排泥及机械排泥等。若采用斗形底或穿孔管排泥，则需存泥区。目前平流式沉淀池基本上均采用机械排泥装置。故设计中往往不考虑存泥区，池底水平但略有坡度以便放空。图 3-12 为虹吸式吸泥机构造图。吸泥动力利用沉淀池水位所能形成的虹吸水头。整个桁架利用电机和传动机构通过车轮架设在沉淀池壁的轨道上行走。在行进过程中将池底积泥吸出并排入排泥渠。这种吸泥机适用于具有 3m 以上虹吸水头的沉淀池。

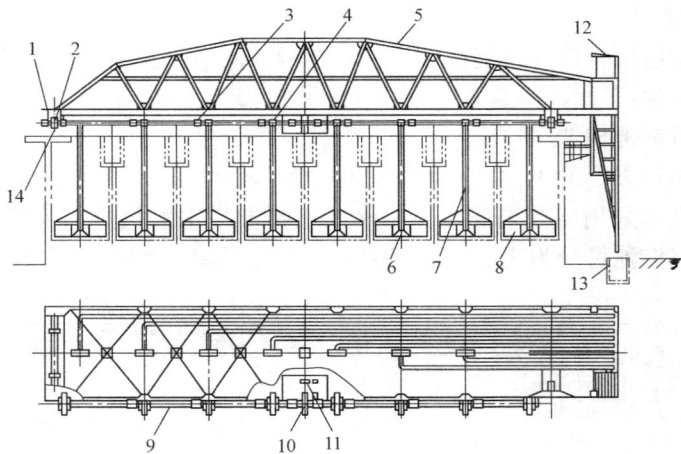

图 3-12　虹吸式吸泥机

1—轴承装置；2—车轮；3—联轴器；4—中间轴承装置；5—桁车钢架；6—吸口；7—吸泥管；8—集泥器；
9—传动轴；10—减速箱；11—电动机；12—电源开关；13—排泥渠；14—钢轨

当沉淀池为半地下式时，如池内外的水位差有限，可采用泵吸排泥装置，其构造和布置与虹吸式相似，但用泥泵抽吸。

（2）影响平流式沉淀池沉淀效果的主要原因

① 沉淀池实际水流状况对沉淀效果的影响。由于如下原因引起水流短流：进水的惯性作用、出水堰产生的水流抽吸、较冷或较重的进水产生的异重流、风浪引起的短流、池内存在导流壁和刮泥设施等。

② 凝聚作用的影响：实际中，平流沉淀池中也存在速度梯度，颗粒会碰撞絮凝使沉

降速度加快，这提高了沉淀效率。

（3）平流式沉淀池运行管理要求

1）日常巡检内容

① 对反应沉淀池池体进行目测，检视是否存在池体渗漏现象，特别是池体伸缩缝处。

② 对反应沉淀池池面进行目测，检视絮凝颗粒大小及颗粒沉降状态。

③ 对反应沉淀池池底进行目测，检视池底积泥情况。

④ 沉淀池排泥时加强巡检，查看虹吸泵或潜水泵是否正常，排泥管出水是否正常，有无堵塞。行走电机声音有无异常，行车电缆情况是否正常。

2）日常操作要求

① 沉淀池的停止和启用操作应逐步进行，以减少滤前水的浑浊度的波动。

② 掌握原水水质和处理水量的变化

掌握原水水质和处理水量的变化主要目的是正确地决定混凝剂投加量。在原水水质方面应掌握：原水浑浊度、pH 值、水温、碱度。在水量方面要随时掌握进水量的变化情况。对水质测定结果和处理水量的变化要及时做好记录。

③ 观察絮凝效果、及时调整加药量

在运转中要特别注意进水量变化前调整投药量和水质变化时调整投药量这两个环节。还要防止断药事故，因为即使短时期停止加药也会导致水质的恶化。对在水质频繁变化的季节如洪水、台风、暴雨、融雪时更需加强管理，落实各项防范措施。

④ 及时排泥

及时排泥是沉淀池运转中极为重要的工作。因为排泥不及时、池内积泥厚度升高，会缩小沉淀池过水断面、缩短沉淀时间，降低沉淀效果最终导致出水水质变坏。排泥过于频繁又会增加耗水量。采取人工清理的沉淀池排泥应该在每年高峰供水前进行。水厂可按照实际积泥情况采取全程或分段式排泥。

⑤ 防止藻类及微型动物的滋生、保持池体清洁卫生

原水藻含量较高时可以采取预加氯方法，杀灭滋生的藻类等。沉淀池内外都应经常清理保持环境卫生。

2. 斜管（板）沉淀池

（1）斜板与斜管沉淀池的特点

斜板沉淀池是把与水平面成一定角度（一般 60°左右）的众多斜板放置于沉淀池中构成。水从下向上流动（也有从上向下，或水平方向流动），颗粒则沉于斜板底部。当颗粒累积到一定程度时，便自动滑下。

图 3-13 表示斜管沉淀池的一种布置实例示意图。斜管区由六角形截面（内切圆直径为 25mm）的蜂窝状斜管组件组成。斜管与水平面成 60°角，放置于沉淀池中。原水经过絮凝池转入斜管沉淀池下部。水流自下向上流动，清水在池顶用穿孔集水管收集；污泥在池底也用穿孔排污管收集，排入下水道。

（2）斜管沉淀池的运行管理要求

斜管沉淀池管理与维护基本和平流沉淀池相同，但必须注意以下几点：

① 要不间断地加注混凝剂

水在斜管沉淀池中停留时间很短，一般只有几分钟，沉淀效果的好坏很大程度上决定

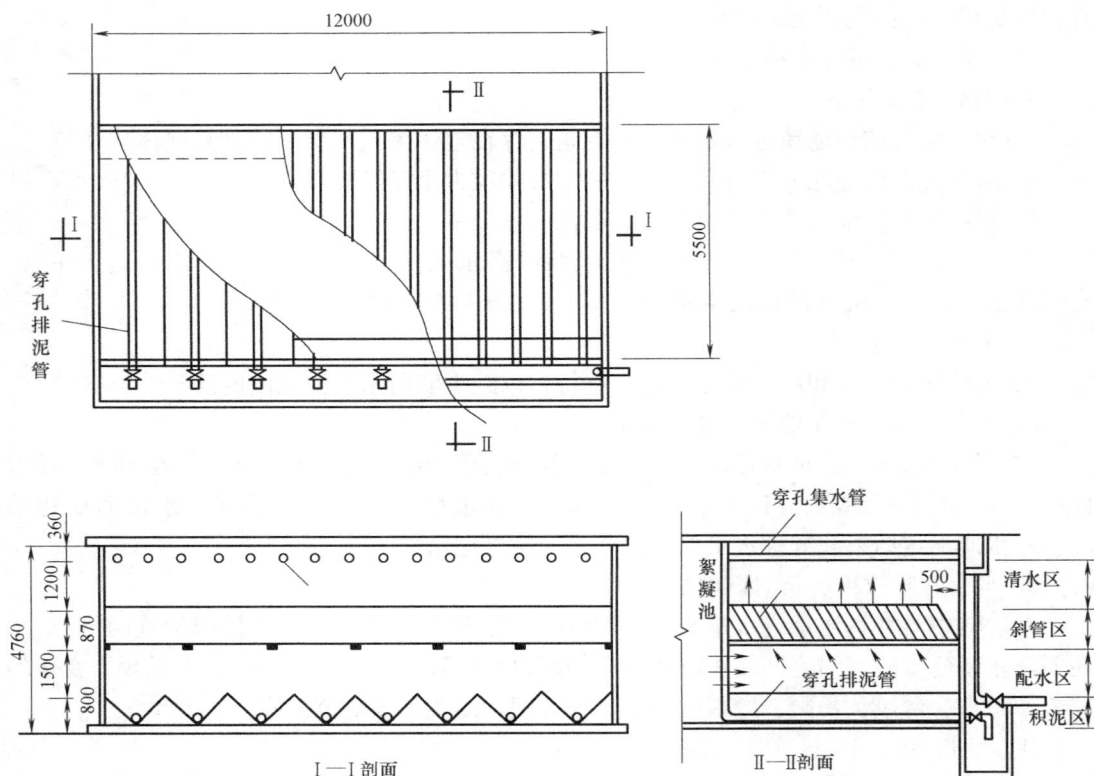

图 3-13　斜管沉淀池示意

于絮凝效果，不间断地加注混凝剂形成较好的矾花质量十分重要。

② 及时排泥

任何一种沉淀池，都应该及时排泥，否则将影响沉淀池出水水质。对于斜管沉淀池尤其重要，如不能及时排除积泥，除对水质和出水能力有影响外，还会造成设备损坏。

当斜管沉淀池的某一局部积泥不能排除，虽然一时尚不影响出水水质，但时间一长，该处积泥逐渐升高并进入斜管内，最后因超重而使该处网床塌陷。

③ 斜管顶上出现青苔时要及时予以清除，防止形成泥毯

发生藻类滋生时，可采用预氧化方法，如投加氯或高锰酸盐等。斜管顶上出现青苔时最好用化学法，如短时投加硫酸铜，投加量为 0.16～0.17ppm，持续 5～10 天即可，也可短时间增加原水预加氯的投加量。

④ 不定期冲洗斜管积泥

斜管顶上已出现泥毯又消除不了时，则应降低水位、露出管孔，用消防水嘴对斜管进行冲洗。其水的工作压力宜控制在 100～150kPa 的范围内。当站在斜管上工作时，应用木板垫着，一个人的重量至少应有 0.5m^2 的木板面积支撑。

3. 机械搅拌澄清池和水力循环澄清池

泥渣悬浮型澄清池也称泥渣过滤型澄清池。它的工作情况是加药后的原水由下而上通过悬浮状态的泥渣层时，使水中脱稳杂质与高浓度的泥渣颗粒碰撞凝聚并被泥渣层拦截下来，这种作用类似过滤作用，浑水通过悬浮层即获得澄清，目前一般常用的主要是机械搅

拌澄清池和水力循环澄清池。

（1）机械搅拌澄清池

1）机械搅拌澄清池构造

机械搅拌澄清池的构造如图 3-14 所示，主要由第一絮凝室和第二絮凝室及分离室组成。整个池体上部是圆筒形，下部是截头圆锥形。加过药剂的原水在第一絮凝室和第二絮凝室内与高浓度的回流泥渣相接触，达到较好的絮凝效果，结成大而重的絮凝体，在分离室中进行分离。实际上，图 3-14 所示只是机械搅拌澄清池的一种形式，还有多种形式。尽管形式不尽相同，但基本构造和原理是相同的。

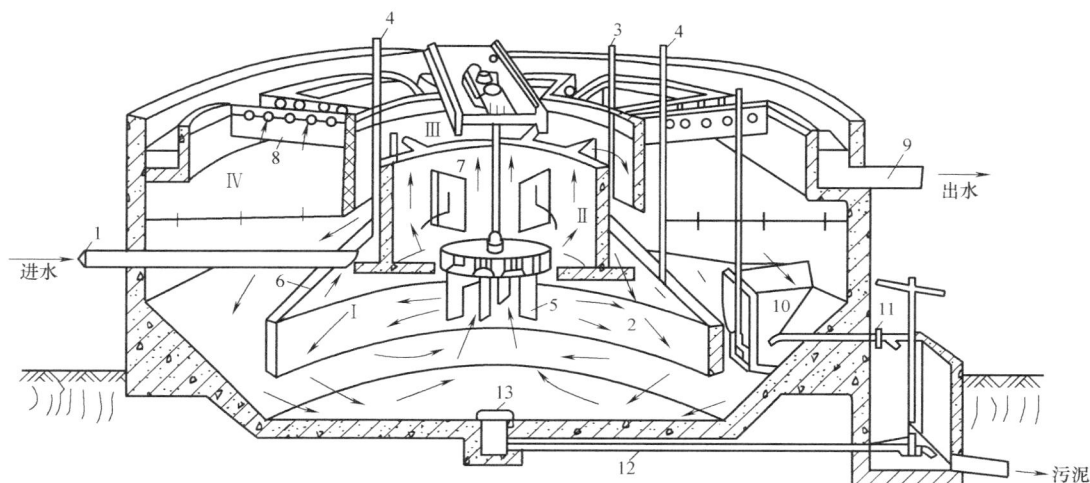

图 3-14　机械搅拌澄清池剖面示意图

1—进水管；2—三角配水槽；3—透气管；4—投药管；5—搅拌桨；6—伞形罩；7—导流板；8—集水槽；

9—出水管；10—泥渣浓缩室；11—排泥管；12—排空管；13—排空阀；

Ⅰ—第一絮凝室；Ⅱ—第二絮凝室；Ⅲ—导流室；Ⅳ—分离室

机械搅拌澄清池的工艺流程是：原水由进水管（1）通过环形三角配水槽（2）的缝隙均匀流入第一絮凝室（Ⅰ）。因原水中可能含有气体，会积在三角槽顶部，故应安装透气管（3）。混凝剂投注点，按实际情况和运转经验确定，可加在水泵吸水管内，亦可由投药管（4）加入澄清池进水管、三角配水槽等处，亦可数处同时加注药剂。搅拌设备由提升搅拌桨（5）和叶轮组成，提升叶轮装在第一和第二絮凝室的分隔处。搅拌设备的作用是：第一，提升叶轮将回流水从第一絮凝室提升至第二絮凝室，使回流水中的泥渣不断在池内循环；第二，搅拌桨使第一絮凝室内的水体和进水迅速混合，泥渣随水流处于悬浮和环流状态。因此，搅拌设备使接触絮凝过程在第一、第二絮凝室内得到充分发挥，回流流量为进水流量的 3～5 倍。

第二絮凝室设有导流板（7），用以消除因叶轮提升时所引起的水的旋转，使水流平稳地经导流室（Ⅲ）流入分离室（Ⅳ）。分离室中下部为泥渣层，上部为清水层，清水向上经集水槽（8）流至出水管（9）。清水层须有 1.5～2.0m 深度，以便在排泥不当而导致泥渣层厚度变化时，仍可保证出水水质。

向下沉降的泥渣沿锥底的回流缝再进入第一絮凝室，重新参加絮凝，一部分泥渣则自动排入泥渣浓缩室（10）进行浓缩，至适当浓度后经排泥管（11）排除，以节省排泥所消耗的水量。澄清池底部设排空管（12），备放空检修之用。当泥渣浓缩室排泥还不能消除泥渣上浮时，也可用排空管排泥。

2）机械搅拌澄清池的运行管理

① 正常运行

a. 每隔 1～2h 测定一次原水和出水浊度、水温和 pH 值。

b. 在掌握沉降比与原水水质、混凝剂投加量、泥渣回流量及排泥时间之间的关系的规律基础上确定沉降比控制值与排泥间隔时间。一般沉降比正常值为 10%～20%。排泥时间为：小排泥 2～4h 进行一次，时间为 1～3min；大排泥每天一次，时间为 1min。

c. 在正常运转中，进水量不应突然增加或减少，一般在增加进水量以前半小时，就要多加混凝剂，并且排除部分泥渣以降低泥渣层高度，然后再逐渐增加进水量。

d. 不可中断投药，一旦中断投药，澄清池出水水质将迅速变坏，这一点必须注意。

② 停池后重新运行

澄清池不宜间歇运转。必须停止运转时，应注意：

a. 时间不宜太长，搅拌机最好不停，以免泥渣积存池底被压实和腐化。

b. 重新运行时应先开启底部排泥阀，排除池底少量泥渣，然后以较大水量进水。

c. 进水时也应适当增加混凝剂投加量，使底部泥渣有所松动并产生活性后，然后减少进水量。

3）澄清池的排泥控制

澄清池中泥渣浊度应保持不变，泥渣浊度和出水水质是有一定关系的，一般关系如表 3-3 所示。

泥渣浊度和出水水质的关系　　　　表 3-3

浊度（mg/L）	出水浊度（NTU）
1500～2000	5～7
1000～1500	7～10

泥渣浓度高则处理效果好，但浓度太高会使部分泥渣随清水带出池外，控制泥渣浓度一般有下列两个方法。

① 控制泥渣面高度。一般要求分离室内泥渣面在第二絮凝室外筒底口水平面稍下。当泥渣面上升到预定位置时开始排泥。泥渣面位置可在分离室泥渣面附近设置活动取样管或在池壁设观察窗来检查。

② 控制第二絮凝室 5min 泥渣沉降比。最佳沉降比要根据实际运行经验确定，一般在 10%～20% 范围内，超过规定的沉降比即进行排泥。

4）运行中故障及处理方法

澄清池运行中可能遇到的问题和处理方法见表 3-4。

澄清池运行中故障及处理方法　　　　表 3-4

故障情况	原因	处理方法
清水区细小矾花小升，水质变浑，第二絮凝室矾花细小，泥渣浓度越来越低	1. 投药不足； 2. 原水碱度过低； 3. 泥渣浓度不够	1. 增加投药量； 2. 调整 pH 值； 3. 减少排泥

故障情况	原因	处理方法
矾花大量上浮、泥渣层升高,出现翻池	1. 回流泥渣量过高; 2. 进水流量太大超过设计流量; 3. 进水水温高于池内水温、形成温差对流; 4. 原水藻类大量繁殖,pH 值升高	1. 增加排泥; 2. 减少进水流量; 3. 适当增加投矾量,彻底解决办法是消除温差; 4. 预加氯除藻,或在第一絮凝室出口处投加漂白粉
絮凝室泥渣浓缩过高,沉降比在 $20\%\sim25\%$ 以上,清水区泥渣层升高,出水水质变坏	排泥不足	增加排泥
分离区出现泥浆水如同蘑菇状上翻,泥渣层趋于破坏状态	中断投药,或投药量长期不足	迅速增加投药量(比正常大 $2\sim3$ 倍),适当减少进水量
清水区水层透明,可见 2m 以下泥渣层,并出现白色大粒矾花上升	加药过量	降低投药量
排泥后第一反应室泥渣含量逐渐下降	排泥过量或排泥阀漏水	关紧或检修阀门
底部大量水气泡上穿水面,有时还有大块泥渣向上浮起	池内泥渣回流不畅,消化发酵	放空池子,清除池底积泥

（2）水力循环澄清池

图 3-15 表示水力循环澄清池的剖面图。原水从池底进入，先经喷嘴（2）高速喷入喉管（3）。因此在喉管下部喇叭口（4）附近造成真空而吸入回流泥渣。原水与回流泥渣在喉管（3）中剧烈混合后，被送入第一絮凝室（5）和第二絮凝室（6）。从第二絮凝室流出的泥水混合液，在分离室中进行泥水分离。清水向上，泥渣则一部分进入泥渣浓缩室（7），一部分被吸入喉管重新循环，如此周而复始。原水流量与泥渣回流量之比一般为 1∶2 至 1∶4。喉管和喇叭口的高度可用池顶的升降阀进行调节。

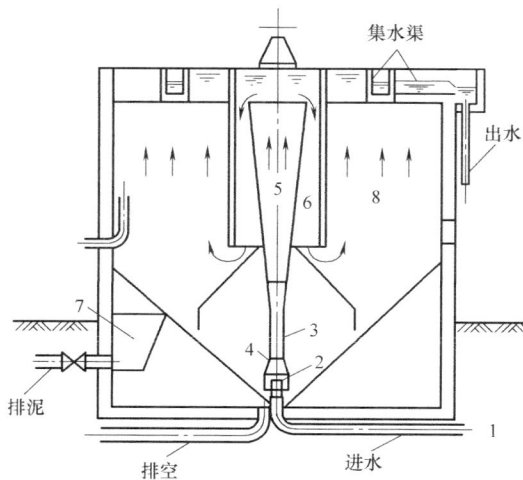

图 3-15　水力循环澄清池示意图

1—进水管；2—喷嘴；3—喉管；4—喇叭口；
5—第一絮凝室；6—第二絮凝室；
7—泥渣浓缩室；8—分离室

水力循环澄清池运行管理要点基本相同于机械搅拌澄清池。但水力澄清池运行维护中要注意：

① 准备运行前先将喉管与喷嘴口的间距调节到等于两倍的喷嘴直径的位置。

② 测定泥渣沉降比要注意喷嘴附近泥渣沉降比,如增加较快,而第一絮凝室出口处却增加很慢,说明回流量过小,应调整喉嘴距,增加回流量。若上述两个泥渣沉降比增加情况相同,表明回流量合适,这时如出现浊度正常就说明运转正常。第一絮凝室出口与喷嘴附近处泥渣沉降比要 $2\sim4h$ 测定一次。

4. 高密度澄清池

（1）高密度澄清池结构

高密度澄清池为新型开发研究的澄清池，其基本构造见图3-16。它由絮凝区、推流区、沉淀区和浓缩区及泥渣回流系统和剩余泥渣排放系统组成。

加注混凝剂的原水经快速混合后进入絮凝池，并与沉淀池浓缩区的部分沉淀泥渣混合。在絮凝区中加入絮凝剂并完成絮凝反应。絮凝采用螺旋桨搅拌器。经搅拌絮凝后的水以推流方式进入沉淀区，在沉淀区中泥渣下沉，澄清水进一步经斜管分离后由集水槽收集出水。沉降的泥渣在沉淀池下部浓缩，浓缩泥渣的上层用螺杆泵回流与原水混合，以维持最佳的固体浓度，底部多余的泥渣由螺杆泵排出。

高密度澄清池的主要优点是采用池外泥渣回流的方式和投加高分子絮凝剂，使絮凝形成的絮体均匀和密集，因而具有较高的沉降速度。此外，沉淀池下部设置较大的浓缩区，使排放污泥的含固率可达3%～14%，减少了水厂自用水率，并有利于污泥的处理（当需污泥脱水时，可省去浓缩池）。

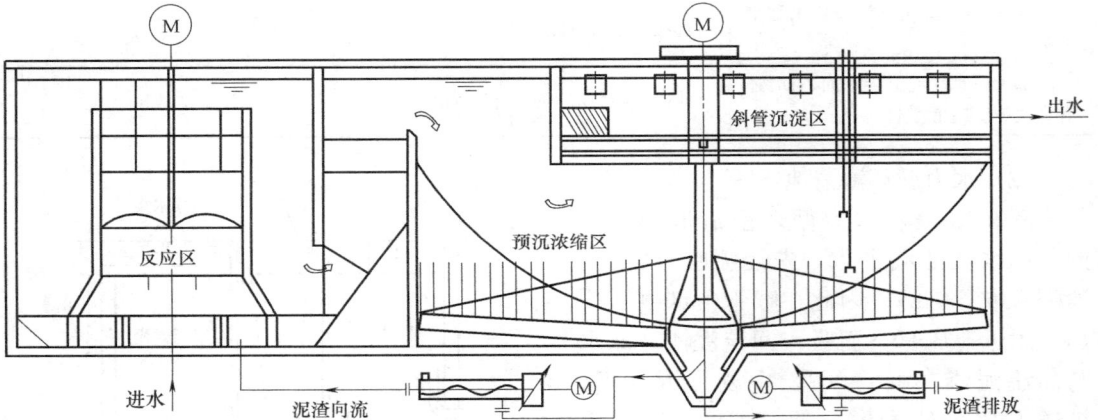

图 3-16　高密度澄清池

在供水处理中，高密度澄清池的斜管区上升流速采用20～30m/h（5.6～8.3mm/s）。处理效率大大高于平流式沉淀池与机械搅拌澄清池。

（2）高密度沉淀池的运行管理

① 建立巡回检查制度，巡回检查是关注设备运行情况，监视各仪表指示数字。

② 及时排泥，通过运行积累，掌握排泥的时机和持续时间，保证出水浊度和污泥浓缩效果。

③ 及时调整污泥回流量及排泥周期，根据进水流量大小，以及污泥浓度，排泥泥位和化验室所测的沉淀池实际底泥浓度（SS），及时进行调整。

④ 异常情况水质控制

若沉淀池浊度严重超标，大量冒矾花时应对措施：加大混凝剂、PAM投加量；打开沉淀池紧急排放口；等到沉淀池浊度恢复正常时，再将加药量、PAM投加量减下来，并关闭紧急排放口。

⑤ 做好报表记录，报表主要记录：沉淀池开停、螺杆泵频率、排泥泵开停和延时、出水浊度和流量等。

<h1 style="text-align:center">第五节　过　　滤</h1>

过滤是水通过滤料层截留水中杂质从而使水进一步变清的工艺过程。目前在净水工艺中使用的滤池有 V 型滤池、普通快滤池、翻板滤池、无阀滤池等。其中 V 型滤池是从国外引进的滤池，由于该类滤池有较多的优点，使用上也尤为广泛。不管是哪一种类型的滤池，其工作原理都是一样的，仅仅是滤池的构造形式和运行操作管理有所不同。

本节着重介绍过滤的基本原理、滤池的构造及滤池的重要技术参数及其运行管理。

1. 过滤概述

（1）过滤的作用

水流通过粒状材料或多孔介质以去除水中杂物的过程称过滤，用以进行过滤的粒状材料称为滤料，一般有石英砂、无烟煤、重质矿石等。

过滤的作用是要去除沉淀后水中的剩余浊度，在进一步降低水的浊度时，水中有机物、细菌，甚至病毒也会随浊度的降低而被大量去除。对于滤后水中残留的细菌、病毒等在失去悬浮物的保护或依存而大部分呈裸露状态时，在滤后消毒中也将很容易被灭杀，这就为滤后消毒创造了条件。滤池通常置于沉淀池或澄清池后，只有当原水水质较好时，原水采用的是水库水，进水浊度在 1NTU 以下，才可采用原水直接过滤。过滤是地表水常规处理中最重要的环节，是不能省略的工序，其效果好坏直接影响到出厂水水质。

（2）过滤机理

过滤的机理主要涉及两个过程，一个是颗粒脱离水流流线，从孔隙中向滤料颗粒表面迁移的机理；另一个是颗粒接近或接触到滤料颗粒时在滤料表面的吸附机理。

1）迁移机理

迁移机理就是在过滤过程中，滤层孔隙中的水流速度较慢，被水流夹带的颗粒由于受到某种或几种物理——力学作用就会脱离流线而与滤粒表面接近，一般认为由以下几种作用引起：

① 拦截。由于孔隙不规则，在流线的会聚处会直接碰到滤料表面产生拦截作用。

② 沉淀。对粒径和密度较大的悬浮物颗粒，在重力作用下，颗粒会偏离流线沉淀到滤料表面上。

③ 惯性。具有较大动量和密度的颗粒，在绕过滤料表面时会因惯性作用脱离流线，碰撞到滤料表面。

④ 扩散。对于微小颗粒，布朗运动剧烈时会扩散到滤料表面上。

⑤ 水动力作用。滤粒间隙构成的滤层的孔隙是极不规则的，流体在其中流动，在滤料表面附近存在速度梯度，非球体颗粒在速度梯度作用下，会产生转动而脱离流线与滤料表面接触。

2）吸附机理

已经到达滤料表面的颗粒在范德华引力、静电力、化学键和化学吸附的相互作用以及絮凝颗粒架桥作用下，使它们附于滤料表面上不再脱离而从水中除去，这就是吸附机理。吸附机理认为接触凝聚是主要的吸附作用，吸附作用主要决定于滤料和水中颗粒的表面物理化学性质，未经脱稳的悬浮颗粒过滤效果差就是证明。不过在过滤后期，当滤层中孔隙尺寸逐渐减小时，表层滤料的筛滤作用也不能排除。

（3）滤池的分类

滤池有不同的分类方式：

① 按滤速分有：快滤池（>5m/h）、慢滤池（0.1m/h～0.2m/h）；

② 按虑层结构分有：单层、双层、三层；

③ 按过滤流向分有：上向流、下向流；

④ 按控制方式分有：普通快滤池（含单阀、双阀、四阀、鸭舌阀等）、无阀滤池、虹吸滤池、移动罩滤池、V型滤池、翻板滤池；

⑤ 按冲洗方式分有：单纯水冲洗、气水反冲洗、水冲洗与表面冲洗。

20世纪60年代以来我国常用的滤池是普通快滤池（单层滤料，水冲洗，大阻力排水系统）；20世纪70年代建设的常采用虹吸滤池、无阀滤池和移动罩滤池（单纯水冲洗，小阻力排水系统）；20世纪80年代尤其20世纪90年代以后大量使用的是V型滤池（均质滤料、气水反冲洗），近年来又开始采用翻板滤池。随着水厂的改造和新建，V型滤池和翻板滤池使用较为广泛，其次是普通快滤池，而无阀滤池、虹吸滤池、移动罩滤池已经慢慢被淘汰不在使用。

（4）滤池运行中的主要指标

① 滤速。是指每平方米滤池面积在1h内滤过的水量，是衡量滤池生产能力的指标，式（3-1）用m/h表示：

$$V=\frac{Q}{T\times F} \tag{3-1}$$

式中　V——滤速（m/h）；

　　　Q——滤水量（m³）；

　　　T——过滤时间（h）；

　　　F——滤池实际过滤面积（m²）。

② 水头损失。是指滤池过滤时滤层上面水位与滤后水位之间的高差。用m表示。它代表了滤层对水流阻力的大小。

③ 冲洗强度。是指滤池反冲洗时，单位滤池面积上冲洗水或气的流量，是衡量冲洗能否得到保证的主要指标式（3-2）。用L/s·m²表示。

$$q=\frac{W}{F\times T}\ (L/s\cdot m^2) \tag{3-2}$$

式中　q——冲洗强度（L/S·m²）

　　　W——总耗用的冲洗水量（L）

　　　F——滤池面积（m²）

　　　T——冲洗时间（s）

④ 膨胀率。冲洗前的滤料厚度与冲洗时滤料膨胀后的厚度之比称膨胀率。是检验冲洗强度大小的指标式（3-3），用%表示。

$$e=\frac{H-H_0}{H_0}\times 100\% \tag{3-3}$$

式中　e——膨胀率

H_0——滤料膨胀前厚度（m）；

　H——滤料膨胀后厚度（m）。

⑤ 杂质穿透深度。过滤时，若从滤料中某一深度取的水样恰好符合滤后的水质要求，该深度就是杂质穿透深度，用 m 表示。在一定的滤层厚度，并保证滤后水水质要求时，杂质穿透深度愈大愈好，它表明整个滤料层充分发挥作用。但穿透深度太大，易将杂质带出，影响滤后水水质。因此，滤层厚度要根据穿透深度加一定的富余量。

⑥ 滤料含污能力。指滤池内单位面积滤料在一个周期内所截留的杂质重量。以 kg/m³ 表示。

⑦ 过滤周期。是指过滤开始到需要冲洗的时间，即滤池两次冲洗间隔的实际运行时间，用 h 表示，又称工作周期。

2. 滤池构造

（1）滤池构造

不管哪种类型的快滤池，只不过是操作、控制机构和冲洗方式不同，其工作过程和原理都基本相同。

滤池的构造主要包括以下几个部分。

① 池体：绝大多数为方型或长方型钢筋混凝土池子，也有钢板焊制的，如圆形的压力滤池。

② 滤料层：这是滤池的最基本组成部分，一般有石英砂构成砂滤层，起去除水中悬浮物的作用。有时也选用石英砂和比重比石英砂轻的煤粒或活性炭颗粒构成双层滤料，或者再加上比重比较重的矿石颗粒构成三层滤料。但目前广泛采用的仍是砂滤层。

③ 承托层：承托层的作用，主要是防止滤料从配水系统中流失，同时对均布冲洗水也有一定作用。单层或双层滤料滤池采用大阻力配水系统时，承托层采用天然卵石或砾石。采用滤头配水（气）系统时，承托层可采用粒径 2～4mm 粗砂，厚度为 50～100mm。

④ 配水系统：位于承托层下部，有"大阻力配水系统"和"小阻力配水系统"两种基本形式，它一方面均匀地集取滤后水引出池外，另一方面均匀地分配自下而上流入滤池的反冲洗水冲洗滤料层。

⑤ 排水系统：包括排水槽和集水渠，把冲洗废水引出池外。此外，在过滤时，它还起到把待滤水均匀分布到滤池砂面的作用。

⑥ 管路系统：连接滤池与进出水总管、滤池与反冲洗设备以及冲洗水引出池外等各种管路系统。

⑦ 控制系统：控制阀门的启闭，使滤池按过滤要求或冲洗要求的过程操作。阀门的控制有电动、气动、水压等传动方式。目前滤池的控制模式已根据过滤运行程序实现自动控制。

⑧ 附属设备：一般为冲洗泵、鼓风机、空压机等供气设备。

（2）滤料要求

供水处理所用的滤料，必须符合以下要求：

① 具有足够的机械强度，以防冲洗时滤料产生磨损和破碎现象；

② 具有足够的化学稳定性，以免滤料与水产生化学反应而恶化水质。尤其不能含有对人类健康和生产有害物质；

③ 具有一定的颗粒级配和适当的孔隙率；

④ 滤料来源方便，加工简便和价廉；

⑤ 适当的级配组成。

石英砂是使用最广泛的滤料。在双层和多层滤料中，常用的还有无烟煤、石榴石、钛铁矿、磁铁矿、金刚砂等。在轻质滤料中，有聚苯乙烯及陶粒等。

（3）滤速及滤料组成

滤池滤速是滤池设计和运行中的重要指标，滤池应按正常情况即设计规模条件进行设计，并以检修情况下的强制滤速进行校核。滤速和滤料组成密切相关，现行设计规范规定：单层细砂滤料（石英砂）的粒径 $d_{10} = 0.55mm$，不均匀系数 $K_{80} < 2.0$，厚度应≮700mm，设计滤速 7～9m/h，强制滤速 9～12m/h；采用均匀级配的滤料（石英砂）的粒径 $d_{10} = 0.9～1.2mm$，不均匀系数 $K_{80} < 1.4$，厚度为 1200～1400mm，设计滤速 8～10m/h，强制滤速 10～13m/h。上述计算中的：d_{10}——通过滤料重量10%的筛孔孔径；d_{80}——通过滤料重量80%的筛孔孔径；不均匀系数 K_{80} 表示滤料粒径级配式（3-4）：

$$K_{80} = \frac{d_{80}}{d_{10}} \tag{3-4}$$

（4）滤池的冲洗

冲洗目的是清除滤层中所截留的污物，使滤池恢复过滤能力。滤池冲洗方法通常采用水流自上而下的反冲洗（简称水冲洗），有的采用水力冲洗并辅以空气助冲（简称气水反冲洗），也有的在反冲洗的同时，还辅以表面冲洗（简称表扫）。

1）水冲洗

利用流速较大的反向水流冲洗滤料层，使整个滤层达到流态化状态，且具有一定的膨胀率。截留于滤层中的污物，在水流剪力和滤料颗粒碰撞、摩擦双重作用下，从滤料表面脱落下来，然后被冲洗水带出滤池。冲洗效果决定于冲洗流速，冲洗流速过小，滤层孔隙中水流剪力小；冲洗流速过大，滤层膨胀率过大，滤层孔隙中水流剪力也会降低，且由于滤料颗粒过于离散，碰撞摩擦概率也减小。故冲洗流速过大或过小，冲洗效果均会降低。水冲方法操作方便，池子结构和设备简单，但反冲洗效果不如气水反冲洗好。

单水冲洗的冲洗强度、滤层膨胀率和冲洗时间根据滤料层不同按表3-5确定。

冲洗强度、膨胀率和冲洗时间表　　　　　　　　　　表 3-5

序号	滤层	冲洗强度 L(s·m²)	膨胀率 （%）	冲洗时间 （min）
1	石英砂滤料	12～15	45	7～5
2	双层滤料	13～16	50	8～6
3	三层滤料	16～17	55	7～5

注：1. 由于全年水温、水质有变化，应考虑有适当调整冲洗强度的可能；

　　2. 选择冲洗强度应考虑所用混凝剂品种的因素；

　　3. 当采用表面冲洗时，冲洗强度可采取低限；

　　4. 膨胀率数值仅作设计计算用。

2）气水反冲洗

高速水流反冲洗虽然操作方便，池子和设备较简单，但冲洗耗水量大；冲洗结束后，滤料上细下粗分层明显。采用气、水反冲洗方法既提高冲洗效果，又节省冲洗水量。同时，冲洗时滤层不一定需要膨胀或仅有轻微膨胀，冲洗结束后，滤层不产生或不明显产生上细下粗分层现象，即保持原来滤层结构，从而提高滤层含污能力。但气、水反冲洗需增加气冲设备（鼓风机或空气压缩机和储气罐），池子结构及冲洗操作也较复杂。

气、水反冲效果在于：利用上升空气气泡的振动可有效地将附着于滤料表面污物擦洗下来使之悬浮于水中，然后再用水反冲把污物排出池外。因为气泡能有效地使滤料表面污物破碎、脱落，故水冲强度可降低。

气、水反冲操作方式有以下几种：

a. 先用空气反冲，然后再用水反冲。

b. 先用气—水同时反冲，然后再用水反冲。

c. 先用空气反冲，然后用气—水同时反冲，最后再用水反冲（或加表扫）。

冲洗程序、冲洗强度及冲洗时间的选用，需根据滤料种类、密度、粒径级配及水质水温等因素确定。一般，气水冲洗滤池的冲洗强度及冲洗时间如表 3-6 所示。

气水冲洗滤池的冲洗强度及冲洗时间　　　　表 3-6

滤料种类	先气冲洗		气水同时冲洗			后水冲洗		表面扫洗	
	强度 L/(s·m²)	时间 min	气强度 L/(s·m²)	水强度 L/(s·m²)	时间 min	强度 L/(s·m²)	时间 min	强度 L/(s·m²)	时间 min
单层细砂级配滤料	15~20	3~1	—	—	—	8~10	7~5	—	—
双层煤砂级配滤料	15~20	3~1	—	—	—	6.5~10	6~5	—	—
单层粗砂均匀有配滤料	13~17	2~1	13~17	3~4	4~3	4~8	8~5	1.4~2.3	全程

供给冲洗水的方式有两种：冲洗水泵和冲洗水塔或冲洗水箱。用泵冲投资省，但操作需要自动控制，在冲洗的短时间内耗电量较大；用水塔造价较高，允许在较长时间内向水塔或水箱输水，专用水泵小，耗电较均匀，目前一般都用冲洗水泵。

3）表扫

表面扫洗指的是 V 型滤池反冲洗时待滤水通过 V 型进水槽底配水孔在水面横向将冲洗含泥水扫向中央排水槽的一种辅助冲洗方式。可以将浮在水面的悬浮物形成的泡沫和不易通过水流带动的杂质通过表扫一起排出。

4）滤池反冲洗要求

滤池反冲洗是各种滤池运行中不可缺少的环节。冲洗质量的好坏，影响滤后水质，工作周期和滤池使用寿命。对滤池冲洗质量的基本要求是：

① 冲洗水流均匀，不发生气泡上升，冲洗后滤料表面平坦不产生起伏和裂缝；

② 冲洗开始时，排出水很浑，浊度超过 500NTU，1~3min 后，浊度迅速下降，逐渐变清，结束时能小于 10~20NTU。这种情况说明冲洗过程良好。如果冲洗时排出的水一直不太浑，则反而是不正常的。

③ 每次冲洗后各个滤池本身开始的水头损失应是一样的。如果冲洗后开始的水头损

失较大，说明冲洗不够彻底。

④ 定期测定冲洗后上部滤层的含泥量，如含泥量按表3-7要求超过3%说明滤料状态已不正常，就要查清原因并采取适当措施。

滤料含泥量要求　　　　　　　　　　　　　表3-7

含泥量百分比%	滤料状态
<0.5	很好
0.5～1.0	好
1.0～3.0	满意
3.0～10.0	不满意
>10.0	很不好

（5）滤池的配水系统

滤池在反冲洗时要求冲洗水、气均匀地分布到整个池的滤池面积上，这个要求就是通过配水系统的作用来实现的，此外，在过滤时，它还起到均匀集水的作用，因此也可以称为集水系统。

配水均匀性对冲洗效果影响很大。配水不均匀，部分滤层膨胀不足，而部分滤层膨胀过甚，会导致局部承托层发生移动，造成漏砂现象。

配水系统有"大阻力配水系统"和"小阻力配水系统"两种基本形式，还有中阻力配水系统。

1）大阻力配水系统

快滤池中常用的是"穿孔管大阻力配水系统"，见图3-17。中间是一根干管或干渠，干管两侧接出若干根相互平行的支管。支管下方开两排小孔，与中心线成45°交错排列，见图3-18。冲洗时，水流自干管起端进入后，流入各支管，由支管孔口流出，再经承托层和滤料层流入排水槽。大阻力配水系统的基本原理就是通过增大孔口阻力系数，从而削弱承托层、滤料层阻力系数及配水系统压力不均匀的影响，以达到配水均匀的目的。

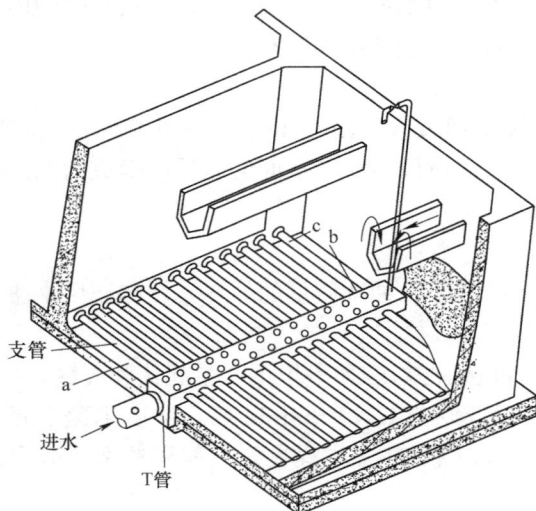

图3-17　穿孔管大阻力配水系统

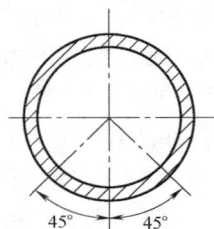

图3-18　穿孔管孔口位置

2）小阻力配水系统

小阻力配水系统（图 3-19）基本原理就是通过减小干管和支管进口流速使得配水系统中的压力变化对布水均匀性的影响大大削弱，在此基础上，可以减小孔口阻力系数以减小孔口水头损失。"小阻力"一词的含义，即指配水系统中孔口阻力较小，这是相对于"大阻力"而言的。实际上，配水系统孔口阻力由大到小应是递减的，中阻力配水系统就是介于大阻力和小阻力配水系统之间。配水系统孔眼总面积与滤池面积之比称开孔比，开孔比愈大，阻力愈小。由此得出一般规定：大阻力穿孔管配水系统 $a=0.20\%\sim0.28\%$；中阻力滤砖配水系统 $a=0.6\%\sim0.8\%$；小阻力滤头配水系统 $a=1.25\%\sim2.0\%$。

小阻力和中阻力配水系统的型式和材料多种多样，且不断有新的发展，这里仅介绍以下几种。

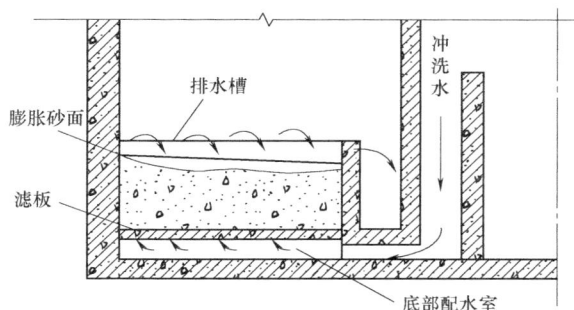

图 3-19　小阻力配水系统图

① 钢筋混凝土穿孔（缝隙）滤板

在钢筋混凝土板上开圆孔或条式缝隙。板上铺设一层或两层尼龙网。板上开孔比和尼龙孔网眼尺寸不尽一致，视滤料粒径、滤池面积等具体情况决定。图 3-20 为滤板安装示意图，所示滤板尺寸为 $980\times980\times100$mm，每块板孔口数 168 个。板面开孔比为 11.8%，板底为 1.32%。板上铺设尼龙网一层，网眼规格可为 30 目～50 目。这种配水系统造价较低，孔口不易堵塞，配水均匀性较好，强度高，耐腐蚀。但必须注意尼龙网接缝应搭接好，且沿滤池四周应压牢，以免尼龙网被拉开。尼龙网上可适当铺设一些卵石。

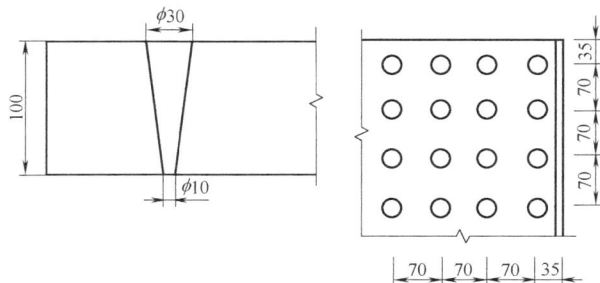

图 3-20　钢筋混凝土穿孔滤板

② 穿孔滤砖

图 3-21 为二次配水的穿孔滤砖。滤砖尺寸为 600m$\times280$mm$\times250$mm，用钢筋混凝

土或陶瓷制成。每平方米滤池面积上铺设 6 块。开孔比为：上层 1.07％，下层 0.7％，属中阻力配水系统。

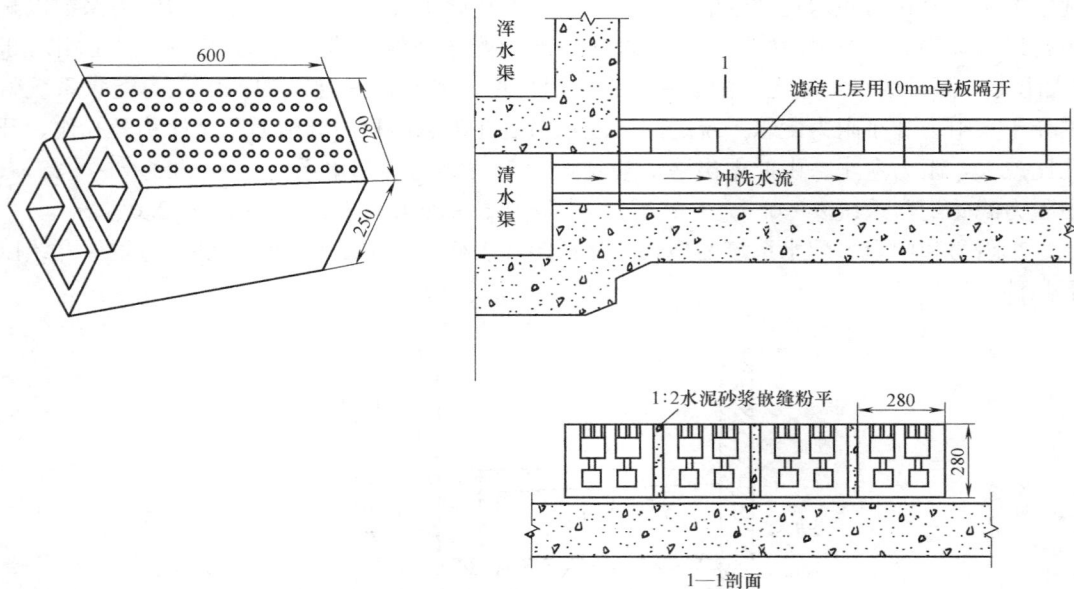

图 3-21　穿孔滤砖

图 3-22 是另一种二次配水、配气穿孔滤砖可称复合气水反冲洗滤砖，该砖既可单独用于水反冲，也可用于气水反冲洗。倒 V 形斜面开孔比和上层开孔比均可按要求制造，一般上层开孔比小（$a = 0.5\% \sim 0.8\%$），斜面开孔比稍大（$a = 1.2\% \sim 1.5\%$），水、气流方向见图中箭头所示。该滤砖一般可用 ABS 工程型料一次注塑成型，加工精度易控制，安装方便，配水均匀性较好，但价格较高。

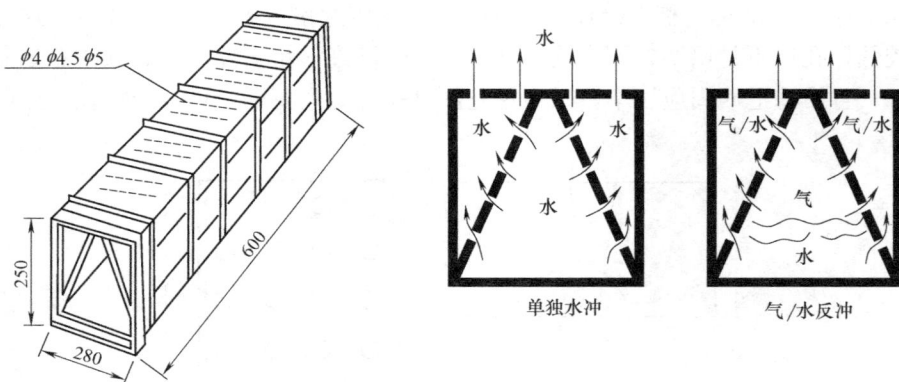

图 3-22　复合气水反冲洗配水滤砖

③ 滤头

滤头是目前采用最广泛的配水系统。它是由具有缝隙的滤帽和滤柄（具有外螺纹的直管）组成。短柄滤头用于单独水冲滤池，长柄滤头用于气水反冲洗滤池。图 3-20 中的滤板若不用穿孔滤板，则可在滤板上安装滤头，即在混凝土滤板上预埋内螺纹套管。安装滤头时，只要加上橡胶垫圈将滤头直接拧入套管即可。

图 3-23 所示为气水同时反冲洗所用的长柄滤头示意图。滤帽上开有许多缝隙，缝宽在 0.25～0.4mm 范围内以防滤料流失。直管上部开 1～3 个小孔，下部有一条直缝。当气水同时反冲时，在混凝土滤板下面的空间内，上部为气，形成气垫，下部为水。气垫厚度与气压有关。气压愈大，气垫厚度愈大，气垫中的空气先由直管上部小孔进入滤头，气量加大后，气垫厚度相应增大，部分空气由直管下部的直缝上部进入滤头，此时气垫厚度基本停止增大。反冲水则由滤柄下端及直缝上部进入滤头，气和水在滤头内充分混合后，经滤帽缝隙均匀喷出，使滤层得到均匀反冲。滤头布置数一般为 50～60 个/m²，开孔比约 1.5% 左右。

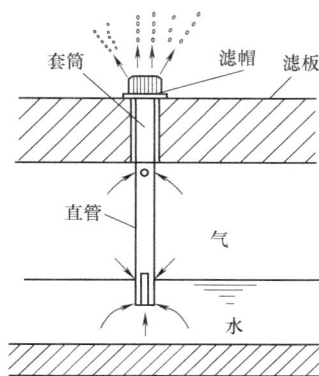

图 3-23　气水同时冲洗时
长柄滤头工况示意

3. V 型滤池

V 型滤池是法国得利满公司设计的一种快滤池，采用气、水反冲洗，目前在我国的应用较多，适用于大、中型水厂。

V 型滤池因两侧（或一侧也可）进水槽设计成 V 字形而得名。图 3-24 为一座 V 型滤池构造简图。通常一组滤池由数只滤池组成。每只滤池中间为双层中央渠道，将滤池分成左、右两格。渠道上层是排水渠（7）供冲洗排污用；下层是气、水分配渠（8），过滤时汇集滤后清水，冲洗时分配气和水。渠（8）上部设有一排配气小孔（10），下部设有一排配水方孔（9）。V 型滤池槽底设有一排小孔（6），既可做过滤时进水用，冲洗时又可供横向扫洗布水用，这是 V 型滤池的一个特点。滤板上均匀布置长柄滤头，每平方米约布置 50～60 个。滤板下部是空间（11）。

（1）V 型滤池的过滤过程

待滤水由进水总渠经进水气动隔膜阀（1）和方孔（2）后，溢流堰口（3）再经侧孔（4）进入 V 型槽（5）。待滤水通过 V 型槽底小孔（6）和槽顶溢流，均匀进入滤池，而后通过砂滤层和长柄滤头流入底部空间（11），再经方孔（9）汇入中央气水分配渠（8）内，最后由管廊中的水封井（12）、出水堰（13）、清水渠（14）流入清水池。滤速可根据滤池水位变化自动调节出水蝶阀开启度来实现等等速过滤。

V 型滤池的过滤周期较长，可达 48h 甚至更长，考虑到保持滤层较好状态，目前国内水厂一般采用 24～48h 进行冲洗。冲洗前的滤层水头损失一般采用 1.5～2.0m。过滤时滤层上的设计水深一般为 1.2～1.5m。

（2）V 型滤池的冲洗过程

首先关闭进水阀（1），但两侧方孔（2）常开，故仍有一部分水继续进入 V 型槽并经槽底小孔（6）进入滤池。而后开启排水阀（15）将池面水从排水渠中排出直至滤池水面与 v 型槽顶相平。冲洗操作可采用："气冲→气—水同时反冲→水冲"3 步。

冲洗步骤为：

① 启动鼓风机，打开进气阀（17），空气经气水分配渠（8）的上部小孔（10）均匀

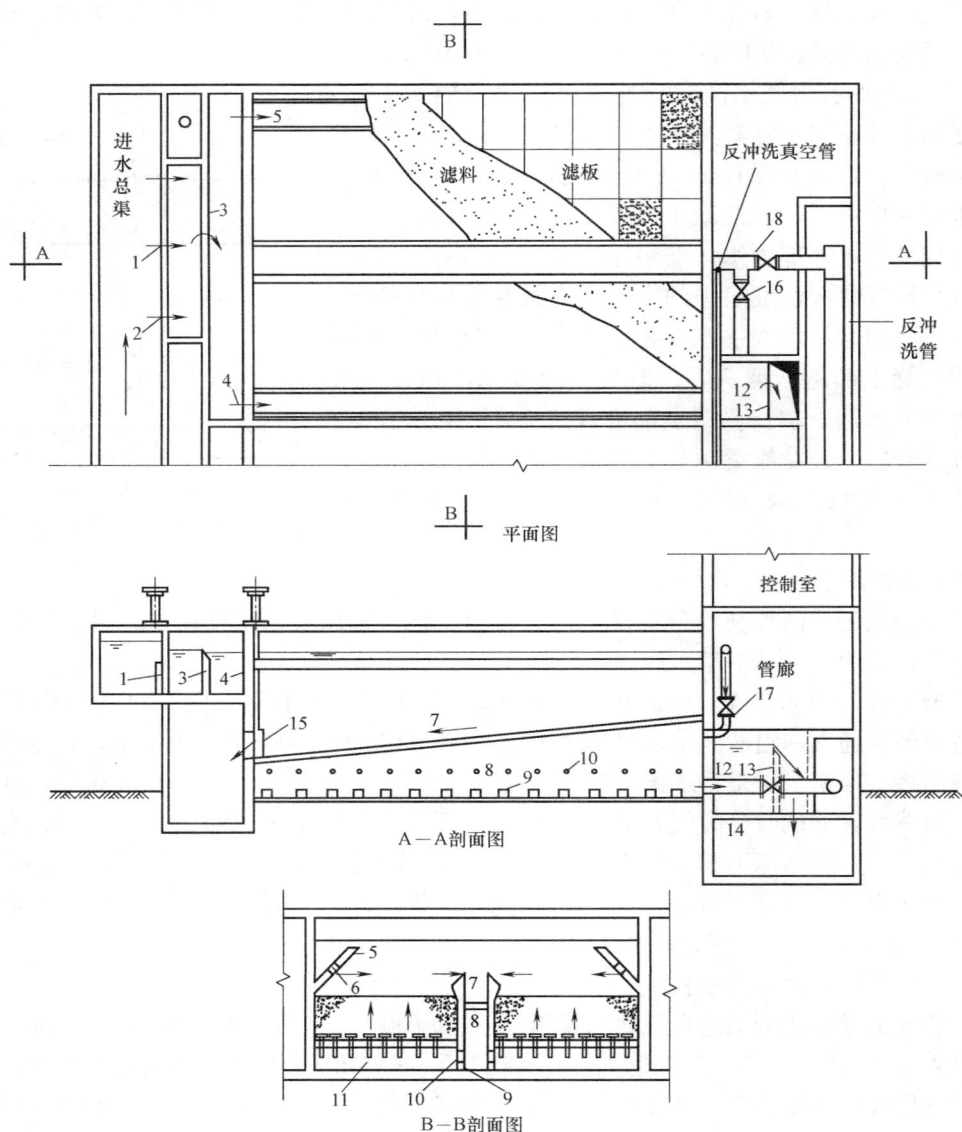

图 3-24　V 型滤池构造简图

1—进水气动隔膜阀；2—方孔；3—堰口；4—侧孔；5—V 型槽；6—小孔；7—排水渠；8—气、水分配渠；
9—配水方孔；10—配气小孔；11—底部空间；12—水封井；13—出水堰；14—清水渠；15—排水阀；
16—清水阀；17—进气阀；18—冲洗水阀

进入滤池底部，由长柄滤头喷出，将滤料表面杂质擦洗下来并悬浮于水中。由于 V 型槽底小孔（6）继续进水，在滤池中产生横向水流，形同表面扫洗，将杂质推向中央排水渠（7）。

②启动冲洗水泵，打开冲洗水阀（18），此时空气和水同时进入气、水分配渠，再经方孔（9）和小孔（10）和长柄滤头均匀进入滤池，使滤料得到进一步冲洗，同时，横向冲洗仍继续进行。

③ 停止气冲，单独用水再反冲洗几分钟，加上横向扫洗，最后将悬浮于水中杂质全部冲入排水槽。

气冲强度一般在 $14\sim17$ L/（s·m²）内，水冲强度约 4 L/（s·m²）左右，横向扫洗强度约 $1.4\sim2.0$ L/（s·m²）。因水流反冲强度小，故滤料不会膨胀，总的反冲洗时间约 10min 左右。V 型滤池冲洗过程全部由程序自动控制。

（3）V 型滤池的主要特点

① 恒水位等速过滤。滤池出水阀随水位变化不断调节开启度，使池内水位在整个过滤周期内保持不变，滤层不出现负压。当某单格滤池冲洗时，待滤水继续进入该格滤池作为表面扫洗水，是其他各滤池的进水量和滤速基本不变。

② 采用均粒石英砂滤料，滤层厚度比普通快滤池厚，截污量比普通快滤池大，故滤速高，过滤周期长，出水效果好。由于反冲时滤层不膨胀，故整个滤层在深度方向的粒径分布基本均匀，不发生水力分级现象，即所谓"均质滤料"，使滤层含污能力提高。一般采用砂滤料，有效粒径 $d_{10}=0.90\sim1.20$ mm，不均匀系数 $K_{60}=1.2\sim1.4$，滤层厚约 $0.90\sim1.5$ m。

③ V 型进水槽（冲洗时兼作表面扫洗布水槽）和排水槽沿池长方向布置，单池面积大时，有利于布水均匀，因此更适用于大中型水厂。

④ 冲洗时采用空气、水反冲和表面扫洗，滤层保持微膨胀状态，避免了出现跑砂现象，提高了冲洗效果并节约冲洗用水。

4. 普通快滤池

普通快滤池的构如图 3-25，过滤与冲洗过程如下：

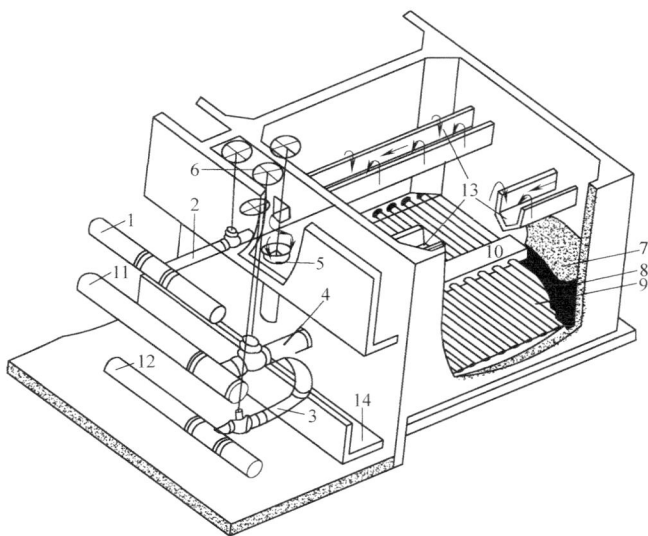

图 3-25 普通快滤池构造剖视图（箭头表示冲洗水流方向）
1—进水总管；2—进水支管；3—清水支管；4—冲洗水支管；5—排水阀；6—浑水渠；7—滤料层；8—承托层；9—配水支管；10—配水干管；11—冲洗水总管；12—清水总管；13—冲洗排水槽；14—废水渠

（1）过滤

过滤时，开启进水支管（2）与清水支管（3）的阀门。关闭冲洗水支管（4）阀门与排水阀（5）。浑水就经进水总管（1）、支管（2）从浑水渠（6）进入滤池。经过滤料层（7）、承托层（8）后，由配水系统的配水支管（9）汇集起来再经配水系统干管渠（10）、清水支管、清水总管（12）流往清水池。浑水流经滤料层时，水中杂质即被截留。随着滤层中杂质截留量的逐渐增加，滤料层中水头损失也相应增加。一般当水头损失增至一定程度以致滤池产水量减少，或由于过滤水质不符合要求时，滤池便须停止过滤进行冲洗。

（2）冲洗

冲洗时，关闭进水支管（2）与清水支管（3）阀门。开启排水阀（5）与冲洗水支管（4）阀门。冲洗水即由冲洗水总管（11）、支管（4），经配水系统的干管、支管及支管上的许多孔眼流出，由下而上穿过承托层及滤料层，均匀地分布于整个滤池平面上。滤料层在由下而上均匀分布的水流中处于悬浮状态，滤料得到清洗。冲洗废水流入冲洗排水槽（13），再经浑水渠（6）、排水管和废水渠（14）进入下水道。冲洗一直进行到滤料基本洗干净为止。冲洗结束后，过滤重新开始。从过滤开始到冲洗结束的一段时间称为快滤池工作周期。从过滤开始至过滤结束称为过滤周期。

5. 翻板滤池

CTE翻板滤池是瑞士苏尔寿（Sulzer）公司下属的技术工程部（现称瑞士CTE公司）的研究成果。所谓"翻板"，是因为该型滤池的反冲洗排水舌阀（板）工作过程中是在0°~90°范围内来回翻转而得名。

（1）翻板滤池的工作原理

该型滤池的工作原理与其他类型气水反冲滤池相似：沉淀水通过进水渠经溢流堰均匀流入滤池，水以重力渗透穿过滤料层，并以恒水头过滤后汇入集水室，详见图3-26；滤池反冲洗时，先关进水阀门，然后按气冲、气水冲、水冲三个阶段开关相应的阀门，详见图3-27。一般重复两次后关闭排水舌阀（板），开启进水阀门，恢复到正常过滤工况。

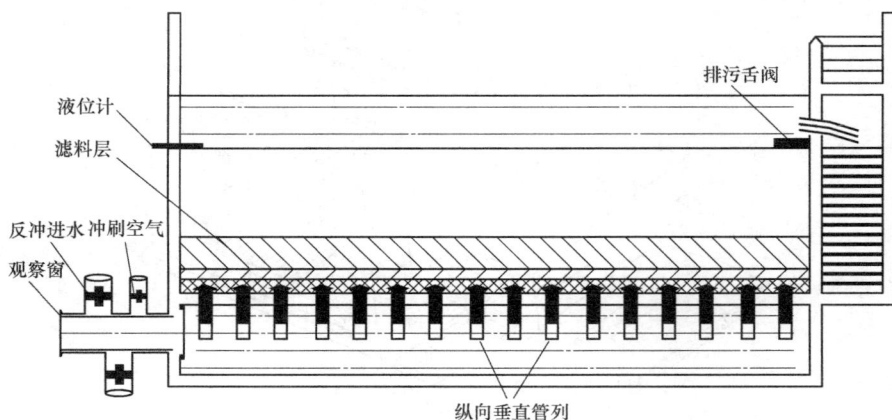

图3-26 翻板滤池正常过滤状态

（2）翻板滤池的主要特点

① 滤料、滤层可多样化选择；滤料流失率比其他滤池低。

② 滤料反冲洗效果好、运转周期长、容污能力强。

根据水流剪切力与水的黏滞系数及速度梯度变化成正比，即与水冲洗速度成正比。翻

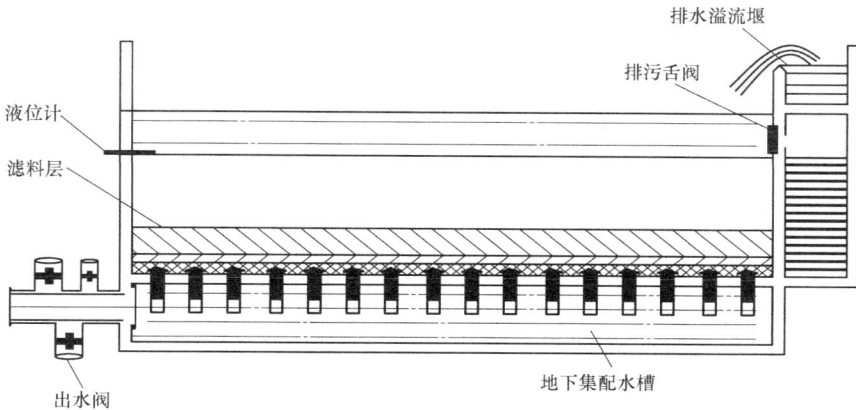

图 3-27　翻板滤池反冲洗状态

板滤池反冲洗的第三阶段——即水冲段，其强度达 $15\sim16L/m^2\cdot s$，使滤料膨胀成浮动状态，从而冲刷和带走前两阶段（气冲段、气水冲段）洗擦下来的截留污物和附在滤料上的小气泡。一般经两次反冲洗过程，滤料中截污物遗留量少于 $0.1kg/m^3$。这样一来使翻板滤池的运行周期延长——反冲洗周期达 $40\sim70$ 小时（相应水头损失为 $2.0m$ 水柱左右），当 $2m$ 容污水头时，滤料的容污能力达 $2.5kg/m^3$。

③ 反冲洗水耗低、水头损失小，布水布气均匀。

④ 气水反冲系统结构简单，施工进度快。

⑤ 自控系统设计：对于翻板滤池运行自控程序设计显得很重要，尤其在滤池反冲洗时段尤为重要，反冲洗排水阀（板）操作系统设计是翻板滤池成功与否的关键因素之一。

6. 无阀滤池

无阀滤池有重力式和压力式两种，适用于小型、分散性供水工程。这里仅介绍重力式无阀滤池。

无阀滤池的构造见图 3-28。过滤时的工作情况是：浑水经进水分配槽（1），由进水管（2）进入虹吸上升管（3），再经顶盖（4）下面的挡板（5）后，均匀地分布在滤料层（6）上，通过承托层（7）、小阻力配水系统（8）进入底部空间（9）。滤后水从底部空间经连通渠（管）（10）上升到冲洗水箱（11）。当水箱水位达到出水渠（12）的溢流堰顶后，溢入渠内，最后流入清水池。水流方向如图中箭头所示。

开始过滤时，虹吸上升管与冲洗水箱中的水位差 H。为过滤起始水头损失。随着过滤时间的延续，滤料层水头损失逐渐增加，虹吸上升管中水位相应逐渐升高。管内原存空气受到压缩，一部分空气将从虹吸下降管出口端穿过水封进入大气。当水位上升到虹吸辅助管（13）的管口时，水从辅助管流下，依靠下降水流在管中形成的真空和水流的挟气作用，抽气管（14）不断将虹吸管中空气抽出，使虹吸管中真空度逐渐增大。其结果，一方面虹吸上升管中水位升高。同时，虹吸下降管（15）将排水水封井中的水吸上至一定高度。当上升管中的水越过虹吸管顶端而下落时，管中真空度急剧增加，达到一定程度时，下落水流与下降管中上升水柱汇成一股冲出管口，把管中残留空气全部带走，形成连续虹吸水流。这时，由于滤层上部压力骤降，促使冲洗水箱内的水循着过滤时的相反方向进入

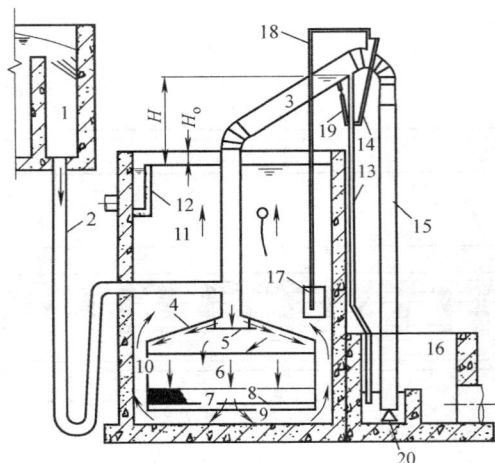

图 3-28　无阀滤过滤过程

1—进水分配槽；2—进水管；3—虹吸上升管；4—伞形顶盖；5—挡板；6—滤料层；7—承托层；8—配水系统；
9—底部配水区；10—连通渠；11—冲洗水箱；12—出水渠；13—虹吸辅助管；14—抽气管；15—虹吸下降管；
16—水封井；17—虹吸破坏斗；18—虹吸破坏管；19—强制冲洗管；20—冲洗强度调节器

虹吸管，滤料层因而受到反冲洗。冲洗废水由排水水封井（16）排出。冲洗时水流方向见图 3-29 箭头所示。在冲洗过程中，水箱内水位逐渐下降。当水位下降到虹吸破坏斗（17）以下时，虹吸破坏管（18）把小斗中的水吸完。管口与大气相通，虹吸破坏，冲洗结束，过滤重新开始。

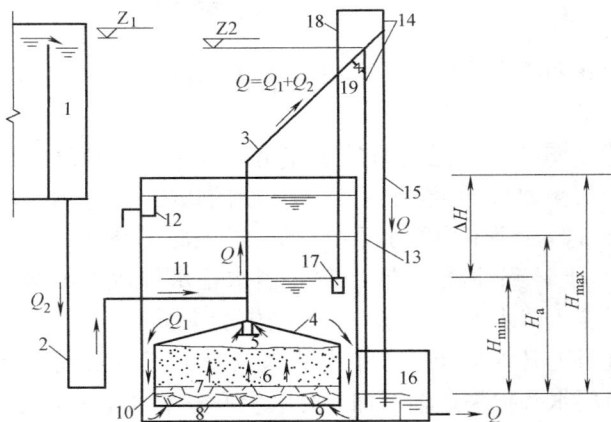

图 3-29　无阀滤池冲洗过程

1—进水分配槽；2—进水管；3—虹吸上升管；4—伞形顶盖；5—挡板；6—滤料层；7—承托层；8—配水系统；
9—底部配水区；10—连通渠；11—冲洗水箱；12—出水渠；13—虹吸辅助管；14—抽气管；15—虹吸下降管；
16—水封井；17—虹吸破坏斗；18—虹吸破坏管；19—强制冲洗管

从过滤开始至虹吸上升管中水位升至辅助管口这段时间，为无阀滤池过滤周期。因为当水从辅助管下流时，仅需数分钟便进入冲洗阶段。故辅助管口至冲洗水箱最高水位差即为期终允许水头损失值 H。一般采用 $H=1.5\sim2.0\text{m}$。

如果在滤层水头损失还未达到最大允许值而因某种原因（如出水水质不符要求）需要冲洗时，可进行人工强制冲洗。强制冲洗设备是在辅助管与抽气管相连接的三通上部，接一根压力水管（19），称强制冲洗管。打开强制冲洗管阀门，在抽气管与虹吸辅助管连接三通处的高速水流便产生强烈的抽气作用，使虹吸很快形成。

无阀滤池多用于中、小型供水工程。单池平面积一般不大于 16m^2。少数也有达 25m^2 以上的。主要优点是：节省大型阀门，造价较低；冲洗完全自动，因而操作管理较方便。缺点是：池体结构较复杂；滤料处于封闭结构中，装、卸困难；冲洗水箱位于滤池上部，出水标高较高，相应抬高了滤前处理构筑物如沉淀或澄清池的标高，从而给水厂处理构筑物的总体高程布置往往带来困难。

7. 滤池的管理

在滤池的运行中，做好滤池的管理工作十分重要，它是保证滤池始终保持良好运行状态的重要保证。

（1）滤池管理内容

对滤池管理内容包括：对滤池关键技术参数定期测定从而分析运行状态，提出改进措施；按照运行操作规程进行操作，对运行过程中出现的各种故障进行分析处理；定期对滤池进行维修保养。

为用好、管好滤池，需要掌握滤池的技术性能，要求对滤池定期进行技术测定，并将测定结果记入设备卡片。滤池技术测定的主要内容和方法为：

1）滤速的测定

滤速是滤池单位面积在单位时间内的过滤水量，一般用 m/h 来表示，其含义是滤池在单位时间里水位下降的速度。

滤速测定方法，式（3-5）：先保持池内的水位在正常过滤水位以上稍许，然后关闭进水阀门，待水位稳定后，开启清水阀至开足位置，同时按下秒表，测定滤池水位下降一定距离的时间，测定过程要重复 2-3 次，根据测定数据，计算其平均值，以减小测定误差。

$$V=\frac{h}{T}\times3600 \tag{3-5}$$

式中　V——滤速（m/h）；

　　　h——池内水位下降距离（m）；

　　　T——下降 h 水位时所需时间（s）。

滤速测定的意义是，滤池在工作了一段时间后，检查其是否仍保持其原有过滤速度，如果发现滤速达不到原有水平，说明滤层内孔隙率减小，可能由于冲洗强度或冲洗时间不够，砂层有杂质堵塞，应适当提高反冲洗强度，恢复滤池性能。

2）冲洗强度的测定

冲洗强度是指滤池的单位面积在单位时间里所耗用的冲洗水量，用 L/s·m^2 表示。

冲洗强度测定方法：按滤池及冲洗的正常操作步骤进行，当用水箱（塔）时，冲洗水位上升到滤池排水槽顶时开始计时，并记录水箱（塔）内水位下降值，每分钟记录一次，连续记录几分钟，取其平均值。

冲洗强度(L/s·m^2)＝水量(水箱面积×水位下降值)/(滤池面积×测定时间)。

若用水泵冲洗时，上式中水量/测定时间即简化为冲洗水泵的流量。

冲洗强度测定的目的，是检查滤池工作了一段时间后，冲洗强度是都有变化。对于一定的滤池滤料层和承托层要有相应的冲洗强度，过大或偏小都不好。

3）膨胀率的测定

膨胀率是指滤池在冲洗过程中，滤料膨胀的高度。膨胀率过大或是偏小都会对滤池产生不利影响

膨胀率测定方法（式3-6）：先制作一测定膨胀率的工具，用厚2cm、宽10cm、长2m以上的木条，在木条底部10cm（或5cm）处，向上，每1.5cm设置铜皮小斗（小斗成正方形，尺寸为5cm×5cm×0.5cm），共40只。测定时，将木条沿池壁垂直置于池内，木条底部正好与滤层面接触，固定，冲洗时滤层膨胀，冲洗完毕后检查小斗内遗留的砂粒，从发现滤料粒的最高小斗至滤层面的距离，即为滤层膨胀高度。

$$膨胀率 = \frac{滤料膨胀高度}{滤料厚度} \times 100\% \tag{3-6}$$

4）含泥率的测定

滤料含泥率是指滤池进过反冲洗后，在滤层表层10～20cm处（一般取20cm处的滤料）滤料的含泥量，滤料的含泥量多少是衡量反冲洗效果的重要依据。一般滤料含泥量小于3%视为正常。

含泥率测定方法式（3-7）：滤池经正常反冲洗后，选平均分布的4个点，在滤料层表面10～20cm处取样品500克，在恒温箱内150℃恒温烘干至恒重，然后称取一定量（一般为200克）的试样，仔细用10%的盐酸和清水清洗，在清洗时要防止滤料损失。将清洗干净的滤料重新置于恒温箱内在150℃恒温烘干至恒重，再称量，滤料清洗前后的重量差，即为滤料的含泥量。滤料含泥率一般应≤3%。

$$含泥量 = \frac{滤料清洗前重量 - 清洗后重最}{清洗后重量} \times 100\% \tag{3-7}$$

5）其他测定内容

对滤池性能的测定，除上述四项外，在日常的运行中，还要经常进行滤料层高度测定，观察砂面的平整程度，如滤料层厚度降低10%时，应采取补砂措施至规定厚度，还要定期对有代表性的某一滤池进行初滤水，期中水和期末滤后水浊度测定及浊度去除率测定。

（2）滤池的运行操作

1）运行前的准备工作

a. 新投产的滤池，在未敷设承托层之前，应放压力水以观察配水系统出流量是否均匀，孔眼是否堵塞，如果正常，可按设计标准敷设承托层和滤料层。

b. 运行前必须检查各管道阀门是否正常，清楚池体内杂物。初次敷设滤料一般要比设计要求高5～10cm，以备细砂被冲走后，保持设计高度。

c. 凡新敷设滤料的滤池，和曾被放空过的滤池，应排除滤层中的空气。

d. 新敷滤料的滤池均需至少连续冲洗两次，把滤料洗净。

2）日常操作运行

为保证滤池正常运行，根据水厂实际情况制定水质控制指标，滤池操作规程等指导性

文件，根据要求进行滤池运行和冲洗操作。

随着自动化程度的提高，目前水厂滤池运行基本都实现自动化控制，自动反冲洗。

3）滤池常见故障及排除（表 3-8）

滤池常见故障及排除

表 3-8

故障	主要危害	主要原因	排除办法
冲洗时大量气泡上升即"气阻"	1. 滤池水头损失增加很快，工作周期缩短； 2. 滤层产生裂缝，影响水质或大量漏砂、跑砂。	1. 滤池发生滤干后，未经反冲排气又再过滤使空气进入滤层； 2. 冲洗水塔存水用完，空气随水夹带进入滤池； 3. 工作周期过长，水头损失过大，使砂面上的水头小于滤料中水头损失，从而产生负水头，使水中逸出空气存于滤料中； 4. 藻类滋生产生的气体； 5. 水中溶气量过多。	1. 加强操作管理，一旦出现用清水倒滤； 2. 水塔中贮存的水量要比一次反冲洗水量多一些； 3. 调整工作周期，提高滤池内水位； 4. 采用预加氯杀藻； 5. 检查产生水中溶气量大的原因，消除溶气的来源。
滤料中结泥球	砂层阻塞，砂面易发生裂缝。泥球会腐蚀发酵直接影响滤池正常运转和净水效果。	1. 冲洗强度不够，长时间冲洗不干净； 2. 沉淀水出口浊度过高，使滤池负担过重； 3. 配水系统不均匀，部分滤池冲洗不干净。	1. 改善冲洗条件，调整冲洗强度和冲洗历时； 2. 降低沉淀水出口浊度； 3. 检查承托层有无移动，配水系统是否堵塞； 4. 用液氯或漂白粉、硫酸浸泡滤料，情况严重时，就要大修翻砂。
滤料表面不平，出现喷口现象	过滤不均匀，影响出水水质。	1. 滤料凸起，可能是滤层下面承托层及配水系统有堵塞； 2. 滤料凹下，可能配水系统局部有碎裂或排水槽口不平。	针对凸起和凹下查找原因，翻整滤料层和承托层，检修配水系统和排水槽。
漏砂跑砂	影响滤池正常工作，清水池和出水中带砂影响水质。	1. "气阻"； 2. 配水系统发生局部堵塞； 3. 冲洗不均匀，使承托层移动； 4. 反冲洗时阀门开放太快或冲洗强度过高，使滤料跑出； 5. 滤水管破裂。	1. 消除"气阻"； 2. 检查配水系统，排除堵塞； 3. 改善冲洗条件； 4. 注意操作； 5. 检查滤水管。
过滤后水质达不到标准	影响出水水质。	1. 如果水头损失增加正常，则可能是沉淀池出水浊度过高； 2. 初滤水滤速过大； 3. 如果水头损失增加很慢可能是滤层内有裂缝，造成短路； 4. 滤料太粗，滤层太薄； 5. 滤层太脏，含泥率过大； 6. 也可能原水是难处理的，过滤性差的水。	1. 降低沉淀池出口浊度； 2. 降低初滤时滤速； 3. 检查配水系统，排除滤层的裂缝； 4. 改善冲洗条件； 5. 更换滤料； 6. 加氯或助滤剂解决。
滤速逐渐降低周期下降	影响滤池正常生产。	1. 冲洗不良、滤层积泥或长满青苔； 2. 滤料强度差、颗粒破碎。	1. 改善冲洗条件； 2. 用预加氯杀藻； 3. 刮除表层滤砂，换上符合要求的滤砂。

故障	主要危害	主要原因	排除办法
冲洗后短期内水质不好	影响滤池正常生产。	1. 冲洗强度不够、冲洗历时太短,没有冲洗干净; 2. 冲洗水本身质量不好。	1. 改善冲洗条件; 2. 保证冲洗水质量。
表面结垢,呈黑色	密度变小过滤性能下降,滤层易堵塞,影响正常生产。	1. 水中含锰量大,使砂粒成黑棕色,呈甲壳状; 2. 使用时间较长。	1. 3%浓度的盐酸浸泡; 2. 换砂。

4) 影响过滤的主要因素

影响过滤的因素很多,也很复杂。但一般认为主要有以下几点:

① 沉淀池出水浊度

沉淀池出水浊度直接影响滤池的过滤质量和运行周期。经过良好的絮凝、沉淀后浊度较小,即便以较高的滤速运行,也可获得满意的过滤效果。相反,如果沉淀出水浊度高,滤池内水头损失便很快增长,工作周期显著缩短,出水水质无法保证。为确保滤池出水浊度及合理的工作周期,水厂都要根据出厂水浊度的要求制定内部控制指标,一般沉淀池出水浊度宜控制在 2～3NTU 以下。

② 滤速

滤速大,出水量也大,滤池的负荷增加,容易影响出水水质,缩短工作周期。滤速低,出水浊度低,工作周期就长。但从国内实际情况从兼顾水质、水量和运行要求出发,滤速宜控制在 6～8m/h 为好,如果由于水量需要滤速已经超出正常范围,宜将滤料改为双层或多层滤料。

③ 滤料粒径与级配

滤料是滤池的主要部分,是滤池工作好坏的关键,滤料的粒径与级配、滤层的厚度直接影响出水水质、工作周期和冲洗水量。

滤料粗,滤速就大、水头损失增长就慢、工作周期也长,但杂质穿透深度大,如果滤层厚度不够就会影响出水水质,滤料粗还需要有较高的冲洗强度。

双层滤料或三层滤料因为上层滤料质轻粒大,所以既能增加滤速又不需要大幅度提高冲洗强度,因此是提高滤速的重要途径。

④ 冲洗条件

经过一个周期,滤层内特别是上部截流了大量泥渣和其他杂质,把这些杂质冲洗干净恢复到过滤前的状态是过滤能够持续进行的重要条件。合理的冲洗条件包括要求合理的冲洗强度、正确的冲洗方法,保持一定的滤层膨胀率和冲洗时间。

⑤ 水温

水温也是影响过滤的一个因素。水温低,水的黏度大,水中杂质不易分离,因此在滤层中的穿透深度就大。冬季水温低,如要维持相同的出水水质,滤速应该小一些。

⑥ 原水加氯

对受有机污染的原水采取原水加氯,不仅有利于絮凝沉淀和消毒,且由于灭活了水中的藻类,可以防止滤层堵塞、改善过滤性能、提高出水水质。但原水加氯会增加三卤甲烷等有机氯的有害成分,因此要适当控制。

⑦ 投加助滤剂

对滤池，尤其是直接过滤的滤池，如果在原水浊度较高时，或水温较低时在加注一些助滤剂可以改善过滤性能。加注量要严格控制，否则会影响滤池的工作周期。

综上所述，对过滤来说，在确保出水水质的前提下如果需要增加出水量、提高过滤速度则主要是依靠降低沉淀水出水浊度，合理选配滤料，维持良好的冲洗条件等。

第六节 消 毒

水中微生物大多黏附在悬浮颗粒上，水经过混凝、沉淀和过滤等工艺，在降低水的浊度的同时，也去除了大部分微生物（也包括病原微生物）。消毒是保证水质的最后一关，它是生活饮用水安全、卫生的最后保障。《生活饮用水卫生标准》GB 5749—2006 明确要求"生活饮用水中不得含有致病微生物"，消毒后的出厂水不得检出总大肠菌群、耐热大肠菌群、大肠埃希氏菌，并使菌落总数≤100（CFU/ml）。水的消毒方法很多，包括氯及次氯酸钠、二氧化氯消毒、臭氧消毒、紫外线消毒等。

1. 氯消毒

氯消毒经济有效，使用方便，应用历史最久也最为广泛。但自 20 世纪 70 年代发现受污染水原经氯消毒后往往会产生一些有害健康的副产物，例如三卤甲烷等后，人们便重视了其他消毒剂或消毒方法的研究，但不能就此认为氯消毒会被淘汰。一方面，对于不受有机物污染的水源或在消毒前通过前处理把形成氯消毒副产物的前期物（如腐殖酸和富里酸等）预先去除，氯消毒仍是安全、经济、有效的消毒方法。

（1）液氯的理化性能

氯气是一种黄绿色气体，具有刺激性，有毒，重量为空气的 2.5 倍。密度为 3.22g（0℃，101.3kPa）；氯气极易压缩成琥珀色的液氯，液氯的密度为 1460g/L；在常温常压条件下，液氯极易气化，一个体积的液氯可气化成 457.6 体积的氯气，1kg 液氯可气化成 0.31m^3 的氯气；氯气能溶于水，即与水发生水解作用，氯气在 20℃，101.3kPa 下溶解度为 7.3g/L。

氯是一种很活泼的元素，在正常温度下，干燥氯气不与铁、铜、镍、铂、银和金等金属起反应，当温度高于 65℃，氯气与铁等起反应。湿氯会因为水解形成盐酸和次氯酸，因此对一般金属有极大的腐蚀性，仅金、铂、银和钽能抵抗。贮存于钢瓶中的液氯需预先经过干燥处理，使水分控制在 0.06％ 以下。氯与氢、氧、乙炔、甲烷等气体以及许多有机物溶剂、油脂类等有机物迅速反应，并放出大量热，因此，运输、贮存过程中必须特别防止接近这类物质，以避免引起火灾。

因液氯属于剧毒品，在运输、使用和管理过程中都存在较大的风险，随着安全意识的提升，现在越来越多的水厂采用次钠酸钠代替液氯进行消毒。

（2）液氯消毒法原理

氯在水中的消毒作用可分两种情况：

1）水中不含氨氮

氯溶解于水，生成次氯酸（HClO），次氯酸部分离解为氢离子 H$^+$ 和次氯酸根离子 ClO$^-$。

次氯酸的离解度与水中 pH 值、温度有关，当 pH＝7.54 时，HClO 和 ClO¯ 各占 50％，随着 pH 值提高，ClO¯ 的浓度将越来越大，HClO 的数量则相应减少。

对消毒有效的三种形态 Cl_2、HClO、ClO¯ 统称为有效氯，但一般认为主要通过次氯酸 HClO 起作用。因 HClO 为很小的中性分子，只有它才能扩散到带负电的细菌表面，并通过细菌的细胞壁穿透到细菌内部。当 HClO 分子到达细菌内部时，能起氧化作用，破坏细菌的酶系统而使细菌死亡。ClO¯ 虽亦具有杀菌能力，但是带有负电，难以接近带负电的细菌表面，杀菌能力比 HClO 差得多。生产实践表明，pH 值越低则消毒作用越强，证明 HClO 是消毒的主要因素。

2）水中有氨氮存在时

实际上，很多地表水源中，由于有机污染而含有一定的氨氮。氯加入这种水中，会先生成次氯酸（HClO），次氯酸继续和水中的氨氮反应，生成一氯胺 NH_2Cl、二氧胺 $NHCl_2$ 和三氯胺 NCl_3。

次氯酸 HClO，一氯胺 NH_2Cl、二氧胺 $NHCl_2$ 和三氯胺 NCl_3 它们在水中的含量比例决定于氯、氨的相对浓度、pH 值和温度。一般讲，当 pH 值大于 9 时，一氯胺占优势；当 pH 值为 7.0 时，一氯胺和二氯胺同时存在，近似等量，当 pH 值小于 6.5 时，主要是二氯胺；而三氯胺只有在 pH 值低于 4.5 时才存在。

从消毒效果而言，水中有氯胺时，仍然可理解为依靠次氯酸起消毒作用。只有当水中的 HClO 因消毒而消耗后，一氯胺 NH_2Cl、二氧胺 $NHCl_2$ 和三氯胺 NCl_3 重新分解，继续产生消毒所需的 HClO。因此当水中存在氯胺时，消毒作用比较缓慢，需要较长的接触时间。根据实验室静态实验结果，用氯消毒，5min 内可杀灭细菌达 99％以上；而用氯胺时，相同条件下，5min 内仅达 60％；需要将水与氯胺的接触时间延长到十几小时，才能达到 99％以上的灭菌效果。

水中所含的氯以氯胺存在时，称为化合性氯或结合氯。自由性氯的消毒效能比化合性氯要高得多。为此，可以将氯消毒分为两大类：自由性氯消毒和化合性氯消毒。

（3）加氯量

消毒时再水中的加氯量，可以分为两部分，即需氯量和余氯。需氯量指用于灭活水中微生物、氧化有机物和还原性物质等所消耗的部分。另外，为了抑制水中残余病原微生物的再度繁殖，管网中尚需维持少量剩余氯。我国饮用水标准规定出厂水自由性余氯在接触 30min 后不应低于 0.3mg/L，在管网末梢不应低于 0.05mg/L。

以下详细分析不同情况下加氯量与剩余氯之间的关系：

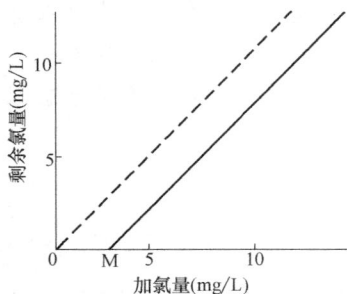

图 3-30　无氨氮时加氯曲线

① 如水中无细菌、有机物和还原性物质等，则需氯量为零，加氯量等于剩余氯量如图 3-30 中所示的虚线。事实上天然水中特别是地面水源多少都会受到有机物污染，氧化这些有机物要消耗一定的氯量，即需氯量。加氯量必须超过需氯量，才能保证一定的剩余氯。当水中有机物较少，而且主要不是游离氨和含氮化合物是，需氯量 OM 满足以后就会出现余氯。剩余氯就随加氯量的增加而增加，它们之间呈正比关系（见图 3-30）。

② 当水源污染比较严重时，水中存在氨和氮有机物

时，情况就比较复杂了。当氯投入水中后，先与水中所含的还原性物质（如 NO_2、Fe、H_2S 等）反应而被还原为不起消毒作用的氯离子，余氯为零，此时消毒效果不可靠。继续提高加氯量，氯与氨开始化合，产生氯胺，由于化合性余氯存在而具有一定消毒效果，如再提高加氯量则使氯胺氧化成为不起消毒作用的 HCl，水中余氯反而减少直至最低某一折点 B（见图 3-31）。折点 B 后起所增加的投氯量完全以游离态余氯存在，消毒效果更好。当按大于需氯曲线上所出现的折点的量，加氯消毒处理时称折点加氯（见图中点 M）。

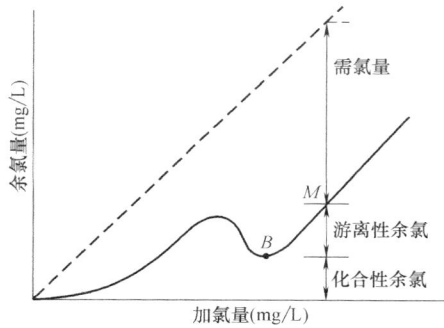

图 3-31 折点加氯曲线

对于污染比较严重的水源，采用折点加氯对去除水中臭味和色度有较大效果。但必须严格掌握好折点，避免加氯量未达到折点从而造成水中结合性余氯太高，使水质未能得到充分的消毒，当然也不要超过折点太多。

采用折点加氯的水源，往往由于水中有机物含量多，加氯后生成的氯仿有所增加，在这种情况下，应控制好氯消毒的副产物。

加氯量确定是水厂日常管理中的一项重要职责。其目的是在保证消毒效果的前提下，减少氯耗，降低成本。这就要求掌握原水水质的变化；了解气候和水温；熟悉原水中化学物质对加氯量的影响；注意氨氮和耗氧量的变化，并在此基础上总结规律性经验，合理科学制定加氯量和出厂水余氯控制目标。

2. 加氯设备及其操作要求

加氯设备包括氯瓶、蒸发器、加氯机、输送管道及其附属设施。

（1）氯瓶

氯瓶有 50kg、500kg、1000kg 等数种，由于氯是剧毒气体，所以氯瓶的设计、制造都要符合《气瓶安全监测规定》的要求。氯气的使用、贮存、运输以及泄漏与抢救，应符合国家标准《氯气安全规程》GB 11984—2008 的规定。

氯瓶的构造见图 3-32。

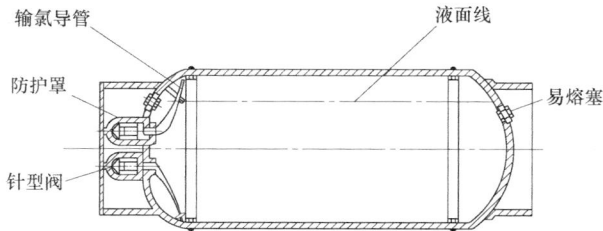

图 3-32 氯瓶简图

氯瓶装有两只出氯总阀，使用时应一个在上，一个在下。若为气相出氯，则上面一只阀门接到加氯机，氯瓶的出氯总阀都和一根弯管连接，只要氯瓶放置正确，上面一根弯管总是伸到液氯面以上，所以出来总是氯气。如果氯瓶内装氯过满，或弯管位置移动，出来不是氯气而是液氯时，可以转动氯瓶，将下面一只总阀转到上面来，如果仍然出来的液氯，就需将氯瓶在出氯总阀一头垫高。卧式氯瓶安装见图 3-33。

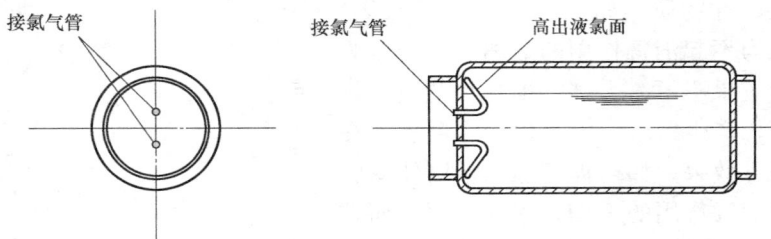

图 3-33　卧式氯瓶安装图

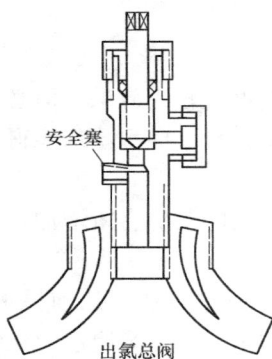

图 3-34　出氯总阀

氯瓶上最重要的部件是出氯总阀，其构造见图 3-34。

阀体用铸钢或精黄铜，阀杆用镍钢，阀杆外圈由填料压盖和压盖帽，总阀下面装有低熔点安全塞，温度到 70℃时就会自动熔化，氯气就会从钢瓶中逸出，不致引起钢瓶爆炸。

出氯总阀外面有保护帽，防止运输和使用时碰坏。氯瓶上的螺纹全部都是右旋螺纹，使用时应注意开关的方向。

1）液氯气瓶的使用安全

① 空瓶和充装后的重瓶应分开放置，氯瓶要挂上"正在使用"、"满瓶"、"空瓶"的标志牌。

② 禁止敲击、碰撞氯瓶。

③ 不应使用蒸汽、明火直接加热气瓶。不应将油类、棉纱等易燃物和与氯气易发生反应的物品放在气瓶附近。

④ 使用液氯气瓶处应有遮阳棚，气瓶不应露天曝晒。

⑤ 用水喷淋的氯瓶，应严格防止出氯总阀淋水受腐蚀。

⑥ 开启气瓶应使用专用扳手。开启瓶阀要缓慢操作，关闭时不能用力过猛或强力关闭。

⑦ 气瓶出口端应设置针型阀调节氯流量，不允许使用瓶阀直接调节。

⑧ 确保瓶内气体不能全部用尽。一般要求使用后必须留有 0.05～0.1MPa 余压，以免抽真空后倒吸水进入瓶内腐蚀钢瓶。

⑨ 氯瓶充装液氯时不应装满，应留有一定的气相空间。防止因温度升高，气相体积增大，发生钢瓶爆炸。所以，进厂的氯瓶，必须先称重，有超装的，立即与供货单位联系采取相应处理措施。

2）更换氯瓶操作规程

① 更换氯瓶要由受过专门培训的人员一人操作，一人监护；

② 打开风机进行通风直至换瓶操作结束。

③ 操作前准备工作：配备有完好的、正确规格的铅垫圈；有效的氨水；安全合格的防毒面具、防护手套、防护服、扳手等工具。

④ 换瓶人戴上防毒面具（或空气呼吸器），监护人备好防毒面具站在氯库外监护第一人的操作。

⑤ 更换空瓶。

a. 关闭待换氯瓶总阀、出氯阀（针形阀），歧管连接阀。

b. 缓慢松开针形阀吊紧螺栓，以驱散歧管中剩余氯气。若发现大量氯气泄出，重新拧紧针形阀吊装螺栓并检查所有的阀门已关闭。气体要完全排出才能继续下一步操作。

c. 从氯瓶上卸下出氯阀（针形阀），将氯瓶总阀出氯口上的保护帽拧好，并用氨水检查其气密性。检查完毕后，将氯瓶总阀塑料保护帽拧好。

d. 利用行车起吊，同时读取行车秤的空瓶重量读数。将空瓶从工作位置吊至储存位，在空瓶上悬挂"空瓶"标志牌。

⑥ 连接满瓶。

a. 利用行车起吊，同时读取行车秤的满瓶重量读数，确认氯瓶已安全放置。读取电子秤的满瓶重量读数，进行重量复核。

b. 检查歧管及歧管接头，如发现异常情况立即报告，并进行处置，直至可以安全操作；取下氯瓶总阀塑料保护帽，小心去除氯瓶总阀出氯口上的保护帽，如发现异常，立即报告并进行处置，直至可以安全操作。

c. 换上新的铅垫圈，小心将出氯阀与氯瓶总阀连接好；用专用扳手缓慢打开瓶上气阀1/4圈，并用氨水检查其气密性；如不漏气安全打开氯瓶总阀1/2圈。

d. 依次打开出氯阀、歧管连接阀，并用氨水测试漏气性，如发现异常情况应报告，并进行处置，直至可以安全操作。如没发现泄漏，可以取下防毒面具，并放在手边处于备用状态。

⑦ 做好操作日期、氯瓶编号、满瓶重量、操作人等记录。

（2）自动真空加氯系统

自动真空加氯系统通常由自动切换装量、减压阀、真空调节器、自动真空加氯机和水射器等主要部件组成，加氯量大时还需要配备氯气蒸发器（此时为液相出氯）。其典型布置见图3-35。

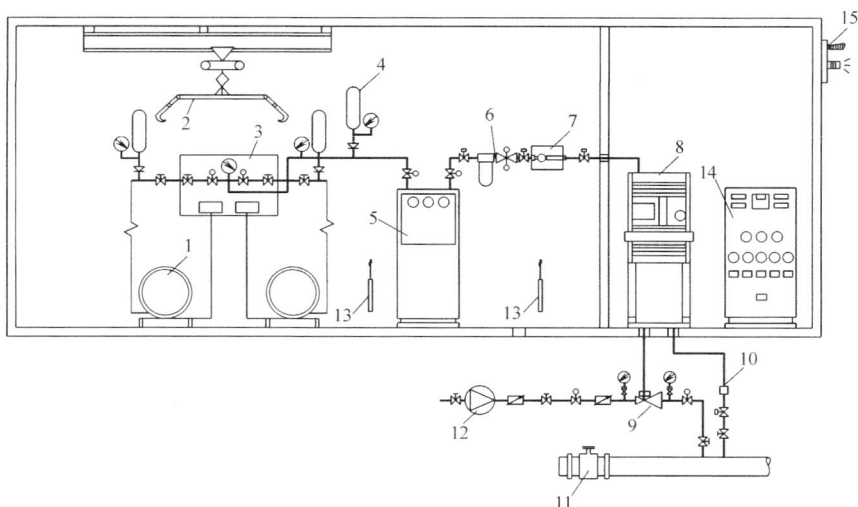

图3-35　自动真空加氯系统布置

1—氯瓶；2—氯瓶起吊设备；3—自动切换装置；4—液氯膨胀室；5—液氯蒸发器；6—减压及过滤装置；

7—真空调节器；8—自动真空加氯机；9—水射器；10—取样装置；11—带信号给出流量计；12—增压泵；

13—漏氯报警仪；14—PLC；15—声光报警仪

① 自动切换装置：用于二组氯瓶的自动切换。由压力开关、电动阀和控制器组成。当接收到左气源及右气源的压力状态信号后，把一只电动阀打开，另一只电动阀关闭。切换压力可以现场设定，可以是气相压力状态，也可以是液相压力状态。

② 减压阀：系统中设置减压阀是为防止液氯进入加氯系统。减压阀有手动（用于不设置液氯蒸发器的自动真空加氯系统）和电动两种。减压阀工作原理见图3-36。应用隔膜与倒阀相连动，阀杆上有主弹簧和小弹簧各一只，由人工或电动把顶盖上螺丝往下调，给予主弹簧一定的压力，有压气体从左边进入，右边给出，当隔膜底部承受的压力超过主弹簧压力，倒阀则上升，把氯气的过流断面减小，以达到动态平衡。

③ 真空调节器：真空调节器是真空加氯系统的关键。是正压和负压的分界点，真空调节器工作原理见图3-37。倒阀与一边通大气的隔膜同步浮动，隔膜由于受到大气与真空所形成的压差而把倒阀推开，氯气成喷射状态由正压变成负压进入系统。当负压管破裂，大气就进入负压区，隔膜两边受到同样压力，主弹簧就把小弹簧压缩，倒阀关闭，氯气不会外溢，以确保安全。

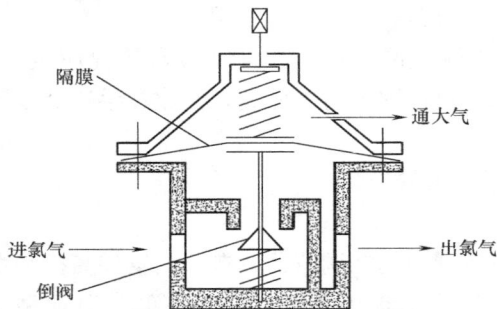

图3-36　减压阀工作原理

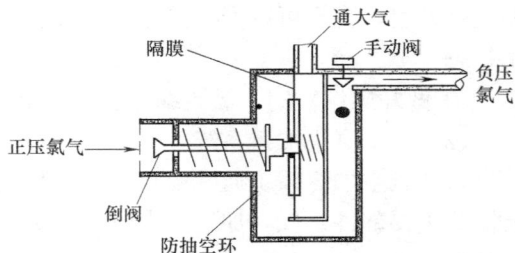

图3-37　真空调节器工作原理

④ 加氯机：加氯机的型式有许多中，目前主流采用自动真空加氯机：真空加氯机采用真空加氯，安全可靠，计量正确，可手动和自动控制，有利于保证水厂安全消毒和提高自动化程度。

自动真空加氯机的安装方式有挂墙式和柜式两种。通常容量小于10kg/h的加氯机为挂墙式，大于等于10kg/h的加氯机为柜式。自动真空加氯机主要有转子流量计、差压稳压器和全自动控制器三部分组成。柜式真空自动加氯机外形见图3-38，挂墙式见图3-39。

⑤ 水射器：水射器是加氯系统中氯气投加的原动力。供给水射器0.35～0.40MPa的压力水，通过文丘里原理产生真空，水射器将氯与水混合成氯水，将氯水投加至加注点。水射器的工作原理见图3-40。水射器另一结构件是隔膜式防回水装置。

⑥ 液氯蒸发器：液氯蒸发器是为提高氯瓶出氯量，并保证加氯系统均衡投加的辅助装量。通常一只1000kg氯瓶4℃时可获得8～10kg/h氯气而不结霜。当加氯量大（南方地区通常为40kg/h）时，为避免串联氯瓶过多，需用液氯蒸发器。

液氯蒸发器，有采用油作为传热媒介的，也有采用水作传热媒介的。以水作为传热媒介的，还有采用加循环泵和不加循环泵两种。蒸发器系统（水为媒介带循环泵）由电加热器、蒸发室、热水箱、热水循环泵、阴极保护装量、控制盘、电磁阀、膨胀室和泄压阀等组成。

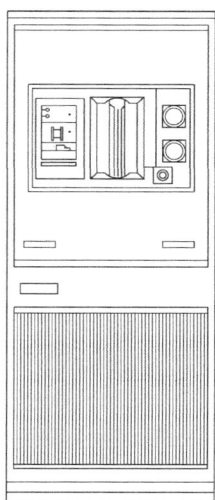

图 3-38 柜式真空自动加氯机外形

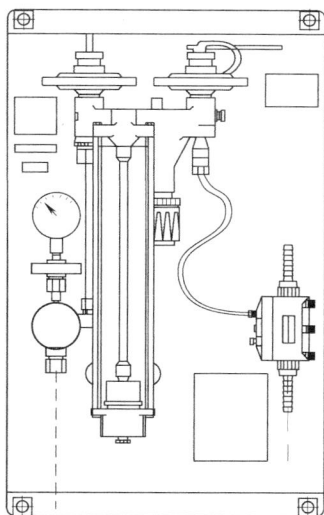

图 3-39 挂墙式真空自动加氯机

（3）加氯操作规程

1）开启真空加氯机

① 确认是水射器投加还是强力喷射器投加：若为水射器投加则开启增压泵；若为强力喷射器投加，开启强力喷射器。

② 开氯瓶总阀和歧管阀门。

③ 开蒸发器：

a. 开蒸发器电源；

b. 待蒸发器水位正常，低温灯熄灭后，缓缓开启蒸发器进氯阀；

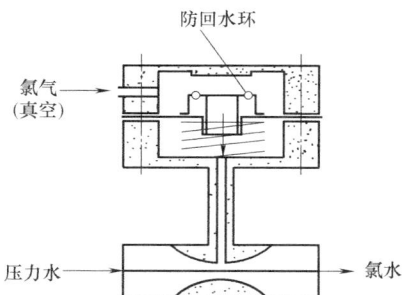

图 3-40 水射器工作原理

c. 当压力表显正常时，开启蒸发器出氯阀。

④ 开加氯机出气阀门、进气阀门。观察加氯机出气管真空度，如真空度不够须开启增压泵；

⑤ 拔出真空加氯机"手动/自动"操作柄，使加氯机处于手动状态，并将转子格到最小，然后开启加氯机进气阀，手动调节操作手柄，使转子达到所需的加氯量，同时注意气源真空表和水射器真空表读数是否正常（气源真空表读数为 0～5kPa，水射器真空读数为 10kPa 以上）。

⑥ 调节加氯机流量达到所需的加氯量。

⑦ 通过余氯值来判断加药量是否合适。

⑧ 加药量不合适则需要调整流量。

⑨ 记录加氯量。

2）停止真空加氯机：

① 短时间停机，关闭加氯机进气阀（位于加氯机背后）即可。

② 长时间停机，按以下步骤：

a. 关闭氯瓶出氯阀，切断气源；

b. 使水射器运行 10 分钟左右直至转子降为零；

c. 关闭水射器压力水阀门（冬季要防止冰冻）及加氯投加点阀门。

（4）加氯机常见故障及排除（表 3-9）

加氯机常见故障及排除

表 3-9

故障现象	可能原因	排除措施
加氯机根本不加氯或不能到满刻度	水射器真空不够	取下喉管和尾管清洗，或更换损坏件。清洗水过滤器，检查出口管线有无脏物。测量时水压力和投加点压力，有无异常，如果有升压泵，检查泵有无磨损，沉积物和漏空气。如果是新系统，确认水射器后的管线是否合理和正常。
加氯机根本不投加或只能小加料量，高加氯量上不去，水射器真空度是对的，而且气源充足	真空调节阀或气体管线堵塞，隔膜有洞漏气，或垫片连接处松动或破损。	清洗真空调节器。清洗气体管路。拧紧接头，更换损坏垫片。
加氯机高加氯量正常，但低加氯量不能控制	真空调节器气流不充分，被铁锈或脏物顶住了	清洗真空调节器。
当气源关闭和水射器开启时，浮子不掉下来	转子上游漏气或转子脏了	检查真空调节阀膜片，包括中心密封，检查压力放泄膜片阀座表面，清洗转子。
转子不能随 V 形槽的设置比例上下	V 形槽有脏物，V 形槽开口磨损	取下 V 形槽组件，清洗槽塞和槽杆。注意：不要用尖锐的工具刮擦槽沟。
气体投加正常，但瓶重损耗低于转子显示	转子流量计上游漏空气	检查压力放泄阀膜片和阀座表面、真空调节器膜片，包括中央密封和管接头。
加氯机不投加，但气源正常，V 形槽，转子，水射器真空正常。	差压调节阀弹簧有问题或脱出，没有将阀杆拔出，气体不能流到水射器	注：弹簧应在膜片下。如有问题，更换差压调节器的弹簧。
加氯机加氯正常，但氯瓶称重损耗大于转子显示	差压调节阀、阀杆、O 形圈有问题，膜片有孔洞	如果气源是因为杂质引起的，那么清洗气体管线和真空调节器。如果差压调节阀、弹簧、O 形圈、膜片有问题，则更换。
V 形槽移动困难，当用劲移动时，漏空气	V 形槽塞杆有杂物，并与密封圈粘结或由于强行通过密封，而造成开口变形	卸下整个 V 形槽组件，泡在温水中约 2 分钟。拧下红色旋钮，直至丝扣脱开，拧下螺钉。卸下密封夹，抽出 V 形槽。清洗槽杆。抹上一层润滑脂后，装回去。

（5）漏氯吸收装置

氯气是一种具有特别强烈刺激的窒息性气体，对人体生理组织有害。特别对呼吸系统和眼的黏膜伤害很大，会引起气管痉挛或产生肺气肿，而使人窒息而死亡。加氯系统发生氯泄漏还会造成严重的环境影响，故需设置漏氯吸收装置。

漏氯吸收装置在二十世纪初期，基本以氢氧化钠溶液作为吸收液。但由于吸收氯气之后的吸收液无法再生使用、后续维护量大、运行费用高、使用寿命短等，现已逐步被氧化还原型泄氯吸收装置所取代。多见用亚铁盐溶液吸收氯气。吸收液可不断循环使用，一般无须更换。

目前市场上销售的漏氯吸收装置，主要吸收机理有两种：

① 利用碱性溶液吸收氯气，属于中和性，反应式为 3-8：

$$Cl_2 + 2NaOH = NaClO + NaCl + H_2O \qquad (3-8)$$

从以上反应式可以看出：由于吸收氯气之后的碱液生成盐类结晶无法再生，堵塞吸收塔喷淋管喷头和填料，随着吸收时间的延长，吸收液中氢氧化钠浓度逐渐降低，吸收能力逐渐下降，一次性吸收氯气量有限。

② 利用亚铁盐溶液吸收氯气，属于氧化还原性，反应式为3-9、3-10：

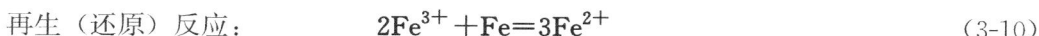

吸收（氧化）反应：$\qquad 2Fe^{2+} + Cl_2 = 2Fe^{3+} + 2Cl^- \qquad (3-9)$

再生（还原）反应：$\qquad 2Fe^{3+} + Fe = 3Fe^{2+} \qquad (3-10)$

从以上反应式可以看出：亚铁盐的吸收和再生是同步进行的，一次性可以吸收大量的氯气（从以上反应式中可以看出原因所在），不需要更换吸收液，也不会产生结晶，但一次性吸收氯气的量也不会是无限额的，根据物质不灭定律，吸收的氯气通过氧化反应生成三价铁盐（Fe^{3+}）再通过还原反应生成二价铁盐（Fe^{2+}）贮存在再生箱中，再生箱的空间和再生剂是有限的，当装置吸收大量氯气时，只需回收部分吸收液，添加再生剂即可。

漏氯吸收装置的基本结构有立式和卧式两种，其吸收氯气的原理基本相同。从钢瓶或加氯系统中泄漏的氯迅速气化，由风机将含氯空气由氯库、加氯间的地沟或集气风管，压入碱液槽上部吸收塔。混合气体从第一吸收塔底部上升与碱液泵自碱液槽抽出的碱液从塔顶喷淋而下，在吸收塔中的填料内充分接触，一部分氯气在第一吸收塔中被吸收，其余氯气通过连通管进入第二吸收塔底部，同第一吸收塔再一次进行吸收，剩余少量未被吸收的氯气由第二吸收塔顶排入大气。在第二吸收塔的顶部有一除雾装置，将原气中所夹带的碱雾除掉，以免排入大气污染环境。漏氯吸收装置一般配有漏氯监测仪表和自动控制系统，以保证在氯库和加氯间中氯气含量超标时能自动开启装置，保障人身安全，漏氯吸收装置外形见图3-41、图3-42。

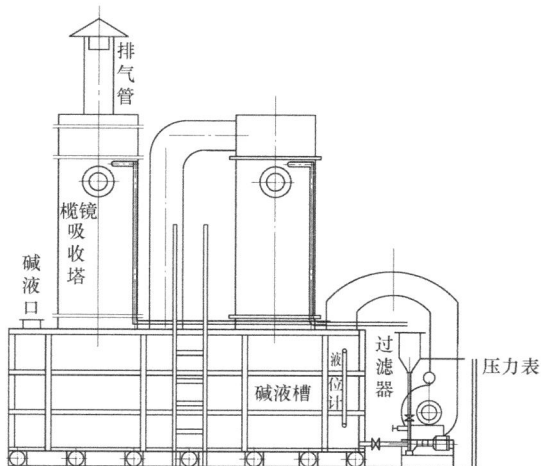

图3-41　立式漏氯吸收装置

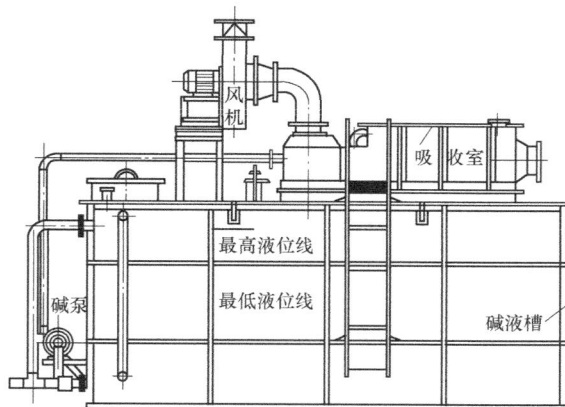

图3-42　卧式漏氯吸收装置

（6）漏氯事故应急处理

① 生产岗位发生少量泄漏时，应戴好防护器具（指空气呼吸器、活性炭过滤器等），检查氯瓶出口阀、输氯管连接处、加氯机各连接部件、用氨水熏查法查出其确切的泄漏点，然后关闭氯瓶出口阀，由修理工对泄漏点进行处理。

② 对泄漏氯量较大且一时难以判断其泄漏点时，启用漏氯中和吸收装置，戴好防护器具，在有人监护的情况下进场，迅速关闭全部氯瓶出口阀，排除室内氯气后，再将氯瓶出口阀开启少许，用氨水熏查出泄漏点，重新关闭氯瓶出口阀，加以处理。

③ 上述泄漏查明并进行处理后，必须再将氯瓶出口阀开启少许，用氨水熏查再进行检查，确认无泄漏时，方可投入生产运行。

④ 当氯瓶发生大量泄漏事故而一时无法制止时，如氯瓶总阀阀颈断裂、安全塞融化、砂眼裂缝喷氯等首先要保持沉着镇静，启用漏氯中和吸收装置，立即戴好空气呼吸器等防护器具，在有人监护的情况下进场，迅速切断全部氯瓶出口阀。

视泄漏情况进行处理或撤离。处理时，人居上风位置，对泄漏部位进行应急后用专用堵漏工具或竹签、木条堵塞，或用软金属如铅等敲入堵住，对砂眼裂缝也可用抱箍和橡胶作垫料，将抱箍箍于砂眼裂缝处，使之不漏氯；若泄漏严重或无法确定具体的泄漏部位，在切断全部氯瓶出口阀后人员应迅速撤离。对于发生泄漏的氯瓶必须及时通知生产厂家，由生产厂家进行处理。

⑤ 用以上方法尚难制止氯瓶泄漏，且启用漏氯中和吸收装置收效不大时，应关闭氯库间门窗，开启室外消防栓，用大量自来水喷射氯库间四周，使氯气溶于水中，以减少空气中高浓度氯对周围环境的危害。如动用水厂力量还难以处理制止泄漏时，应立即报告上级部门和消防大队，请求援助。并视漏氯大小，及时通知周围单位、居民，组织人员疏撤，控制事故扩大。

3. 氯胺消毒及加氯操作系统

(1) 氯胺消毒

前面已提到，在水中有氨氮的情况下，次氯酸会与氨继续进行化学反应生成一氯胺、二氧胺和三氯胺。当水中次氯酸因消毒消耗后，一氯胺、二氧胺和三氯胺再分解，继续产生消毒需要的 $HClO$。氯胺消毒就是利用这样的原理使消毒作用比较缓慢地进行，从而延长了余氯时间。同时当水中含有机物和酚时，氯胺消毒不会产生氯臭和氯酚臭，大大减少了 THMs 产生的可能。

人工投加的氨可以是液氨、硫酸铵 $(NH_4)_2SO_4$ 或氯化铵 NH_4Cl。水中原有的氨也可以利用。硫酸铵或氯化铵应先配成溶液，然后再投加到水中。液氨投加方法与液氯相似，氯和氨的投加量视水质不同而有不同比例。一般采用氯：氨 = 3：1～6：1。当以防止氯臭为主要的目的时，氯和氨之比小些；当以杀菌和维持余氯为主要目的时，氯和氨之比应大些。

氯与氨的投加顺序应根据原水水质、水厂工艺和消毒要求确定，一般：

① 为维持余氯，可先加氯后加氨；

② 为减少氯臭，特别是酚臭，可先加氨后加氯；

③ 有资料认为氯、氨同时投加可减少消毒副产物。

(2) 加氨操作要求

氨也是一种危险物质，在大气压力和常温下，氨是一种刺鼻、无色的气体，比空气轻。干燥氨不会腐蚀一般的金属，但潮湿氨对铜、黄铜、锌及多种合金，尤其是含有铜成分的造成严重腐蚀。

氨对人体的眼、鼻、喉等有刺激作用，吸入呼吸道内遇水生成氨水，氨水具有极强的腐蚀作用。

氨的使用应注意的安全问题：

① 氨比氯更具有急剧膨胀性，随着温度的提高，压力也越大，因此，更具有危险性。因此一切液相管路、压力气相管路都绝对禁止直接用热水浴、蒸汽或明火加温，避免压力失控造成意外危害。

② 氨比氯有更强烈的吸水性，因此更具有腐蚀性，氨、氯使用的密封圈，不能混淆，否则会影响使用寿命。

③ 氨在空气中的浓度按体积比达到 16%～25% 时能引起爆燃。因此加氨间及氨库时应有足够的通风换气能力。一切电器必须有防止电火花发生的防爆装置。

④ 氨与氯虽然均是用于水厂消毒工艺，但装有氨及氯的钢瓶绝对不可同车运输、同库存放。这是因为氨和氯混合可引起爆炸危险。

⑤ 除加氨用酚酞试纸检查其气密性外，其余氨瓶更换与投加操作过程与加氯操作过程类似。

（3）漏氨事故应急处理方法

漏氨事故处理同漏氯基本相同，不同之处是：

① 查漏点用酚酞试剂或高浓度氯水；

② 加氨为正压投加，加氨机及加氨机后续的漏点视情况可不关氨瓶，关加氨机进口阀即可；

③ 氨库、加氨间没有漏氨中和吸收装置的，发现泄漏应立即打开排风扇，以降低泄漏地点空气中的浓度；

④ 当出现大量泄漏难以制止情况，应在迅速切断全部氨瓶出口阀后，同时切断内部所有电源，开启自来水喷雾装置。

4. 次氯酸钠消毒

次氯酸钠与氯气相比，次氯酸钠的优势在于安全性，对系统运行和运输更加安全可靠，解决了水厂氯气泄漏的风险。目前在自来水厂中的应用越来越广泛。

（1）作用原理

次氯酸钠（NaClO）是一种强氧化剂，在水溶液中水解生成次氯酸离子，通过水解反应生成次氯酸，次氯酸具有与氯相似的氧化和消毒作用。

（2）次氯酸钠特性

10% 有效氯浓度次氯酸钠液体：淡黄色，有少量刺激性气味，清澈透明，易溶于水，比重为 1.18，呈现强碱性；稳定性差于氯气，见光要分解，随着次氯酸钠温度升高，浓度会慢慢降低，影响有效氯成分，不宜曝晒和久藏，要贮藏在密闭容器中。次氯酸钠是强氧化性，和氯气氧化性相同，与人体皮肤接触有轻微腐蚀性，可用清水冲洗。

次氯酸钠根据制取方式的不同，主要有两种方案，一种为水厂现场采用电解食盐方法制取，并投加，投加浓度为 0.8%；一种为工厂制取，并成品运输至水厂储存、投加，投加浓度通常小于 5%。次氯酸钠溶液（含有效氯＞5%）属于危化品。

成品次氯酸钠的投配方式同一般混凝剂溶液投加方式相同。主要设备有：卸料泵、储罐、投加泵、流量计等。

加注工艺流程为：

```
          ┌──提升泵──┐
```
槽车卸料池 →贮液池→ 高架 PE 塑料筒 →计量泵 → 电磁流量仪 → 投加点

如果稀释水硬度较高，可增加软水器，以防管路结晶。

（3）成品次氯酸钠运行要求

① 卸料泵启动前应检查进出阀门是否打开，确保管路通畅，卸料时注意观察卸料泵噪声、振动、电流等。

② 如有软水器，要关注盐水罐内盐水饱和情况，罐内最好有一定量的未溶解盐。

③ 若完全靠水力进行混合，则进水稀释时必须单个储罐进水，以保证混合均匀。

④ 投加泵启动前应检查进出阀门是否打开，确保管路通畅。

⑤ 运行过程中要认真检查泵的噪音、振动是否异常，螺栓是否松动，压力是否正常，各部位是否有泄漏。

⑥ 当泵有泄漏时必须戴防护手套进行操作，防止化学药剂伤害操作人员。

⑦ 如有次氯酸钠浓度仪，关注检测试剂和检测废液情况。

（4）数字计量泵常见故障与排除，见表 3-10

数字计量泵故障排除   表 3-10

故障	检查与排除
无流量或流量偏小	1. 出液阀或出液管泄漏或堵塞：检查并清理阀门。检查管路,确保无泄漏； 2. 阀门安装不正确：拆下并重新安装阀门，阀门外壳的箭头是否指向液体流动方向。检查所有 O 形圈是否安装正确； 3. 进液阀或进液管泄漏或堵塞：检查并清理阀门。检查管路,确保无泄漏； 4. 泵未校准：校准水泵
泵出液量过小或过大	泵未校准：校准水泵
输液量不稳定	1. 阀门泄漏或堵塞：检查并清理阀门； 2. 出液管线中的安全阀泄漏：修复或更换安全阀
排水口泄漏	隔膜损坏：更换隔膜
隔膜经常出现故障	1. 隔膜没有正确固定：更换隔膜,正确固定； 2. 背压过高：检查背压阀； 3. 泵内有泥沙：冲洗泵头

（5）次氯酸钠发生器

次氯酸钠发生器是利用电解法电解低浓度食盐水，现场制备次氯酸钠溶液的专用设备。

1）次氯酸钠发生器操作的一般方法

① 将饱和食盐溶液，经过滤后，接入次氯酸钠发生器的盐水进液管，盐水箱底部位置必须高于次氯酸钠发生器本身。盐水浓度高，可降低电解槽电压，减少耗电量，并能延长阳级的使用寿命，但食盐的利用率就低，会使费用增加。因此盐水浓度不宜太高，也不宜太低，3%～3.6%为宜。

② 按要求接好冷却水、盐水、次氯酸钠贮液箱及电源。

③ 开机前，打开盐水流量计，让盐水进入回流柱，液满后关闭流量计，即可打开电源。调节工作电源，调节冷却水，冷却水流量视回流柱电解槽电极温度高低而定。电解槽

的适宜工作温度一般应在 30～45℃。通电 10min 后，再打开盐水流量计，并调整流量，使其达到所需要求。

④ 关机时，关掉盐水流量控制阀，让回流柱内剩余的盐水再电解 10min 后，关掉电源，然后关冷却水，最后将回流柱消毒溶液虹吸排空，每次必须用洁净水冲洗回流柱并将水吸净。

⑤ 清洗电解槽。由于水中含有一定的钙化合物和铁离子等，电解时会以碳酸钙、氢氧化铁的形式出现，这些杂质会造成电解槽阴阳极间短路，从而引起电极击穿现象。所以要根据水质情况定期冲洗电解槽，一般每周 1～2 次。清洗时，拆除电极上连结电线，取出钛极端，用洁净水冲洗回流槽，电极套管，用圆形软刷清除内积垢。对钛极管表面用软毛刷，边冲边刷，以清除表面积垢，最后用清水冲洗干净，即可组装。

2）次氯酸钠发生器操作注意事项

① 经常注意电解液及冷却水的流通情况，观察各管道接头是否有漏液现象，以免造成对某些器件的腐蚀。

② 不要将酸及酸性物质混入次氯酸钠，以免发生氯气中毒。

③ 次氯酸钠不宜久贮，夏天应当天生产，当天用之；冬天贮存时间不得超过一周，并需采取避光贮存（气温低于 25℃，每天损失有效氯 0.1～0.15mg/L；气温超过 30℃，每天损失有效氯 0.3～0.7mg/L）。

④ 操作人员应首先熟悉装置的性能，严格遵守该装置的操作规程。电解过程会产生氢气，要做好车间防火防爆与氢气安全排放。

5. 二氧化氯消毒

（1）二氧化氯主要物理性能

二氧化氯（ClO_2）在常温常压下是一种深绿色气体，具有与氯相似的刺激性气味，比氯更刺激、更有毒性，沸点 11℃，凝固点 -59℃，极不稳定，气态和液态 ClO_2 均易爆炸，故必须以水溶液形式现场制取，即时使用。ClO_2 易溶于水，其溶解度约为氯的 5～10 倍。在 4℃ 时，1 体积水可溶解 20 体积的二氧化氯，水溶液的颜色为黄绿色，随浓度增加而转成橙红色，饱和溶液的浓度为 5.7%。

（2）二氧化氯消毒的原理

二氧化氯既是消毒剂又是氧化能力很强的氧化剂，其氧化能力约为氯的 2.5 倍。做为消毒剂二氧化氯对细菌的膜壁有较强的吸附和穿透能力，因此能渗透到细胞内部，有效地破坏细菌内含硫基的酶，从而迅速灭活细菌。

（3）二氧化氯消毒的优点

二氧化氯消毒杀菌能力比氯强，在相同条件下，投加量比 Cl_2 少；ClO_2 余量能在管网中保持较长时间，即衰减速度比 Cl_2 慢；由于 ClO_2 不水解，故消毒效果受水的 pH 值影响较小。

（4）二氧化氯投加

① 加注点及接触时间：二氧化氯用于预处理时，为达到除藻、去铁、去锰等需要，应按二氧化氯与该去除物反应速率而定，一般应在混凝剂加注前 5min 左右投加。二氧化氯用于除臭或出厂饮用水消毒时，投加点可设于滤后。二氧化氯与水应充分混合，有效接触时间应不小于 30min。

② 投加方式：在管道中投加，采用水射器，水射器设置尽量靠近加注点。在水池中投加，采用扩散器或扩散管。二氧化氯投加浓度必须控制在防爆浓度以下，水溶液浓度可采用 6～8mg/L。

（5）二氧化氯设备的一般要求

1）设备维护

① 每天要检查，调整好动力水压；

② 设备进气口要经常检查保持与外界通畅；

③ 液位计玻璃管中如有气泡产生，应立即更换密封圈；

④ 吸料前后一定要将过滤头清洗干净；

⑤ 要注意水射器、单向阀的清洁以防堵塞；

⑥ 计量泵管道如有泄漏，应立即进行密封检查和处理；

⑦ 随时保持室内通风，以防气体泄漏污染环境；

⑧ 定期检查安全阀的密封性。

2）设备清洗

每半年进行一次主机、原料罐、水射器、单向阀和球阀的清洗。清洗时，设备电源全部关闭。

① 主机清洗：由进气口注入清水，并打开反应器的排空阀，排放污水，反复清洗，直至变成清水为止。

② 原料罐清洗：用吸料方法将清水吸入料罐冲洗，并打开料罐的排空阀排污，反复清洗，直至清洗干净。

③ 水射器、单向阀和球阀的清洗：拆下水射器、单向阀和球阀，用清水冲洗，清除内部杂物，直至清洗干净，再恢复设备原状。

④ 平时如遇堵塞现象，可及时按上述方法清洗。

6. 紫外线消毒

（1）紫外消毒概述

近年来，紫外线技术得到了迅速的发展。紫外线指的是波长在 100～400nm 的电磁波，而在消毒工艺中更有意义的波长为 250～270nm，这也正是常用的低压汞灯所辐射的紫外线的主要波长范围，占全部能量输出的 85% 以上。在波长为 254nm 附近，微生物两种重要的遗传物质 DNA 和 RNA 有强烈的吸收，紫外线能够改变 DNA 和 RNA 分子结构导致微生物不能进行自我复制，达到了消毒的目的。

对细菌灭活需要的紫外线剂量以紫外线的强度乘以辐照时间计算，它必须保证 DNA 不能进行自我复制或者突变后代不能进行自我复制。一般细菌的体积越大或者 DNA 和 RNA 数目越多，对其灭活所需的紫外线剂量就越大。而水中的病毒和成孢细菌对紫外线的抵抗能力也要比其他的细菌高；病毒本身对紫外线的抵抗能力很弱，但是通过宿主的保护作用增强了病毒耐紫外线性。病毒、细菌孢子和变形虫若想获得与大肠杆菌同样的处理效率，其紫外线消毒剂量分别是大肠杆菌的 3、4、9 和 15 倍。

对于水中的绝大多数的微生物来说，当紫外线的辐照剂量大于 $40mW \cdot s/cm^2$ 时，就可以 99.9% 的去除率。在实际水处理中，紫外线的消毒剂量大多为 $40～140mW \cdot s/cm^2$。

紫外线消毒技术的优点比较明显，在小水量时有明显的经济优势，在很低的消毒剂量和很短的停留时间的条件下，就能够有效的杀灭致病菌，而且其中有一些致病菌是液氯消毒难以灭活的。紫外线消毒设备易于安装，运行和管理都非常方便。更重要的一点紫外线处理作为一种物理处理方法，不向水中添加新的物质，消毒后的水中不会产生消毒副产物，这也正是化学消毒方法难以解决的一个问题。

紫外线消毒所面临的主要问题就是消毒后的水中无"余氯"作用，在管网内细菌容易重新繁殖，所以单纯的紫外线消毒一般用于小水量，处理后水立刻就被使用的情况，或者原水的生物稳定性好，有机物质量分数极低（一般在 $10\mu g/L$ 以下），而且配水管网内不存在二次污染的情况。

（2）紫外消毒运行管理要求

1）启动应符合下列要求：

① 要求渠道或管道密闭，同时紫外灯管必须完全浸没于水下，以防紫外光泄漏；

② 确认紫外消毒系统中水流正常，无堵塞、过大、过小、漫流等现象；

③ 确认紫外消毒系统均已安全、完全接地。

2）运行检查应包括下列项目：

① 系统自动清洗状态和空压机运行压力是否正常，自动清洗时间间隔设置、清洗时间、空压机启动延时时间设置是否合理，空压机和油水分离器存水情况；

② 紫外消毒渠道或管道内光强情况；

③ 紫外消毒渠道或管道内液位是否正常；

④ 紫外灯管的工作状态；

⑤ 紫外消毒系统功率状态。

第七节 深度处理工艺

1. 臭氧-生物活性炭深度处理

利用臭氧氧化、颗粒活性炭吸附和生物降解所组成的净水工艺称臭氧——生物活性炭处理，也称生物活性炭法（BAC）。

活性炭孔隙丰富，在炭的内部存在着大量微小孔隙，构成了巨大的孔表面积，对水中非极性、弱极性有机物质有很好的吸附能力，但存在2个问题：一是对大分子有机物吸附能力有限，二是吸附周期较短。而臭氧是一种强氧化剂，它不仅能破坏细菌和病毒的结构，是很好的杀菌剂，而且能将大分子有机物分解成小分子有机物，臭氧本身还含有大量溶解氧。如果将臭氧和活性炭联合处理，先投加臭氧后经过活性炭吸附，在活性炭周围形成生物膜，使臭氧分解产生的许多中间氧化物得到去除，还可以大大增加活性炭的使用周期，取得完善的处理效果。

臭氧——生物活性炭法的工艺流程也有二种：一是过滤后投加，然后经活性炭吸附再经消毒后出厂；二是在沉淀后投加，然后先经活性炭吸附，再经过滤、消毒后出厂。前者工艺流程目前在国内使用较多，即常规处理＋深度处理；后者工艺流程目的是，将活性炭吸附后的生物残渣再经过滤把关，这种方法虽然对沉淀池出水浊度要求较高，但增加了出水的生物安全性。

（1）臭氧系统

1）臭氧发生系统组成

臭氧发生系统示意见图 3-43：

① 气源系统：供臭氧发生器的气源可以是空气，也可以是纯氧。纯氧可以在现场制备，也可以购买液态氧通过蒸发取得。

② 臭氧发生系统：包括臭氧发生器、供电设备（调压器、升压变压器、控制设备等）及发生器冷却设备（水泵，热交换器等）。

③ 臭氧与水的接触反应系统：用于水的臭氧化处理，包括臭氧扩散装置和接触反应池。

④ 尾气处理系统：从水与臭氧接触装置排出的臭氧化空气的尾气中，仍含有一定数量的剩余臭氧。尾气中剩余臭氧量的大小随所处理水的水质及其吸收反应情况，臭氧投加量的大小、水—气接触时间、臭氧化气的浓度及水的温度、pH 值等因素而变化。当尾气直接排入大气并使大气中的臭氧浓度大于 0.1mg/L 时，即会对人们的眼、鼻、喉以及呼吸器官带来刺激性，造成大气环境的二次污染。因此必须消除这种污染，可以采用尾气破

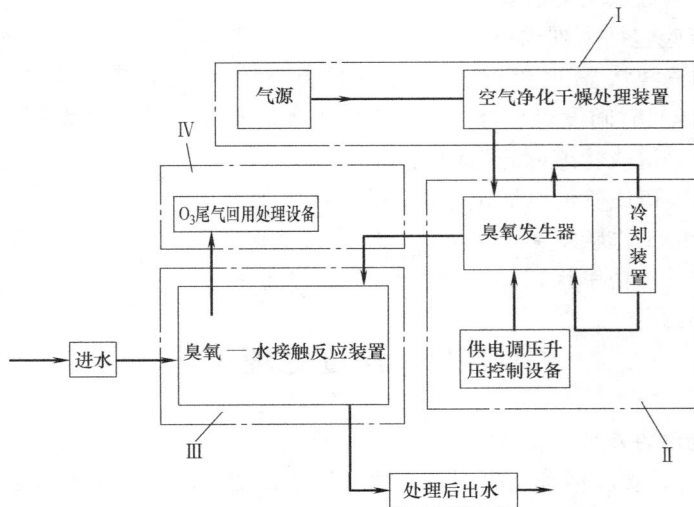

图 3-43　臭氧化法工艺系统组成示意

Ⅰ—气源系统；Ⅱ—臭氧发生系统；Ⅲ—水—臭氧的接触反应系统；Ⅳ—尾气处理系统

坏装置或者尾气回用。

在水处理领域中，主要采用以高压无声放电法生产低浓度的臭氧化空气。

2）臭氧接触反应系统

① 臭氧接触池的一般规定

a. 臭氧接触池的个数或能够单独排空的分格数不宜少于 2 个；

b. 臭氧接触池的接触时间，应根据不同工艺目的和待处理的水质情况，通过试验参照相似条件下的运行经验确定（表 3-11 为参考资料）；

c. 臭氧接触池必须全密闭。池顶应设置尾气排放管和自动气压释放阀。池内水面与池内顶保持 0.5～0.7m 距离；

d. 臭氧接触池水流宜采用竖向流，可在池内设置一定数量的竖向导流隔板。导流隔板顶部和底部应设置通气孔和流水孔。接触池宜采用薄壁堰跌水流出。接触池见图 3-44。

接触反应装置主要设计参数
表 3-11

处理要求	臭氧投加量 (mgO$_3$/L 水)	去除效率 (%)	接触时间 (min)
杀菌及灭活病毒	1~3	>90~99	数秒至 10~15min,依接触装置类型而异
除嗅、味	1~2.5	80	>1
脱色	2.5~3.5	80~90	>5
除铁除锰	0.5~2	90	>1
COD$_{Mn}$	1~3	40	>5
CN$^-$	2~4	90	>3
ABS	2~3	95	>10
酚	1~3	95	>10
除有机物等 (O$_3$—C 工艺)	1.5~2.5	60~100	>27

② 预臭氧接触池

预臭氧接触池宜符合下列要求:

a. 接触时间为 2~5min;

b. 臭氧气体宜通过水射器抽吸后注入设于进水管上的静态混合器,或通过专用大孔扩散器直接注入接触池内。注入点宜设 1 个。

c. 抽吸臭氧水射器的动力水不宜采用原水,接触池设计水深宜采用 4~6m,导流隔板间净距不小于 0.8m;

d. 接触池出水端应设置余臭氧监测仪。

③ 后臭氧接触池

后臭氧接触池宜符合下列要求:

a. 接触池由 2~3 段接触室串联而成,由竖向隔板分开;

b. 每段接触室由布气区和后续反应区组成,并由竖向导流隔板分开;

c. 总接触时间应根据工艺目的确定,宜控制在 6~15min 之间,其中第一段接触室的接触时间宜为 2min。

d. 臭氧气体宜通过设在布气区底部的微孔曝气盘直接向水中扩散,气体注入点数与接触室设置的段数一致。

e. 曝气盘的布置应能保证布气均匀,其中第一段布气区的布气量占总布气量的 50%左右。接触池设计水深宜采用 5.5~6m 布气区的深度与总长度之比宜大于 4,导流隔板宜净距不小于 0.8m。接触池出水端必须设置余臭氧监测仪。

f. 接触池可采用钢筋混凝土结构,内涂耐臭氧腐蚀的防腐层。扩散设备国内常采用微孔钛板、陶瓷滤棒、刚玉微孔扩散板等。微孔孔径约 20~60μm 也可采用不锈钢或塑料穿孔板（管）。扩散出的气泡直径以≤1~2mm 为宜。

3) 臭氧接触池的运行管理要求

① 日常巡检要求

a. 池体及周围环境整洁、池体周围无渗漏、无明显墙体脱落现象。池体周边无臭氧泄漏。

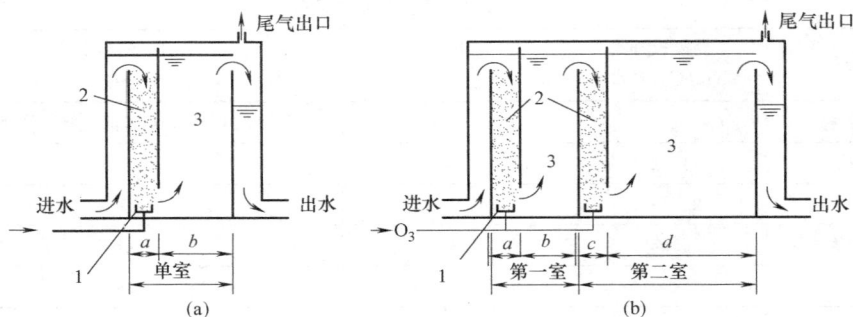

图 3-44 臭氧接触反应池
（a）单接触室；（b）双接触室
1—扩散布气；2—接触室；3—反应室

b. 增压泵、尾气破坏装置等附属设备外壳及周围环境应整洁，附属设备铭牌以及有关标志应清楚。运行正常，无异响、漏油等现象。

c. 池上安全阀、水射器等管配件完好，无堵塞，运行正常。

② 常见故障与排除

a. 池体周边有臭氧泄漏。

常见原因及处理措施：臭氧投加量过大，降低投加量；池体入孔盖板等未完全密封，检查并更换密封圈；池上臭氧管配件接口有松动，紧固接口；尾气破坏器有故障，检查修复；水射器或曝气头投加不均匀，检查水射器及曝气头。

b. 尾气破坏装置不工作

常见原因：电路故障，检查线路并修复；触媒失效，更换触媒；相关管阀有堵塞，检查管路阀门。

c. 臭氧加不进

常见原因：水射器或曝气头堵塞，清理水射器或曝气头；增压泵故障或水压不够，检查增压泵或进水管路；相关管阀有堵塞，检查管路阀门。

4）液氧站与臭氧发生间安全管理要求

① 氧的运输，应由具有危险品运输资质的单位承担。

② 臭氧发生间应安装有氧气和液氧气体泄漏报警装置。

③ 车间内应安装防爆照明灯具及插座面板。

④ 氧气气源设备的四周设置隔离设施，除氧气供应商操作人员或水厂专职操作人员外，其他人员不得进入隔离区域。

⑤ 所有使用氧气的生产人员在操作时必须佩戴安全帽、防护眼罩及防护手套。操作、维修、检修氧气气源系统的人员所用的工具、工作服、手套等用品，严禁沾染油脂类污垢。

⑥ 氧气气源设备 30 米半径范围内，不得放置易燃、易爆物品以及与生产无关的其他物品，不得在任何储备、输送和使用氧气的区域内吸烟或有明火，如确需动火时，必须办理"动火许可证"，并做好相应预案。动火作业前，应检测作业点空气中的氧气浓度，作业期间派专人进行监管。

⑦ 厂家应定期对液氧罐的放空阀、减压阀、防爆片和压力表进行检查和更换，对液氧罐系统内的进料阀、增压阀、减压阀、液位表进行定期检查。

⑧ 设备运行过程中，臭氧发生器间和电加热尾气破坏设备间内应保持一定数量的通风设备处于工作状态，当室内环境温度大于 40℃ 时，应通过加强通风或开启空调设备来降温。

⑨ 当设备发生重大安全故障时，应及时关闭整个设备系统。

（2）活性炭系统

1）活性炭吸附

活性炭的吸附作用是指水中污染物质在活性炭表面富集或浓缩的过程。活性炭是一种经过气化（碳化、活化），造成发达孔隙的、以炭作骨架结构的黑色固体物质。活性炭的发达孔隙、导致其出现很大的表面积，活性炭的表面积，一般可达 $500\sim1700\mathrm{m^2/g}$ 炭，从而具有良好的吸附特性。

2）吸附特性

① 活性炭能去除原水中的部分有机微污染物。活性炭能去除原水中的部分有机微污染物，常见的有机物：腐殖酸、异臭（活性炭的除臭范围较广，几乎对各种发臭的原水都有很好的处理效果。）、色度、农药、苯酚、烃类有机物、有机氯化物、洗涤剂等。

② 活性炭也能去除水中部分无机污染物。活性炭对某些重金属离子及其化合物有很强的吸附能力；可以脱除水处理中剩余的氯和氯胺。活性炭还可将有毒的氰化物氧化为无毒的氰酸盐；对某些地下水中含有放射性元素，如铀、钍、碘、钴等，浓度虽低，危害很大，也可用活性炭吸附去除。

3）活性炭的吸附性能指标

① 碘吸附值

碘值是衡量活性炭活化程度的标志，是指在一定浓度的碘溶液中，在规定的条件下，每克炭吸附碘的毫克数。它是用以鉴定活性炭对半径小于 2nm 吸附质分子的吸附能力，且由此值的降低来确定活性炭的再生周期。理想的碘值应在 $950\sim1000\mathrm{mg/g}$，当碘值小于 600mg/g 时活性炭需进行再生。

② 亚甲蓝吸附值

亚甲蓝吸附值是指在一定浓度的亚甲基蓝溶液中，在规定的条件下，每克炭吸附亚甲基蓝的毫克数。亚甲蓝吸附值是用以鉴定活性炭对半径为 $2\sim100\mathrm{nm}$ 吸附质即中等质分子的吸附能力。亚甲蓝吸附值越高，水中污染物的去除能力越强。理想的亚甲蓝吸附值为大于 200mg/g，一般工程应用中颗粒活性炭亚甲蓝吸附值大于 180mg/g，小于 85mg/g 时，活性炭需要再生。

4）活性炭滤池的运行管理

① 日常巡检要求：

a. 滤池外观及周围环境整洁，池体无渗漏，盖板无缺失，密闭严实。

b. 滤池过滤效果良好，滤池出水浊度满足生产控制要求。正常过滤时液位正常，溢流管无溢流。

c. 滤池反冲设备完好。阀门、仪表指示信号正确。气缸、气管无漏气。

d. 冲洗时，阀门启闭顺序正确，启闭正常无故障。调节定位器工作正常，开度给定反馈正常。

　　e. 冲洗时加强观察，保证池内活性炭冲洗时分布均匀，炭层表面平整。

　　② 日常操作要求：

　　a. 因炭滤池进水水质一般较好，为延缓炭颗粒强度下降过快，炭滤池的冲洗周期不宜太频繁。

　　b. 为防止跑炭，冲洗水位应严格按照要求，不得私自抬高反冲水位。反冲洗开始时，闸门的开启速度不能太快，应缓慢进行。气冲结束后，宜稍做停顿后再进行水冲。

　　c. 如气冲结束，水冲出现故障，排除故障后，严禁开清水阀降水位进行冲洗，需打开放空阀门降至冲洗水位后方可重新冲洗。

　　d. 冲洗后应排放初滤水或静置炭层一定时间以保证出水水质。

　　e. 定期进行技术测定，包括冲洗强度、炭层高度等。

2. 膜处理

　　膜技术是在 20 世纪 60 年代开始应用于水处理领域的。膜技术能彻底去除微生物，对有机和无机污染物也有很高的去除率，是净水深度处理的一种高级手段。由于制膜技术的进步和膜价格的不断下降，在一定规模条件下，用微滤、超滤替代常规处理，用纳滤替代臭氧活性炭深度处理有它的可行性。

　　（1）膜处理技术的基本原理

　　1）膜处理原理及基本分类

　　膜分离过程可以理解为以外界的能量或化学位差为推动力，用天然或人工合成膜，对多组分溶质和溶剂进行分离、分级、提纯和富集的方法。在饮用水处理工艺中，经常采用的膜为压力驱动膜，根据其孔径的不同可分为反渗透（RO）、纳滤（NF）、超滤（UF）和微滤（MF），见表 3-12。作为生活饮用水处理，除采取海水作原水外，通常采用微滤（MF）、超滤（UF）或纳滤（NF）。原因是 RO 不仅操作压力高，能耗大，而且在去除水中各种有害物质的同时，也会把有益于人体健康的有益元素去除。

各种滤膜的性能 表 3-12

膜类别	膜孔径范围	操作压力（MPa）	主要分离对象
MF	$0.1\mu m \sim 5.0\mu m$	$0.1 \sim 0.1$	悬浮物,部分胶体及细菌
UF	$5nm \sim 0.1\mu m$	$0.1 \sim 0.5$	胶体物,大分子有机物,细菌,病毒
NF	$2nm \sim 5nm$	$0.5 \sim 1.0$	分子量在 $200 \sim 1000$ 的分子和离子
RO	$0.3nm \sim 2nm$	$1 \sim 10$	分子量在 100 以下小分子及离子,用于制纯水

　　备注：水分子粒径：0.28nm。Cl^-：0.37nm。Na^+：0.43nm。分子量单位：Daltan。

　　2）膜组件及其种类

　　所谓的膜组件是指将膜、固定膜的支撑材料、间隔物或管式外壳等通过一定的粘合或组装构成基本单元，在外界压力的作用下实现对杂质和水的分离。膜组件有板框式、管式、卷式和中空纤维式四种类型。

　　板框式：膜被放置在多孔支撑板上，两块多孔支撑板叠压在一起形成的料液流到空间，组成一个膜单元。单元与单元之间可并联或串联连接。板框式膜组件方便膜的更换，清洗容易，而且操作灵活。

管式：管式膜组件由外压式和内压式。管式膜组件的优点是对料液的预处理要求不高，可用于处理高浓度的悬浮液。缺点是投资和操作费用较高，单位体积内的膜装填密度较低，约 $30\sim500m^2/m^3$。

卷式：卷式膜组件将导流隔网、膜和多孔支撑材料依次叠合，用胶黏剂沿三边把两层膜粘结密封，另一边开放与中间淡水集水管连接，再卷绕一起。反渗透和纳滤多采用卷式膜组件。

中空纤维膜：中空纤维膜是将一束外径 $50\sim100\mu m$、壁厚 $12\sim25\mu m$ 的中空纤维完成 U 型，装于耐压管内，纤维开口端固定在环氧树脂管板中，并露出管板。透过纤维管壁的处理水沿空心通道从开口端流出。中空纤维膜的特点是装填密度最大，最高可达 $30000m^2/m^3$。中空纤维膜可用于微滤、超滤、纳滤和反渗透。

由于中空纤维膜装填密度高，即相同体积内的膜面积最大，所以，应用于大型工程的超滤膜一般都是中空纤维膜。

3）膜处理系统

水厂膜处理系统按安装方式分浸没式与压力式，前者膜组件浸没在水池（膜池）中，由出水侧负压抽吸水过膜；后者膜组件干式安装在车间，由进水侧水泵提供正压驱动水过膜，整个过程都在封闭管路内进行。以压力式膜为例，膜系统一般由进水系统、预处理系统、膜滤装置单元、物理清洗系统、化学清洗系统、中和系统、完整性检测系统等组成，见表3-13。

系统构成及功能　　　　　　　　　　　　　　　　表 3-13

名　　称	主要构成	功　　能
进水系统	进水泵、配水管	为膜提供一定压力的进水，均匀配水
预处理系统	预过滤器	防止较大的颗粒物及硬物意外进入滤膜系统划伤膜元件
膜滤装置	滤膜	过滤，净化水质
物理清洗系统	鼓风机、反洗水泵	用压缩空气和水洗去膜丝表面的污染物，延长膜的化学清洗周期
化学清洗系统	清洗水箱、清洗水泵	用化学药剂清洗膜的表面，降低跨膜压差
中和系统	中和池	化学清洗完毕后，废液排至中和池，通过加药达到无害化后排放
完整性检测系统	压力传感器、空压机	对膜系统的完整性进行检测，查找破损膜组件

（2）膜处理的优缺点

① 膜技术与其他分离技术相比较，应用于给水领域有以下几个优点：

a. 出水水质稳定，受进水水质波动的影响小。出水浊度能稳定在 0.1NTU 以下。

b. 出水生物稳定性好。由于膜可以完全地截留微生物，起到消毒作用，既保证了出水的卫生安全性，同时又减小了管网的二次污染。

c. 能够减少混凝剂和消毒剂投加量，减少消毒副产物的产生。

d. 膜分离工艺以组件的形式构成，可以适应不同生产能力的需要，而且会使水厂的用地大大减少；膜分离是一种相当简单的分离工艺，操作维护方便，易于实现自动化控制。

② 膜技术的缺点：

a. 膜在使用过程中易生成污垢，使得在实际应用中膜的寿命较短；

b. 与传统的物理化学处理相比，一般投资较高。

（3）膜污染

膜污染是指料液中的某些组分在膜表面或膜孔中沉积导致膜渗透流率下降的现象。包括膜的孔道被大分子溶质堵塞引起膜过滤阻力增加、溶质在孔内壁吸附、膜面形成凝胶层增加传质阻力。组分在膜孔中沉积，将造成膜孔减小甚至堵塞，实际上减小了膜的有效面积。组分在膜表面沉积形成的污染层所产生的额外阻力可能远大于膜本身的阻力，而使渗透流率与膜本身的渗透性无关。这种影响是不可逆的，污染程度同膜材料、保留液中溶剂以及大分子溶质的浓度、性质、溶液的 pH 值、离子强度、电荷组成、温度和操作压力等有关，污染严重时能使水通量下降 80％以上。

膜受到污染时的标志及症状：单位面积迁移水速率逐步下降（膜过水通量下降）。通过膜的压力和膜两侧的压差逐渐增大（进料压力和 ΔP 逐渐增大）。膜对溶解于水中物质的透过性逐渐增大（矿物截留率下降）。

（4）膜清洗

膜的清洗分为物理清洗、化学清洗和生物清洗三种方法。物理清洗是利用高流速的水或空气和水的混合流体冲洗膜表面，这种方法具有不引入新污染物、清洗步骤简单等特点，但该法仅对污染初期的膜有效，清洗效果不能持久。化学清洗是在水流中加入某种合适的化学药剂，连续循环清洗，该法能清除复合污垢，迅速恢复水通量。生物清洗是借助微生物、酶等生物活性剂的生物活动去除膜表面及膜内部的污染物。

1）一般的清洗程序

① 用水清洗整个体系，包括膜组件、管道、阀门、泵。清洗中要遵循保持膜纤维湿润的基本原则。

② 根据膜污染的组分有针对性地选择化学药剂浸泡或循环清洗膜组件。

③ 用清水冲掉化学药剂。

④ 在标准条件下校核通量。

2）物理清洗

物理清洗的方法主要为水力清洗法，包括气水联合清洗。水力清洗的具体方法有：

① 正向冲洗。用高压泵使滤过水从膜组件原水入口进入，用高速水流的剪切作用将膜面上的污染物从膜组件浓水出口冲走。

② 反向冲洗。滤过水在高压泵加压下，从滤过水透过侧被反向压入原水侧或浓水侧，同时将膜面上的污染物从原水侧或浓水侧冲走。反洗的时候存在一定的风险，因为一旦操作不慎，很容易把膜冲坏或者破坏密封粘结面。

③ 气水联合冲洗。用滤过水对膜组件进行清洗的同时，在水流中加入空气，使气水界面产生湍流作用，扰动组件内部的膜纤维，并使其产生振动，导致纤维壁上的污染物变疏松，再利用水流的作用将疏松的污染物冲走。

上述几种水力清洗的方法可根据需要选择。物理清洗的频率一般为 0.5～1.0h 一次。

3）化学清洗

在实际运行中，对于污染严重的膜，仅靠物理清洗很难使水通量完全恢复，必须借助于化学清洗。化学清洗剂的选择应根据膜污染物的类型和污染程度（见表 3-14），以及膜的物理化学特性来进行，清洗剂可单独使用，也可复合使用。清洗剂中无机酸主要用来清除无机垢，使污染物中一部分不溶性物质转变为可溶性物质；强碱主要是清除油脂、蛋白、藻类等的生物污染、胶体污染及大多数的有机污染物；螯合剂主要是与污染物中的无机离子络合生成溶解度大的物质，从而减少膜表面及孔内沉积的盐和吸附的无机污染物。针对不同的料液也可将几种清洗剂适当复配作为专用清洗剂，或采取酸和碱交替清洗的清洗方法。

对于不同的原水水质，清洗的频率各不相同，每年一次到多次的情况都有。为了增强清洗效果，有的膜在清洗过程中对清洗液进行加热处理，一般加热到 30～40℃。

（5）膜系统的操作运行要求

① 膜系统的操作运行必须由经过专业培训的人员按照设备供货商操作手册规定的步骤进行。

② 自动模式是日常的操作模式，由系统主 PLC 自动控制每套膜系统运行。

③ 膜系统一旦开始投运，最好保持稳定的操作条件连续运行。每次启动和停止都会引起系统压力与流量突变，对膜元件和整个系统的设备产生机械应力。因此应尽量减少系统设备的启动和停止的次数，正常的启动、停止过程也应该越平稳越好。

④ 膜系统运行过程中要关注膜处理的电源系统和自控系统、上位机运行是否正常；控制室内各 PLC 运行状况，电源进线柜、阀门控制柜的各开关状态、指示灯、电流、电压等参数显示是否正常，有无异声或报警信号；膜处理日常巡检时要关注是否有漏水、漏气或异响；仪表、阀门显示是否正常；各类压力表是否在合理范围内，各类泵、鼓风机工作是否正常，有无异声或漏水现象。

⑤ 化学清洗药液可以重复利用，但达到设定的利用次数之后，就需要彻底更换，更换时需提前做好防护措施。

复合膜污垢的清洗方法 表 3-14

化 学 药 剂	污染物类型					
	碳酸盐垢	SiO_2	硫酸盐垢	金属胶体	有机物	微生物
HCl(pH=2.0)	√			√		
0.5% H_3PO_4	√					√
1% 甲醛						√
2%柠檬酸＋氨水(pH=4)	√		√	√		
1.5% Na_2EDTA＋NaOH(pH=7～8)		√	√			
1.0% $Na_2S_2O_4$						√
NaOH(pH=11.9)		√		√	√	
1.5%Na_2EDTA＋NaOH(pH=11.9)	√	√			√	√
三聚磷酸钠,磷酸三钠和 Na_2EDTA(各 1.0%)					√	√

（6）常见故障对策

超滤系统常见故障及处理措施如表 3-15 所示：

超滤系统常见故障及处理措施　　　　　　　　　　　　表 3-15

故障表现	可能原因	处理措施
供水压力低 或供水量不足	水泵反向转动 水泵进水管漏气	重新接电源线 堵塞透气口
压力降增大	流体受阻 流速过快	疏通水道 减少浓水排放量
透水量下降	膜被杂质覆盖 膜被压密	清洗 停机松弛
截留率下降	浓差极化 接头泄露 膜破损	大流量冲洗 更换密封圈 更换新组件

第八节　生物预处理

1. 生物预处理基本概念

常规处理的出水水质不能符合生活饮用水水质要求时，就要进行预处理或深度处理。预处理是指在常规净水工艺之前增设的处理工艺，预处理有许多方法如预沉淀、化学氧化、活性炭粉末吸附等。生物预处理是借助于微生物群体的新陈代谢活动，对水中氨氮等含量较高的有机污染物进行氧化分解，同时也对水中 COD_{Mn}、色度、臭味、藻类、铁、锰等部分去除。既解决了后续常规处理和深度处理难于解决的问题，又改善了常规处理、深度处理及综合处理效果。

（1）基本原理

生物预处理技术与水体在自然界的耗氧生物自净过程相似，其基本原理是进行人工充氧，强化好氧微生物繁殖滋生条件，形成生物膜。当原水进入生物处理构筑物时，在足够的充氧条件下，与附着生长在填料表面的生物膜不断接触，通过微生物自身生命代谢活动——氧化、还原、合成、分解等过程，以及微生物的生物絮凝、吸附、氧化、硝化和生物降解等综合作用，使水中许多有机污染物逐渐转化和去除。

原水中有机污染物通常是含有由碳、氢和氧组成的含碳有机物，以及由有机氮、氨氮等组成的含氮有机物。其生物接触氧化过程是复杂的，一般认为：

含碳有机物，特别是可生物降解的溶解性有机碳（BDOC），在好氧环境中通过微生物作用可分解为 CO_2 和 H_2O；

含氮有机物在有关微生物作用下，有些可逐步生物降解生成 NH_3 和 NH_4^+。在亚硝化杆菌和硝化杆菌的作用下进一步硝化合成 NO_2^- 和 NO_3^-，最后完成有机物的无机化过程。

（2）影响生物预处理效果的主要因素

① 温度。由于低温条件下水中微生物新陈代谢作用受抑制，生命活动远不如常温条件下活跃，因此低温情况下生物氧化预处理效率将明显下降。水温低于 5℃时，微生物代谢作用显著迟缓，生物硝化作用几近停止，甚至可能使微生物死亡。常年或半年时间处在低温的地区，应考虑将生物接触氧化池建于室内。

②　停留时间。利用微生物将水中的各种污染物加以代谢、分解，这需要一定的时间。

③　pH 值。微生物的生理活动与水中 pH 值密切相关，多数生物只有在适宜的酸碱度条件下，才能进行正常的生理活动，最佳 pH 值在 6～8 之间。

④　溶解氧。充氧是生物预处理效果的关键条件。氧是水和有机化合物的主要成分，是细胞的组成部分，好氧微生物的代谢活动、分解有机物都需要有充分的氧的参与。所以生物接触氧化池充氧条件会直接影响处理效果。

（3）生物预处理技术的关注要点

①　合理选择生物接触氧化池的填料，填料比表面积大小影响可生长的生物量和生物氧化处理效果。

②　为取得较好的生物接触氧化效果，除了通过填料布置等增大单位池容积的填料表面积外，还应通过合理布置池中的配水和集水系统来尽量提高原水与生物氧化接触池填料上生物膜的接触可能。

③　较大的生物接触氧化池池体，能较快适应流量、水质等环境条件的变化。

④　生物接触氧化池可根据需要与后续絮凝池等合建。

⑤　生物接触氧化池需考虑排泥措施，以保持生物膜新陈代谢环境的稳定与良好。

2. 填料生物预处理

（1）弹性填料生物预处理

1）弹性填料生物预处理构造

弹性填料生物预处理是以弹性立体填料作为生物载体处理微污染原水的一种方法。其构造和布置见图 3-45。微污染原水进入生物氧化池后，流经充满大部分池体容积的弹性立体填料层，在池下方的穿孔布气管或微孔曝气器曝气供氧条件下，通过填料表面生物膜硝化菌等的生化作用去除水中氨氮、COD_{Mn} 等污染物质，净化后的水经集水系统流出生物接触氧化池。

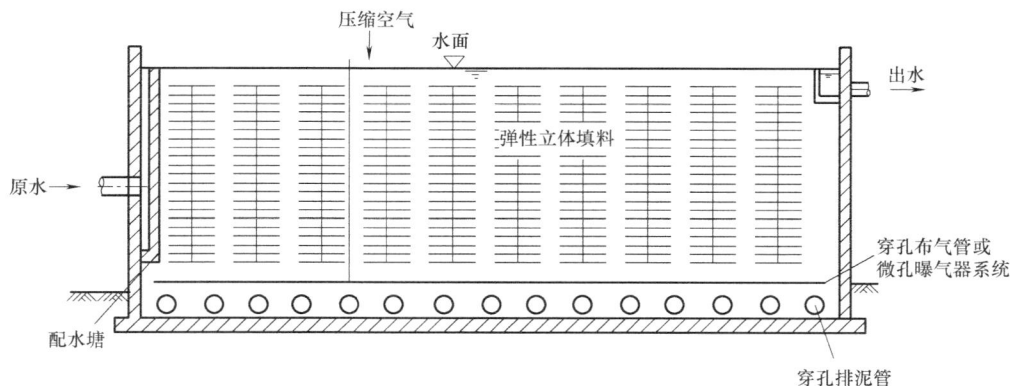

图 3-45　弹性填料生物接触氧化池布置示意

生物接触氧化池在运行前需进行挂膜。经若干天的培养驯化后，微生物附着生长在填料上生成生物膜，对原水中的污染物进行吸附、分解、硝化、絮凝和去除。当生物氧化池出水氨氮去除率达 60% 以上时，可认为挂膜完成。挂膜期一般半月以上，与水温有关。

2）弹性填料生物预处理运行与维护

①　微污染原水生物预处理以生长繁殖中温性微生物为主。低温条件下微生物新陈代

谢受到抑制，生物活性降低，因此应注意：一般在水温低于10℃情况下，不宜进行填料挂膜。低温条件下，生物氧化池除污染效率低于常温条件下的除污染效果，因此应适当降低低温时的运行负荷。

② 填料表面在生长生物膜的同时粘附较多泥砂等悬浮杂质，将增厚填料丝上的膜层，妨碍微生物与水中污染物和溶解氧的生化传质作用，降低生物活性，明显降低生物处理效果。填料表面生物膜层的增厚，还会导致出现兼氧区和减少填料比表面积，影响处理效果，因此应注意：

a. 当生物膜增厚时，注意及时适度冲洗，保持生物膜的及时更新和良好的生物活性。

b. 当处理含悬浮杂质较多的微污染原水时，可考虑在生物氧化池前增设原水预沉措施。

③ 生物氧化池经较长时间运行后，依附在填料上的苔藓虫等水生物有可能大量暴发生长，影响正常运行，可停池降低水位，用消防水枪冲洗去除。

（2）悬浮填料生物预处理

1）悬浮填料生物预处理的构造及特点

弹性立体填料生物预处理工艺在实践应用中发现填料比表面积小，使用量大，填料中心容易结块、积泥，导致处理效果较低，反冲洗控制复杂，另外在工程的实施过程中还需要安装固定支架，施工较复杂。因此开发出了代替弹性立体填料的新型悬浮填料。

悬浮填料由改性聚丙烯为原料，由数十片叶片通过环状连接组合成合理球形结构，其表面经过特殊处理，增加了表面粗糙度和亲水性能，利于生物膜的附着性。在放满水并已曝气正常的预处理池中，将填料一批一批地投入池中。刚投入的填料由于比重轻浮于水面，运行一段时间后，填料表面附着生物膜，比重接近于水，悬浮在水中，在充足的曝气量对水体扰动的影响下处于流化状态（见图3-46），填料经自然接种后，在水温适宜，溶解氧充分条件下，微生物得以迅速繁殖。填料表面会慢慢附着大量的生物膜，污染浓度越大，附着量越大，比重逐渐增加，当生物膜到一定厚度时，填料从非曝气区下沉，在水池底部，改造后的底部结构将悬浮填料下滑到曝气区，曝气区底部的冲击力最强，能迅速冲洗掉悬浮填料上的残余生物膜，脱膜后的填料比重也随之降低，并在曝气区上升。根据挂膜前后的比重变化特点，填料可以随水流在曝气区和非曝气区翻腾，从而交替完成了生物膜的生长和脱落过程，保证生物膜的数量稳定性和活性，使工艺运行较稳定。

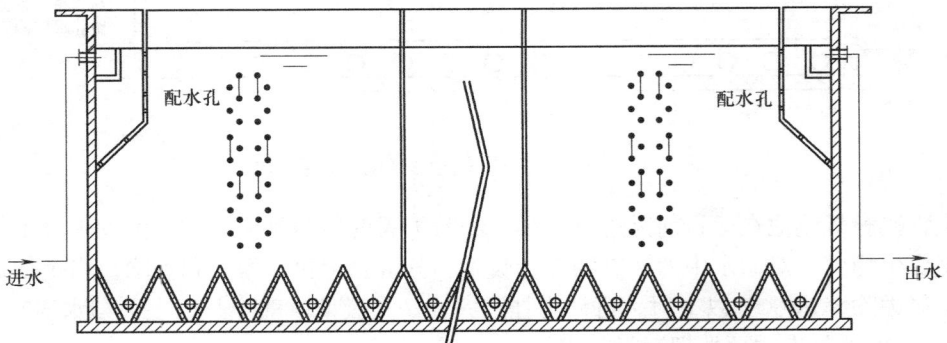

图 3-46　悬浮填料生物接触氧化池曝气系统

与弹性填料相比，悬浮填料比表面积大，有效比表面积均在 $500m^2/m^3$ 以上，出水氨氮可稳定保持在 $0.5mg/L$ 以下；填料的特殊结构使其很容易流化，良好的水流通过减少了运行时的阻力损失，生物膜在运行过程中能自行脱落流出，对布气要求也不是很高。无需设置排泥系统。

填料表面的生物膜存在好氧区和厌氧区，因而在生物膜中也可以达到脱氮的效果，一般情况下，氨氮去除率可以达到 70% 以上，COD_{Mn} 去除率 15% 左右。铁、锰去除率 20%，对色度的去除率 10% 左右。

填料在水中处于流化状态，填料表面上的微生物与水中的空气可以充分接触，提高了氧的利用率，从而节省了能耗。采用悬浮填料后，曝气系统可改为穿孔管曝气方式，穿孔管曝气的水头损失小，可降低风机的耗电量；同时穿孔管曝气不易堵塞，故障率较低，可降低维修工作量、维修费用及维修频率。

悬浮填料可以直接投放于生物预处理池中，不需安装任何填料支架，避免了人工绑扎类填料及人工组合类填料在生产过程中的质量问题，也免除了填料支架的维护和保养，从而可以降低投资费用。在投加填料时，不用停产排空好氧池，可以边运营边投加本填料，因此不会影响水厂的正常运营。

2）悬浮填料生物预处理的日常管理

悬浮填料生物预处理主要依靠载体上的微生物的新陈代谢作用，对有机物进行分解氧化。微生物对环境因素的变化较为敏感，如果操作不当或管理不善，将影响生物预处理的运行效果。为保证生物预处理稳定运行，需注意以下几点：

① 保持稳定运行。虽然生物预处理能抗一定的冲击负荷，如长期运行不稳定或负荷变动较大，将影响微生物活性。因此应尽量保持生物预处理负荷稳定。

② 保持稳定的曝气。足够的溶解氧是维持细菌生长的必备条件，不能经常处于停气状态。如果经常出现曝气不足或停止曝气的情况，由于微生物长期缺氧而使其活性受到严重影响，将使整个生物预处理池达不到应有的处理效率。生物接触氧化池的设计气水比为 $(0.5\sim1.5):1$，值班工人应根据进水流量，及时调整预处理池的气量，水面要有明显气泡，并应使出水溶解氧保持在 $2\sim4mg/L$。

③ 要及时进行冲洗。如果生物膜表面老化的生物体得不到更新，有积泥，将发生局部厌氧，出水水质变差，此时应进行合适的冲洗，以保证生物预处理的运行效果。

④ 调节气水比和运行负荷。由于微污染原水生物处理的效果受原水水质、负荷、生物量、生物活性和温度等诸多因素影响。如果运行时水质变化很大，则应根据具体情况对生物预处理运行进行调整。一般情况下，主要通过调节气水比和运行负荷等增强调节手段来强化运行过程的控制。

⑤ 定期清泥，同时对曝气鸭嘴和悬浮球进行维护、更换。

⑥ 其他。

a. 低温条件下，生物氧化池除污染效率低于常温条件下的除污染效果，因此应适当降低低温时的运行负荷。

b. 每天有专人负责对预处理池水面杂物打捞，保持池面清洁。

c. 生物预处理池经较长时间运行后，有可能出现苔藓虫、贝壳类等水生物依附在填料、池壁上大量暴发生长，影响正常运行，可停池降低水位，用消防水枪冲洗去除。

3）常见故障及处理方法

悬浮填料生物接触氧化预处理工艺在水厂多年的运行中，常见的影响正常生产的问题和措施有：

① 格栅堵塞，解决方法：用网兜把卡在格网上浮球碎片和杂物捞掉即可保持水流畅通。

② 鸭嘴喷气头个别脱落，运行时应观察水面曝气情况，目测水面曝气效果是否均匀，有不均匀的，记录好位置及数量。解决方法：待池子排水至池底时，工作人员穿上潜水衣，进入池底工作。仔细检查曝气鸭嘴的抱箍及固定件，并检查气管有无损坏漏气，松动的曝气鸭嘴应重新安装，损坏的气管应修复，检修过程中还应注意用塑料袋将管道结合绑好避免杂物进入。检修完毕，进水曝气检测。

③ 池底结泥，解决方法：定期清理。另外，设计时，池子底部平底改成"锯齿形"，曝气头设置在"V"形底部，同时，在保证水力停留时间和水头平衡的情况下，减小池子面积，增加池子深度，从而增加曝气头的密度，也可改善结泥现象。

（3）颗粒填料生物预处理

1）颗粒填料生物预处理构造

颗粒填料生物预处理构造形式布置，与砂滤池类似，因此也称为淹没式生物滤池。与砂滤池的主要差异是滤料改为适合生物生长的颗粒填料以及增加了充氧用的布气系统。

颗粒填料生物滤池的基本布置见图 3-47。

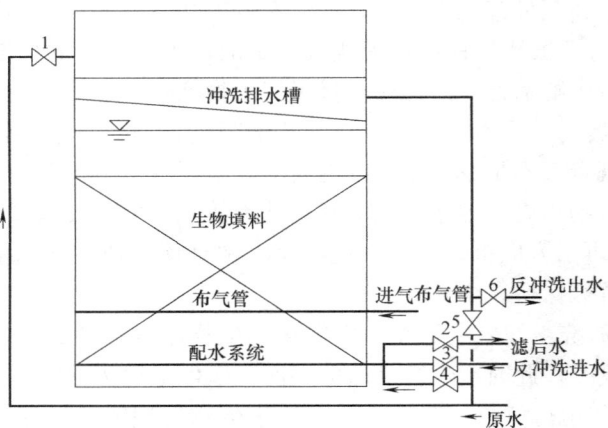

图 3-47 颗粒填料生物滤池的基本布置

生物滤池的运行既可以采取上向流也可以采取下向流方式，或者两种方式交替运行，以提高滤池的处理能力和对污染物的去除效率。

2）颗粒填料生物预处理日常运行管理

颗粒填料生物接触氧化主要依靠载体上的微生物的新陈代谢作用，对有机物进行分解和氧化。微生物对环境因素的变化较为敏感，如果操作不当或管理不善，将影响生物滤池的运行效果。为保证生物滤池稳定运行，需对下列几个方面加以注意：

① 保持稳定运行：虽然生物接触氧化滤池能抗一定的冲击负荷，如长期运行不稳定或负荷变动较大，将影响微生物活性。因此应尽量保持滤池负荷稳定。

② 保持稳定的供气：足够的溶解氧是维持细菌生长的必备条件，不能经常处于停气状态。如果经常出现曝气不足或停止曝气的情况，由于微生物长期缺氧而使其活性受到严重影响，将使整个滤池达不到应有的处理效率。应使出水溶解氧保持在 2～4mg/L。

③ 严格按要求定期进行反冲洗：过滤周期过长，滤料中积留的污泥太多，水头损失大大增加，能耗增加，同时生物膜表面的老化的生物体得不到更新，发生局部厌氧，出水水质变差。因此合适的反冲洗强度和周期对生物预处理的运行效果有十分重要的意义。

④ 如果运行时水质变化很大，则应根据具体情况对过滤周期进行调整。一般情况下，当水头损失增至1m时，应进行反冲洗。

第九节　排泥水处理

1. 排泥水处理概述

（1）排泥水处理系统组成

排泥水处理系统通常包括调节、浓缩、平衡、脱水以及泥饼处置等工序，其流程如图3-48。

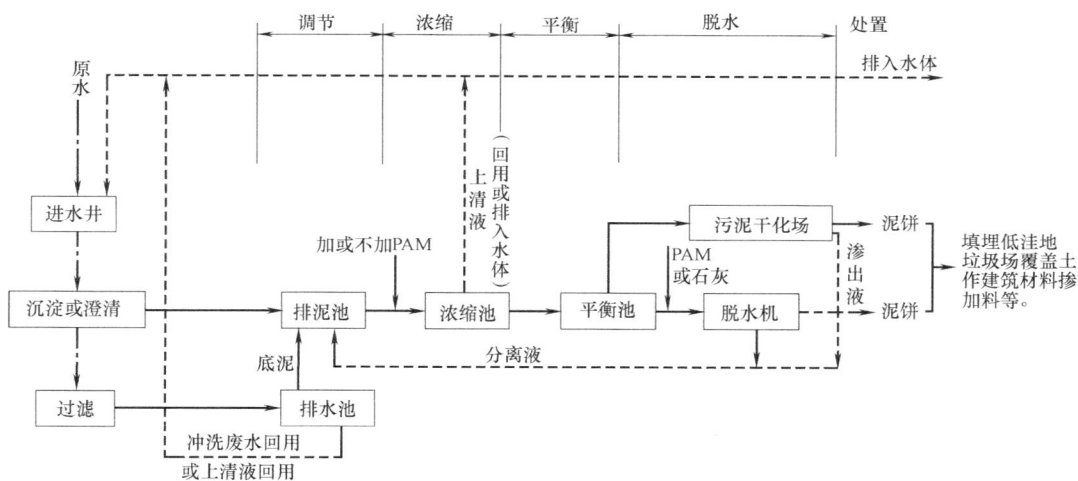

图 3-48　排泥水处理系统流程

① 调节：自来水厂滤池的冲洗废水和沉淀池排泥水都是间歇性排放，其水量和水质都不稳定，设置调节池可使后续设施负荷均匀，有利于浓缩池的正常运行。通常将接纳滤池及冲洗水的调节池称为排水池，接纳沉淀池排泥水的称为排泥池。

② 浓缩：自来水厂排泥的含固率一般很低，仅在 0.05％～0.5％，因此需进行浓缩处理。浓缩的目的是提高污泥浓度，缩小污泥体积，减少脱水机的处理负荷。含水率高的排泥水浓缩较为困难，为了提高泥水的浓缩性，可投加絮凝剂等。

③ 平衡：为了均衡脱水机的运行要求，一般在浓缩池后设置一定容量的平衡池。设置平衡池还可以满足原水浊度大于设计值时起到缓冲和贮存浓缩污泥的作用。

④ 脱水：浓缩后的浓缩污泥需经脱水处理，以进一步降低含水率，减小容积，便于搬运和最后处置。当采用机械方法进行污泥脱水处理时，还需加石灰或高分子絮凝剂（如

聚丙烯酰胺等）。

⑤ 泥饼及分离液处置：脱水后的泥饼可以外运作为低洼地的填埋土、垃圾场的覆盖土或作为建筑材料的原料或掺加料等。泥饼的成分应满足相应的环境质量标准以及污染物控制标准。

⑥ 浓缩过程中产生的上清液：当水质满足要求时可以回用。在脱水过程中将产生的分离液中悬浮物浓度较高，一般不能符合排放标准，故不宜直接排放，可回至浓缩池。含有高分子絮凝剂成分的分离液回流到浓缩池进行循环处理，也有利于提高排泥水的浓缩程度。

（2）排泥水处理的工艺流程

目前国内采用机械脱水的排泥水处理系统大致有带式压滤机、板框压滤机和离心脱水机三种工艺流程。

1）带式压滤机脱水的排泥水处理系统

如图 3-49 为一个采用带式压滤机脱水的排泥水处理系统。滤池反冲洗排水和沉淀池排泥水排入排泥池，然后经浓缩池浓缩后用泵送至带式压滤机脱水。浓缩池上清液回用，脱水机的分离液直接排入下水道，高分子絮凝剂分别加注于浓缩池和脱水机前。

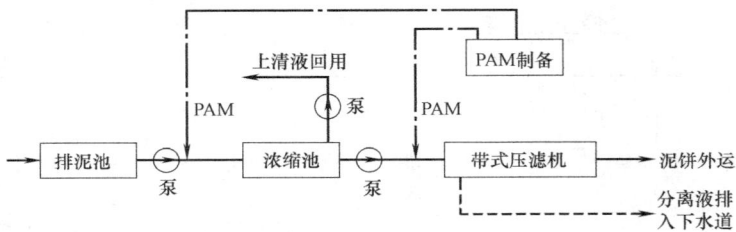

图 3-49　带式压滤机排泥水处理系统

2）板框压滤机脱水的排泥水处理系统

如图 3-50 为一个采用板框压滤机脱水的排泥水处理系统。沉淀池排泥水和滤池反冲洗的排水合并进入排泥池，经排泥池预浓缩，上清液回流，沉泥进入辐流式浓缩池。浓缩污泥投加高分子絮凝剂，然后经板框压滤机脱水。

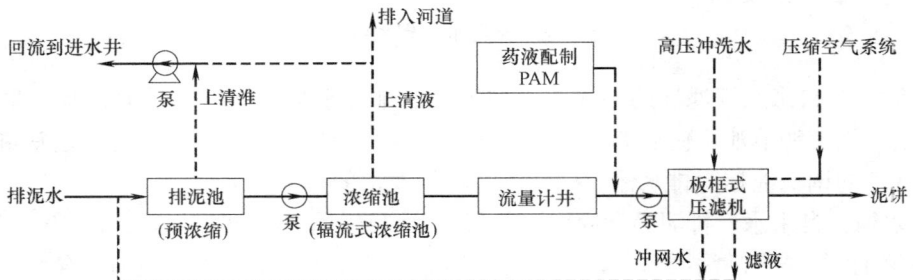

图 3-50　板框压滤机排泥水处理系统

3）离心脱水机脱水的排泥水处理系统

如图 3-51 为一采用离心脱水机的排泥水处理系统。滤池冲洗水全部回用，沉淀池排泥水进入排泥池。经排泥池调节后进入斜板浓缩池浓缩，上清液排放。浓缩污泥经平衡池后用离心脱水机脱水。脱水前投加高分子絮凝剂，脱水分离液回流至排泥池。

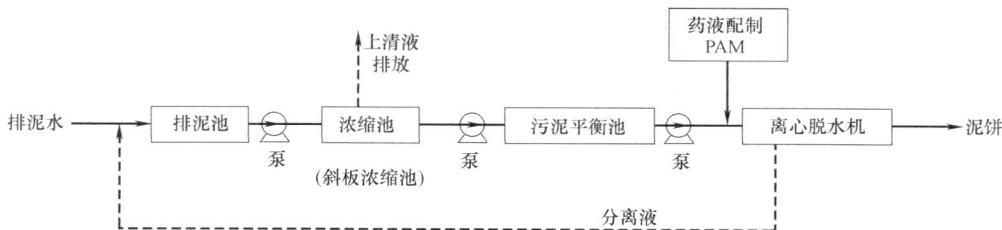

图 3-51　离心脱水机排泥水处理系统

2. 排泥水处理技术要求

（1）排泥水处理系统设计要求

一般要求：

① 自来水厂排泥水处理量通常包括两个方面：一是排泥水总量，主要包括沉淀池排泥水量和滤池反冲洗废水量，它的大小关系到排泥池和浓缩池的规模；二是污泥干固体量，它直接影响污泥脱水机械等的选型配置、有关设备和构筑物的配备和设计，整个污泥处理的工程投资和运行费用，以及今后工程正常合理运行的可能性，因此对污泥干固体量的合理确定非常关键。

② 自来水厂排泥水处理系统的规模应按满足全年 75％～95％ 日数的完全处理要求确定。

③ 排泥水处理系统产生的废水，经技术经济比较可考虑回用或部分回用。

（2）排泥水的调节和浓缩

排泥水处理系统中，调节设施可有排水池、排泥池和浓缩池后的污泥平衡池。

1）调节池

① 排水池

a. 由排水池收集的水，主要是滤池的反冲洗废水以及浓缩池的上清液。因而排水池设计需与滤池冲洗方式相适应。

b. 排水池容量应大于滤池一格冲洗时的排水量，当滤池格数较多，需考虑两格接连冲洗时的水量，排水池容量则应相应放大，当有浓缩池上清液排入时其水量需一并考虑。

c. 为考虑排水池的清扫和维修，排水池应设计成独立的两格。

d. 排水池有效水深一般为 2m～4m，当排水池不考虑作为预浓缩时，池内宜设水下搅拌机，以防止污泥沉积。

e. 排水池底部应设计有一定的坡度，以便清洗排空。

f. 当考虑排水池兼作预浓缩池时，排水池应设有上清液的引出装置及沉泥的排出装置。

g. 当考虑滤池冲洗废水回用时，回用水泵容量的选择应注意对净水构筑物的冲击负荷不宜过大，宜连续均匀配送，一般控制在净水规模的 5％ 左右。若水厂进水流量发生变化，则配送的回用水也应变化。

h. 当滤池冲洗废水直接排放时，选择排水泵的容量时要考虑一格滤池冲洗的废水量在下一格滤池冲洗前排完。如两格滤池冲洗间隔很短时，也可考虑在反冲洗水流入排水池后即开泵排水，以延长水泵运行时间，减小水泵流量。

② 排泥池

排泥池间断地接受沉淀池的排泥或排水池的底泥，以便对后续浓缩池进行量和质的调整。

a. 排泥池的容量不能小于沉淀池最大一次排泥量，或不小于全天的排泥总量，排泥池容量中还需包括来自脱水工段的分离液和设备冲洗水量。

b. 为考虑排泥池的清扫和维修，排泥池应设计成独立的两格。

c. 排泥池的有效水深一般为 2m～4m。

d. 排泥池内应设液下搅拌装置，以防止污泥沉积。

e. 排泥池进水管和污泥引出管管径应大于 $DN150$，以免管道堵塞。

f. 提升泵容量可按浓缩池连续运行条件配置。

2）浓缩池

排泥水浓缩宜采用重力浓缩法。重力浓缩有沉淀浓缩法和气浮浓缩法两种。沉淀浓缩法是净水厂污泥处理中最常用的方法，耗能少，在高浊度时有一定的缓冲能力。气浮浓缩法一般用于高有机质活性污泥，以及用于比重轻的亲水性无机污泥，但能耗大，浓缩后泥渣浓度较低（2g/L～3g/L）。

浓缩池是污泥处理系统中的关键性构筑物之一。浓缩效果的优劣直接影响后续脱水效果。常用的池型有圆形辐流式浓缩池、上向流斜板或斜管浓缩池、泥渣接触型高效浓缩池等。一般衡量浓缩池运行效果的指标为：

① 浓缩池上清液能达到排放水域规定的排放标准；

② 浓缩池底部浓缩污泥含固率应满足选用的脱水机械的进机浊度要求且不低于 2%；

③ 干泥回收率（浓缩污泥中干泥重量与进入浓缩池泥水中干泥重量的比值）能达到 95% 以上。

3）平衡池

污泥平衡池为平衡浓缩池连续运行和脱水机间断运行而设置，同时可作为高浊度时污泥的贮存。

① 池容积根据脱水机房工作情况和高浊度时增加的污泥贮存量而定。

② 池有效深度一般为 2m～4m。

③ 池内应设液下搅拌机，以防止污泥沉积和平衡污泥浓度。

④ 污泥提升泵容量和所需压力，应根据采用脱水机类型和工况决定。

⑤ 污泥平衡池进泥管和出泥管管径应大于 $DN150$，以免管道堵塞。

（3）脱水机性能比较

目前自来水厂常用的脱水机有带式压滤机、板框压滤机和离心式脱水机。其性能综合比较见表 3-16。

常用脱水机性能比较

表 3-16

项目 \ 机型	带式压滤机	板框式压滤机	离心式脱水机
脱水原理	重力过滤和加压过滤	加压过滤	由离心力产生固液分离
工作状态	连续式	间断式	连续式

项目 \ 机型	带式压滤机	板框式压滤机	离心式脱水机
对进机污泥含固率要求	3%～5%	1.5%～2%	2%～3%
管理难易	较方便(滤带需定期更换)	较复杂(滤布需定期更换)	方便(螺旋输送器叶片易磨损)
环境卫生条件	由于是敞开式,卫生条件差	卫生条件相对较差	全封闭,卫生条件好
噪声	小	中	大(由于转速高)
占地面积及土建要求	与板框压滤机相比占地面积稍小	由于本身体积大,且辅助设备多,占地面积大,土建要求高	设备紧凑,占地面积小
辅助设备	空压机系统,滤布清洁高压冲洗泵系统	空压机系统,滤布清洗高压冲洗泵系统,较复杂	不需要辅助设备
自动化程度	实现全自动化有一定难度	实现全自动化有一定难度	容易实现全自动
泥饼含固率	15%～20%	30%～45%	20%～25%
滤液含固率	高(>0.05%)	少(仅0.02%)	较高(0.05%左右)
泥饼稳定性	较差	好	较好
能耗(kW·h/tDS)	10～25	20～40	30～60 较高
絮凝剂用量	聚合电介质3～4kg/tDS	20%～30%CaO/SS	聚合电介质2～3kg/tDS

1) 带式压滤机

带式压滤机脱水的工作原理是污泥经重力区脱去部分水后，被夹持在上下滤带之间，经低压、高压区挤压脱水后滤带分开，泥饼排至输送带运走。

由于带式压滤机受压泥区两侧为开放式不密闭的特点，进泥前必须预先进行充分絮凝，形成大而强度高的凝絮，否则进泥容易在挤压过程中从滤带两侧漏出，或直接从滤布渗出，污泥呈稀薄状态而不能形成泥饼。

一般要求进泥含固率为3%～5%，脱水后污泥含固率可大于20%。带式压滤机可连续运行，占地面积比板框式压滤机小，设备较便宜，噪声小，但需定期更换滤布，操作管理要求高。

2) 板框压滤机

板框压滤机脱水的工作原理是对密闭板框内污泥进行加压、挤压，使滤液通过滤布排出，固态颗粒被截留下来，以达到满意的固、液分离效果。当排泥水在滤框内受压脱水形成泥饼后，分开滤板，泥饼就与滤布分离落入下部输送带运走。由于泥水在密闭状态下受压脱水，固态颗粒不易漏出，故比较适合污泥亲水性强、固液分离困难的水质。

一般要求进泥含固率不宜小于2%，脱水后污泥含固率可大于30%。板框式压滤机采用间歇式运行，占地面积较大，设备较贵，需定期更换滤布，运行噪音较大。

3) 离心脱水机

离心脱水机构工作原理类似家用洗衣机。污泥从筒体起端到中心孔加入，在转筒高速旋转下，污泥中比重大的固体颗粒在离心力作用下迅速沉降并聚集在筒体内壁。由于螺旋输送器与筒体两者之间存在转速差，聚集在筒体内壁的泥被螺旋输送器推到转筒锥体部分压密并排出筒体外。分离出来的液体在筒内形成环状水环，连续排出筒体外。一般要求进泥含固率不宜小于3%，脱水后污泥含固率不应小于20%。离心脱水机工作是连续的，连续进泥，连续排出泥饼和分离液。其占地面积最小，由于是封闭式运行，操作环境干净，设备维护简单，但噪音较大。

在选择脱水机时，需注意以下要点：

① 脱水机的性能随供给污泥的性质和浓度的不同而有很大变化，因而其他水源的运行参数和供货商提供的参数只能作为参考，宜通过实际采用试验以取得较确切的数据。

② 污泥的性质不仅随不同水源而有变化，即使为同一水源也存在着季节性变化。

③ 脱水机容量的选定，可按 1d 运行两班考虑，实际工作时间还需扣除操作所需时间。

④ 脱水机的台数宜按两台以上考虑，一般不设备用，在高浊度时可考虑延长设备运行时间，在处理量小时定期安排检修。

3. 排泥水处理系统运行、巡检、维护规范

(1) 排泥水处理系统运行规范

1) 调节池运行要求

① 潜水泵、潜水搅拌器、阀门、液位仪、浓度仪、盖板、爬梯必须保持完好状态，相关附属管道应通畅；

② 设置合理的搅拌器和潜水泵的开停液位，严禁液位过低或过高运行。液位超过设定值上位机上需有报警提示；

③ 随时关注潜水泵运行状态，有故障需及时复位和维修；

④ 搅拌器或潜水泵不能运行时，及时停止进泥；

⑤ 定期排空清洗；

⑥ 长期停用时，应将调节池排空，相关设备挂上停用牌。

2) 浓缩池运行要求

① 刮泥机、排泥阀、液位仪、浓度、浊度仪必须保持完好状态，相关附属管道应通畅；

② 放泥频率、持续时间应按平衡池液位、浓度来控制，浓度不宜过高；

③ 随时关注刮泥机运行状态，有故障需及时复位。若故障暂时无法复位，则该浓缩池必须停止进泥，以防刮泥机搁死；并及时对刮泥机进行维修；

④ 控制进水速度或上升流速，防止速度过快；

⑤ 上清液中的悬浮固体含量不应大于预定的目标值，当达不到预定目标值时，应适当增加投药量；

⑥ 定期清洗斜板表面及内部沉积产生的絮体沉渣；

⑦ 正常停运重新启动前，应保持池底积泥浓度不能过高，积泥浓度根据实际生产情况来设定；

⑧ 长期停用时，应将浓缩池排空，相关设备挂上停用牌。

3) 平衡池运行要求

① 潜水搅拌器、阀门、液位仪、浓度仪、盖板、爬梯必须保持完好状态，相关附属管道应通畅；

② 设置合理的搅拌器开停液位，严禁液位过低或过高运行；

③ 控制污泥浓度，防止浓度过高或过低；

④ 若搅拌器不能运行时，应及时停止进泥；

⑤ 定期排空清洗；

⑥ 长期停用时，应将平衡池排空，相关设备挂上停用牌。

4）回用水池运行要求

① 潜水泵、潜水搅拌器、阀门、液位仪必须保持完好状态，管道应通畅；

② 设置合理的搅拌器和潜水泵的开停液位，严禁液位过低或过高运行；

③ 定期排空清洗。

5）排泥水处理系统巡检标准示意：见表3-17。

（2）排泥水处理系统维保规范

1）日常维保要求

① 设备铭牌以及有关标识标志清晰有效；

② 检查潜水泵、潜水搅拌器、刮泥机、阀门运行状况，定期对刮泥机加注润滑油；

③ 检查机械、电气装置，并进行相应保养。

排泥水处理系统巡检标准样卡　　　　　　表3-17

巡检内容	完好标准	巡检方式
运行电流	潜水泵、潜水搅拌器、刮泥机不超过额定值的1.08倍，电流指示稳定	表计判断
运行电压	潜水泵、潜水搅拌器、刮泥机电压在额定电压的-5%～10%	表计判断
三相不平衡(电流)	潜水泵、潜水搅拌器、刮泥机不超过10%	计算判断
温度	介质温度不超过40℃	表计判断
液位	液位不能太低或太高	视觉判断
浓度	浓度不能超过仪表上限，符合各段工艺设计要求	视觉判断
油脂	油脂加注适当，油或油脂牌号正确，质量合格	视觉判断，刮泥机说明书规定加注
阀门状态	阀门开关到位，无卡住或渗漏现象	视觉、表计判断
外观	浓缩池上清液悬浮固体含量较少，斜板表面堆积泥渣较少	视觉判断

2）定期维保要求

① 每月对机械、电气进行检查。

② 每月对斜板冲洗清通一次。

③ 每年检查电气电缆，测量绝缘电阻，电阻值符合设备制造商维护手册上的规定。

④ 每年检查提升链、钢丝绳与潜水泵、搅拌器的连接处是否有机械或化学损伤。

⑤ 每两年检查潜水泵、搅拌器的传感器。

⑥ 每两年进行潜水泵、搅拌器油的检查、更换。

⑦ 每两年进行潜水泵机械密封泄露的检查，轴承和润滑脂（润滑油）的检查、更换。

⑧ 每年调节池、浓缩池、平衡池、回用水池排空清洗，检查斜管、斜板、支托架、池底、池壁等，进行检修、防腐处理等。

3）大修要求

① 符合下列条件之一时，需进行大修。

a. 每五年对潜水泵、搅拌器、阀门进行解体，更换易损部件。

b. 每五年对浓缩池支撑框架、斜管、斜板进行局部更换。

c. 池底、池顶、池壁伸缩缝和压力入孔发生渗漏等现象。

② 大修理项目、内容、质量，应符合下列规定：

a. 潜水泵、搅拌器、阀门解体清扫内部应做到：清除各部位灰尘、油垢和异物，必要时可使用专用清洗剂进行清洗。

b. 潜水泵、搅拌器检查应做到：检查密封面是否清洁及 O 型圈和垫圈安装是否准确，机械密封区域是否拧紧，引线及分绕组接头有无过热烧焦、脱焊、放电痕迹，电机测试是否符合要求。

c. 提升链、钢丝绳是否有机械或化学损伤，与潜水泵、搅拌器的连接处是否有机械或化学损伤。

d. 大修理施工允许偏差中调节池、浓缩池、平衡池池底找坡平整度允许偏差±3mm，出水堰高程允许偏差±5mm，出水堰堰口水平度允许偏差±2mm。

e. 回用水池大修后，进行满水试验，渗水量应按设计水位下浸润的池壁和池底总面积计算，不得超过 $2L/(m^2 \cdot d)$，地上部分进行外观检查，无漏水、渗水等现象。

4）离心脱水机常见故障及排除方法，见表 3-18。

离心脱水机常见故障及排除方法 表 3-18

常见故障	原因分析	排除方法
1. 分离液浑浊，固体回收率低	1. 液环层厚度太薄 2. 进泥量太大 3. 转速差太大 4. 入流固体超负荷 5. 机器磨损严重 6. 转鼓转速太低	1. 增大厚度 2. 减小进泥量 3. 降低转速差 4. 减小进泥量 5. 更换零件 6. 增大转速
2. 泥饼含固率低	1. 转速差太大 2. 液环层厚度太大 3. 转鼓转速太低 4. 进泥量太大 5. 加药不足或过量	1. 降低转速差 2. 减小液环层厚度 3. 增大转速 4. 减小进泥量 5. 调整投药比
3. 离心机过度振动	1. 轴承故障 2. 部分固体沉积在转鼓一侧，引起运动失衡 3. 基座松动	1. 更换轴承 2. 彻底清洗 3. 拧紧紧固螺母
4. 转动扭矩太大	1. 进泥量太大 2. 转速差太小 3. 齿轮箱出故障	1. 减小进泥量 2. 增大转速差 3. 加油保养

第四章

机电设备

第一节 水 泵

水泵是自来水生产过程中不可缺少的机械设备。从水源取水到水厂净化,把净化了的水输送到家家户户,都是依靠水泵来完成的。泵站则是安装水泵及其有关动力设备的场所。水泵的耗电费用一般占整个水厂制水成本的 40% 以上。因此,管理与维护好水泵及水泵站不仅对于保证自来水的正常安全生产,而且对降低成本,提高水厂经济效益有着极其重要的意义。

1. 水泵工作原理

我们用日常生活中的例子说明离心泵的工作原理。在雨天,旋转雨伞,水滴沿伞边切线方向飞出,旋转的雨伞给水滴以能量,旋转的离心力把雨滴甩走,如图 4-1 所示。在垂直平面上旋转一个小桶,当小桶旋转速度较慢且转到上面时,桶里面的水就会流出来;当小桶旋转速度加快到一定程度时,小桶里面的水就不会流出来,反而会压向桶底,若在小桶底部打一小洞,桶里面的水就会从小洞喷溅出去。这同样是旋转的离心力给水以能量,旋转的离心力把水甩走,如图 4-2 所示。

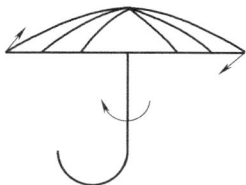

图 4-1 雨天旋转的雨伞

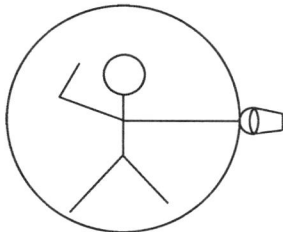

图 4-2 旋转的小桶

离心泵就是根据上述离心力甩水的原理设计出来的。与以上不同的是离心泵在离心工作过程中,将叶轮高速甩出水通过泵壳等部件减速、收集,形成连续、稳定的水流,各个部件都是经过水力计算和水力试验,是一台将机械能转换成水压力能的机械。

2. 水泵分类和结构

水泵的分类，根据工作原理可分为三大类。

（1）叶片式泵

叶片式泵是通过工作叶轮的高速旋转运动，通过叶轮叶片，将能量传递给流经其内部的液体，使液体能量增加的泵。

叶片泵按叶轮内流体流动方向可分为离心泵、轴流泵和混流泵，三种泵流体进入叶轮方向皆为轴向，所不同的是叶轮出流方向（见图4-3）。离心泵是在离心力的作用下，沿于泵轴线垂直的径向平面流出叶轮；轴流泵中的水流，是在推力作用下，沿轴向流进和流出叶轮；混流泵的叶轮出流方向介于离心泵和轴流泵之间，即在离心力和推力的共同作用下，液流沿斜向流出叶轮。

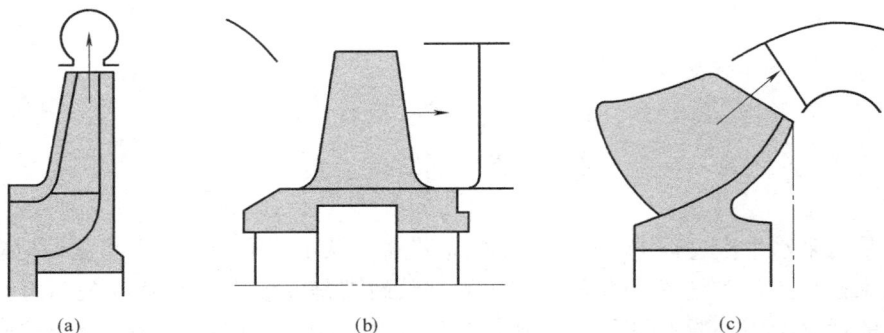

图 4-3　水流在三种泵叶轮内流向
（a）离心泵叶轮内流向；（b）轴流泵叶轮内流向；（c）混流泵叶轮内流向

叶片泵按泵轴的工作位置可分为卧式泵、立式泵和斜式泵；按压出室形式可分为蜗壳式和导叶式泵；按叶轮的吸入方式可分为单吸式泵和双吸式泵（见图4-4）；按泵的叶轮级数目则可分为单级泵和多级泵（图4-5）。轴流泵外形见图4-6，单级单吸式离心泵结构见图4-7。

图 4-4　离心泵外形图
（a）双吸泵；（b）单吸泵

图 4-5　多级离心泵

图 4-6　轴流泵外形

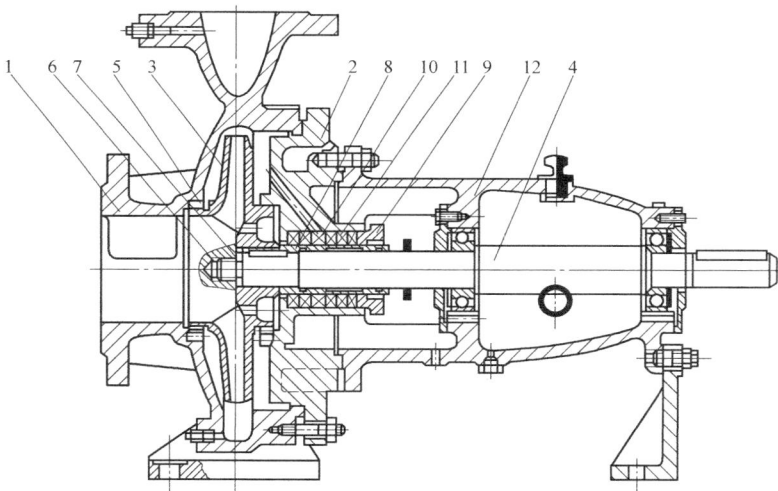

图 4-7　单级单吸式离心泵构造

1—泵体；2—泵盖；3—叶轮；4—轴；5—密封环；6—叶轮锁紧螺母；7—止动垫圈；

8—轴套；9—填料压盖；10—填料环；11—填料；12—悬架

（2）容积式泵

容积式泵通过工作室容积周期性变化，将能量传递给流经其内部的液体。按工作室容积变化的方式又可分为往复式泵和回转式泵。属于往复式运动方式的活塞泵通过柱塞在泵缸内作往返运动而改变工作室容积，隔膜计量泵使用隔膜在驱动机构作用下往复运动完成吸入—排出过程。属于回转式泵有螺杆泵、齿轮泵，都是通过转子作回转运动而改变工作室容积（见图 4-8、图 4-9、图 4-10）。

（3）其他类型泵

其他类型泵是指除叶片式和容积式以外的泵。这类泵的工作原理各异，如射流泵、水锤泵、气升泵等。它们基本上都是利用工作液体传递能量来输送液体。

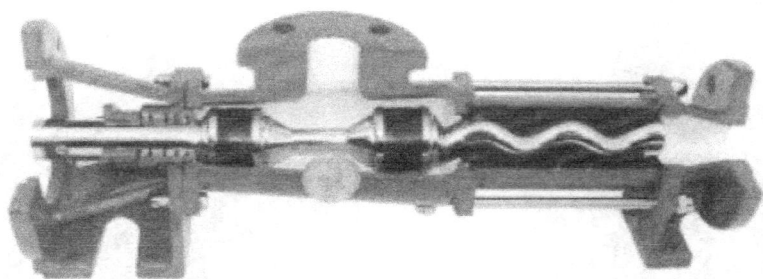

图 4-8　螺杆泵

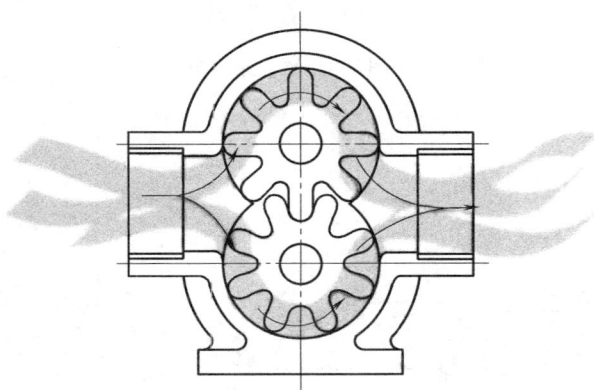

图 4-9　齿轮泵

图 4-10　隔膜计量泵

　　在城镇供水工程中，大量使用的泵是叶片式泵，其中以离心泵最为普遍。加药泵通常选用隔膜计量泵和螺杆泵。

3. 水泵的基本性能参数

　　水泵基础性能参数有六个：流量、扬程、效率、功率、转速、允许吸上高度。

（1）流量

　　泵的流量即水泵单位时间内的出水量。用 Q 表示，单位为 m^3/s、L/s。$1L/s = 3.6m^3/h$。

（2）扬程

　　扬程，即水泵工作能使水增加的压力，用 H 表示，以（mH_2O）为单位，即米水柱，常用单位米（m）表示，或 MPa，$1MPa = 100m$。

　　一般将水泵轴线以下到吸水井水面高度称为吸水扬程；水泵轴线以上到出水口水面的高度称压水扬程。吸水扬程 $H_{吸}$、压力扬程 $H_{压}$、再加上管道扬程水头损失和各项局部水头损失的总和 $\sum h$ 称泵的总扬程 $H_{总}$。用公式表示：

$$H_{总} = H_{吸} + H_{压} + \sum h$$

（3）功率

　　水泵的功率常指轴功率和配套功率。功率单位为千瓦，用（kW）表示。

1) 轴功率

轴功率是指电动机输送给水泵的功率。

2) 配套功率

配套功率是指水泵应选配的电动机功率。为了保证机组安全运行、防止电动机过载，适当留有余地，配套功率要比轴功率大。由于电动机是定型产品，因此配套电机应选择比轴功率大的一档电机。

水泵铭牌上标的是轴功率，水泵产品手册上往往将轴功率与配套功率同时标出。

（4）效率

水泵的效率是指水泵的有效功率与轴功率的比值"η"表示，单位为"％"。

$$\eta = \frac{N_{效}}{N} \times 100\%$$

例如当水泵的效率为80%时，理论上将1000t水送到1m高度所耗电量：

$$W = 2.723 \div 0.8 = 3.404 \ (\text{kW} \cdot \text{h})$$

又例如，当一台水泵抽水量$q = 100\text{L/s}$，扬程$H = 30\text{m}$，水泵效率η为0.7，电机效率为0.9，则该台水泵每小时的耗电量应是

$$W = Q \times H \div 102\eta = (100 \times 30) \div (102 \times 0.7 \times 0.9) \times 1 = 46.7 \ (\text{kW} \cdot \text{h})$$

水泵效率的高低，反映了水泵性能的好坏，直接影响耗电量的多少重要因素之一。

（5）转速

转速是指叶轮的转动速度，通常以每分钟的转动次数来表示，符号为 n，单位为 r/min（转/分）。

（6）允许吸上真空高度

水泵的允许吸上真空高度是指水泵在标准状态下，即水温20℃，水表面大气压力为0.1013MPa（10.33mH_2O）时，水泵进口允许达到的最大真空度。单位为 mH_2O（米水柱）；用"$H_{真}$"表示。通俗地讲，就是保证水泵能正常工作时水泵允许安装离水面的高度。

4. 泵的运行工况

（1）离心泵

1）离心泵特性曲线

水泵的特性曲线，表示流量（Q）与扬程（H）、轴功率（N）、效率（η）及允许吸上真空高度（H_s）之间相互关系曲线。这些曲线统称为水泵的特性曲线。

特性曲线的主要用途是能比较方便地看出水泵流量变化与其他性能参数发生变化的相互关系，可以了解水泵最佳的工作区域，最高效率时泵的流量、扬程以便合理地选泵、用泵。

如图4-11，离心泵随着流量增加，扬程降低，功率增大，效率先增加后降低。

如图4-12：n_1为水泵的扬程流量曲线，n_2虚线为降低转速（调频）后水泵扬程流量曲线，H曲线为管路系统的水力曲线，扬程流量曲线与管路水力曲线两者相交点则为水泵的实际运行扬程流量点。

当需水量下降时，可将水泵转速从n_1调到n_2，现在通常以变频器调节电机转速来调节水泵转速。

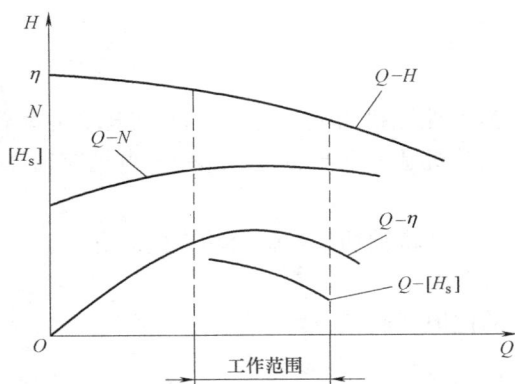

图 4-11 离心泵特性曲线

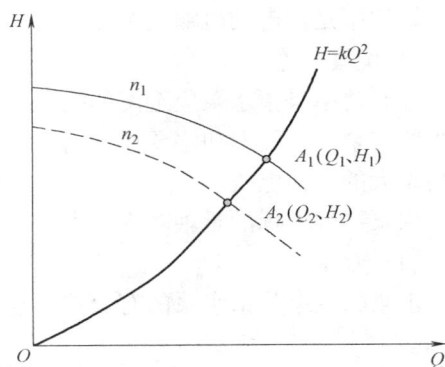

图 4-12 离心泵运行曲线

2）离心泵的并联

一台以上的水泵联合运行，通过联络管共同向管网输水，称为水泵的并联运行。在水厂实际运行中，泵站通常是几台泵并联运行。

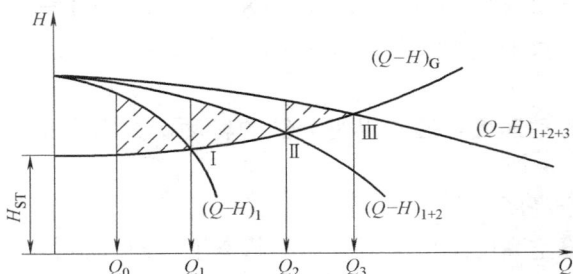

图 4-13 水泵并联运行工作曲线

由图 4-13，水泵并联工作的特性曲线是在同一场合下各台水泵流量的叠加，但是由于管路特性曲线上流量的变化与水头损失之间的关系呈非线性变化，当流量增加时，扬程也增加，因此水泵并联时的出水量是实际运行的扬程时的各台水泵流量相加。

（2）轴流泵

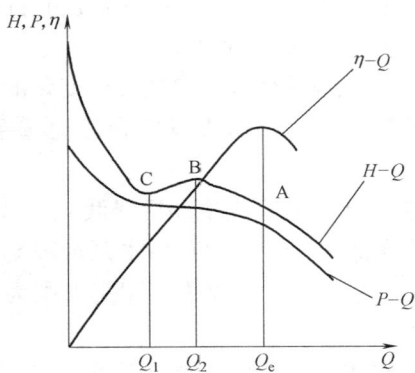

图 4-14 轴流泵特性曲线

轴流泵是低扬程、大流量、高效率泵型。轴流泵运行与离心泵基本相同，但轴流泵扬程流量功率曲线（图 4-14）与离心泵刚好相反，当扬程降低、流量增加时，功率降低，所以轴流泵启动时须先打开出水阀门（即开阀启动），以降低开泵时电机的功率，保护电机。其余和离心泵一致。

（3）潜水泵

潜水泵是水泵和电动机同轴联成一体并潜入水下工作的抽水装置，根据叶轮形式的不同潜水泵有潜水离心泵、潜水轴流泵和潜水混流泵。潜水泵常用的安装形式有井筒式、导轨式和自动耦合式等几种。

潜水泵运行维护较简单，运行时保证水位不低于安全水位，潜水泵完全浸没在水下，进水处装设拦污设施，防止堵塞潜水泵。

5. 水泵的管理

（1）离心泵运行水泵的运行与维护

1）开泵

完成泵的启动前检查后，即可准备开泵。其步骤是：

① 灌水或抽真空。泵经检查可以启动后，即对泵进行灌水或抽真空。灌水和抽真空都应先打开泵顶上抽气阀，当进行一段时间后，如发现水泵上水标管已显示有水或真空表上已达到额定的真空度时，表示水泵和吸水管已充满水，此时可以开泵。

② 启动。启动前要注意现场人员不要距电机、水泵太近。

③ 开启出水阀门。水泵启动后压力读数开始上升，当水压已达到零流量的封闭扬程时，开启出水阀门。这时，一要注意压力表读数是否达到正常额定数；二要注意电流表读数是否逐渐上升到额定正常值，如果无异常情况发生，表示水泵已进入正常运行状态。

④ 检查启动后的情况。水泵启动后，再次对电动机、电气设备、轴承、填料函、各项仪表做一次全部检查。如一切正常则可向值班调度或决定开泵的负责人包括开泵完毕。

⑤ 填写开泵记录。每次开泵后都要认真在报表上填写开泵记录。

2）运行中的检查

泵在运行中必须严格执行巡回检查制度，着重检查的内容有：

① 查看仪表。水泵、电机的压力表、真空表、电流表、电压表直接反映了水泵电机是否正常工作，对每一个水泵来说都有自己固定的真空压力、电流、电压的额定值。检查时如果超过额定值，则属不正常、不能轻易放过，而要仔细追查原因。

② 音响和振动。水泵机组在正常运行时，机组应该平稳、声音应该正常、连续而不间断。如发生不正常的噪音或振动，原因很多。要仔细查找音响与振动的具体部位，产生的原因，即刻排除。

③ 注意温升。泵与电动机轴承温升一般不得超过周围温度 35℃，最高不超过 75℃，无温度计时也可用手摸，凭经验判断，如感到烫手，就要停车检查。

④ 观察滴水。水泵填料函处一般经验应以每分钟 60 滴左右速度一滴滴地淌水，如果填料函处发热不滴水，说明填料压得太紧，应该压盖放松。如填料处漏水太多或进气，说明太松，则可将填料再旋紧些。如果是机械密封的，轴封处不应滴水。

3）停泵

当得到值班调度或决定开停泵的负责人员的命令后即可停泵。停泵的操作步骤是：

① 首先关闭出水阀；

② 阀门关闭后电机关按钮，电机停止运转；

③ 在报表上填写停泵记录。

随着自动化进度提高，目前泵启动和停止都可以利用计算机进一步优化操作。

（2）泵的完好标准

① 设备性能良好

a. 水泵的扬程、流量能满足生产所需要或达到铭牌能力 90% 以上；

b. 整个机组没有超温、超负荷现象。电机温升 A 级绝缘不超过 60℃，B 级绝缘不超过 75℃，滑动轴承温度不超过 70℃。正常运转时，电流表不超过额定值。

② 机组运转正常

a. 运转时声音正常，泵与电机振动量符合标准；

b. 各冷却、润滑系统正常，填料函冷却水不能超出滴漏范围；

c. 整个机组无漏电、漏油、漏水现象；

d. 机组整洁，油漆完整，外壳上应有铭牌，机组挂有"完好"或"检修"牌。

e. 各配件齐全，磨损程度在允许范围以内，基础及底座坚固完整。

③ 仪表开关齐全。压力表、真空表、电流表、电压表，各种开关及附属电气设备齐全、灵敏好用。

④ 各种阀门保养良好，启动、停止操作自如。

⑤ 各主要设备都有设备履历卡片、运行日记、检修及验收记录及有关电器试验资料及易损配件图纸等。

第二节 阀 门

阀门是在流体系统中，用来控制流体的方向、压力、流量，使配管和设备内的介质（液体、气体、粉末）流动或停止并能控制其流量的装置。阀门的控制可采用多种传动方式，如手动、电动、液动、气动、涡轮、电磁动、电磁液动、电液动、气液动、浮力动等。常用的手动、电动、气动和电磁阀。根据结构来分，有闸阀、蝶阀、截止阀、球阀、旋塞等。

1. 水厂常用阀门

水厂常用阀门按驱动形式主要为手动阀、电动阀、气动阀，按结构主要有闸阀、蝶阀、截止阀、安全阀等。

① 闸阀

闸阀是指关闭件（闸板）沿通路中心线的垂直方向移动的阀门。闸阀在管路中主要作切断用，闸阀是使用很广的一种阀门。闸阀有以下优点：流体阻力小；开闭所需外力较小；介质的流向不受限制。水厂常用手动闸阀和电动闸阀。

② 蝶阀

蝶阀是用圆形蝶板随阀杆转动来开、关和调节管道内的液体流量的装置。蝶阀通常安装于管道的直径方向。具有结构简单、体积小、重量轻，而且驱动力矩小、操作简便等优点，因此使用广泛。水厂常用的有手动蝶阀、电动蝶阀、气动蝶阀和液控蝶阀。

③ 止回阀

止回阀是指启闭件为圆形阀瓣并靠自身重量及介质压力产生动作来阻断介质倒流的一种阀门，装于有压力和管道，避免液体倒流，保护设备。

④ 安全阀

安全阀是启闭件受外力作用下处于常闭状态，当设备或管道内的介质压力升高超过规定值时，通过向系统外排放介质来防止管道或设备内介质压力超过规定数值的特殊阀门。水厂通常在气体压力罐中需装设安全阀。

2. 阀门使用维护

运行中的阀门，各种阀件应齐全、完好。法兰和支架上的螺栓不可缺少，螺纹应完好无损，不允许有松动现象。手轮上的紧固螺母，如发现松动应及时拧紧，以免磨损连接处或丢失手轮和铭牌。手轮如有丢失，不允许用活扳手代替，应及时配齐。填料压盖不允许歪斜或无预紧间隙。对容易受到雨雪、灰尘、风沙等污物沾染的环境中的阀门，其阀杆要安装保护罩。阀门上的标尺应保持完整、准确、清晰。阀门的铅封、盖帽、气动附件等应齐全完好。保温夹套应无凹陷、裂纹。不允许在运行中的阀门上敲打、站人或支承重物。

第三节　计　量　泵

1. 计量泵的分类

计量泵是用来向容器及管道内精确定量输送不含固体颗粒的液体的泵，通常为容积式泵，主要类型有隔膜泵、螺杆泵、齿轮泵等。由于液体具有不可压缩性，启动计量泵时必须将排出管路阀门完全打开，并设有背压阀和安全阀，以防管路压力过高损坏泵和管道。

（1）隔膜泵

隔膜泵依靠一个隔膜片的来回鼓动改变工作室容积从而吸入和排出液体的。主要由传动部分和隔膜缸头两大部分组成。传动部分是带动隔膜片来回鼓动的驱动机构，它的传动形式有机械传动、液压传动和气压传动等，其中应用较为广泛的是液压传动。隔膜泵的工作部分主要由曲柄连杆机构、柱塞、液缸、隔膜、泵体、吸入阀和排出阀等组成。

（2）螺杆泵

螺杆泵主要工作部件是偏心螺旋体的螺杆（称转子）和内表面呈双线螺旋面的螺杆衬套（称定子）。其工作原理是当电动机带动泵轴转动时，螺杆一方面绕本身的轴线旋转，另一方面又沿衬套内表面滚动，于是形成泵的密封腔室。螺杆每转一周，密封腔内的液体向前推进一个螺距，随着螺杆的连续转动，液体螺旋形方式从一个密封腔压向另一个密封腔，最后挤出泵体。

2. 计量泵的使用维护

（1）隔膜泵

① 开泵及正常运行中要检查润滑油是否足够、变质，按使用规范定期更换液压油。

② 开泵前检查管道阀门应在开启状态，禁止在阀门关闭状态下开泵。

③ 运行过程中要认真检查泵的噪音、振动是否异常，压力是否正常，各部位是否有泄漏。输出流量和压力应平稳，安全阀和背压阀无泄漏。

④ 当泵有泄漏时必须戴防护手套进行操作，防止化学药剂伤害操作人员。

（2）螺杆泵

① 螺杆泵启动前应检查进出口阀门，确保管路通畅，禁止关阀运行。

② 螺杆泵严禁空载、干运行，必须按既定的方向运转，严禁反转。

③ 运行过程中要认真检查泵的噪音、振动、压力、温度是否在允许范围内，各部位是否有泄漏。

④ 如采用变频控制且使用变频电机的螺杆泵，设备开启后必须开启变频电机风扇电

源，保证电机正常散热。

⑤ 如果备用泵长时间不用，应间隔一定时间后开动一次，避免定子橡胶发生塑性变形。

第四节　排　泥　设　备

在自来水生产工艺中，去除水中杂质的同时会产生大量的污泥。沉淀池是污泥产生的主要场所，主要排泥设备有排泥阀、吸泥机、刮泥机等。

1. 排泥阀

排泥阀常用于城市水厂沉淀池底排放污泥用，主要安装于各类沉淀池的底部或底部壁外，用以排除池底的泥沙污物。采用直通电磁阀或手动（闸）球阀控制，操作方便，阀门启闭灵活。

2. 虹吸式吸泥机

虹吸式排泥是将沉降在池底上的污泥刮集至吸泥口，通过虹吸的办法边行车边吸泥，经虹吸管将污泥排出池外的方法。行车式虹吸吸泥机构造如图 4-15 所示，由工作桥（箱式梁）、抽真空系统、驱动装置、虹吸装置、电气箱等组成。一般由四点支撑箱式横梁跨在平流池上，采用水射器抽真空形成虹吸，利用池内外的水位差，抽吸沉淀池池底的泥渣，达到排出污泥的目的，行车靠电机带动减速机，双边驱动，作全池范围的移动。

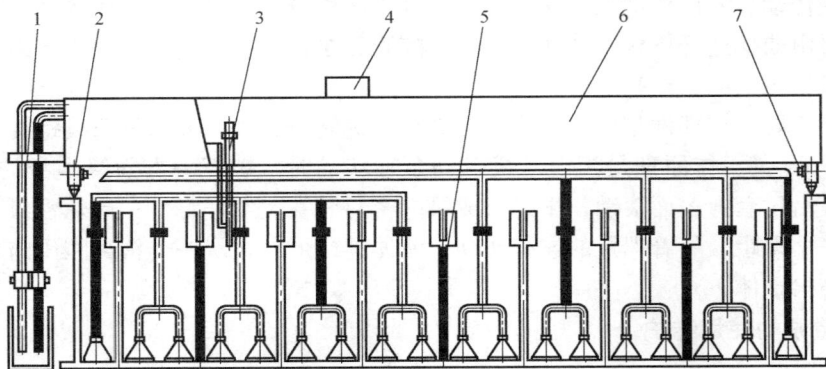

图 4-15　行车虹式吸泥机
1—排渣系统；2—驱动系统；3—抽真空系统；4—电控系统；5—虹吸系统；
6—箱式梁；7—轨道组成及行程控制系统

3. 泵式吸泥机

泵式吸泥机是将沉降在池底上的污泥刮集至泵吸泥口，通过泵在边行车边吸泥情况下将污泥排出池外的机器。其构造如图 4-16 所示，由工作桥、吸泥管、排泥管、液下污泥泵、驱动装置、电控箱等组成。设备由四点支撑行车大梁横跨在平流沉淀池上，双边驱动，池两边均铺设钢轨，从池的一端运行到池子的另一端，边行走边吸泥，撞到行程开关返回到原地；开停车时间由时间继电器控制。

4. 单轨式刮泥机

单轨式刮泥机安装于平流沉淀池底，池底中间铺设一条与沉淀池等长的轨道，两翼刮

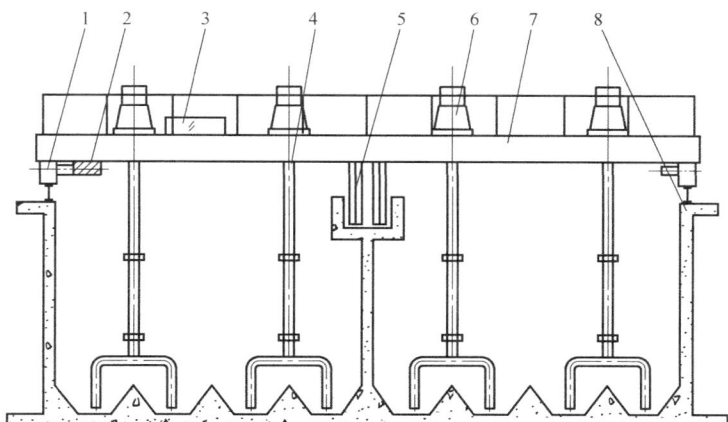

图 4-16　行车泵式吸泥机

1—驱动装置；2—电缆滚筒；3—电控箱；4—吸泥管；5—排泥管；6—液下污水泵；

7—行走大梁；8—轨道组成及行程控制系统

泥板安装在行走于轨道之上的台车上，由池顶驱动装置牵引圆环链条的水下刮泥机。

刮泥机刮泥行走时，刮板竖立起来垂直于池底，将池底污泥刮向集泥坑；后退时刮泥板翻转平行于池底，在污泥层中滑动。刮板的回程速度约为刮刀前进速度的 2～3 倍，刮板运行约 70cm 后，刮板达到极限位置就开始返回，形成污泥的连续输送。图 4-17 为水下刮泥机构造示意图。

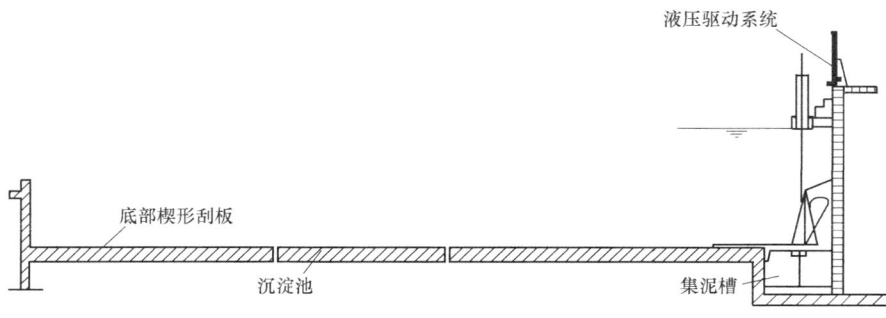

图 4-17　液压往复式底部刮泥机系统组成

第五节　风机设备

1. 鼓风机

（1）鼓风设备工作原理

水厂鼓风机用于滤池、膜处理系统等净水工艺的气冲。鼓风设备主要可分为回转式、离心式、轴流式等几种类型，水厂常用的罗茨鼓风机是回转式鼓风机的一种。罗茨鼓风机由于结构简单，使用维修方便，不需要内部润滑，在使用压强范围内排气量几乎不变，容积效率高，并具有输送介质不含油的特性，因此得到了广泛的应用。

（2）鼓风机主要技术参数

1）流量

容积（体积）流量：指单位时间内流经风机的气体容积，习惯上均指进气容积流量，用 q_j 表示，其单位为 m^3/s，m^3/min，m^3/h。

2）压力

气体在单位面积的容器壁上所作用的力叫气体压力，常用单位有 mmH_2O、kgf/cm^2、Pa、bar、MPa。

3）功率

风机所输送的气体在单位时间内从风机中获得的能量称为风机的有效功率或全压有效功率。用 N_0 表示，单位为 kW，一般不考虑气体的压缩性。

4）效率

风机的有效功率与轴功率之比称为风机的效率或全压效率，以 η 表示。

5）转速

指风机转子在单位时间内的转动速度，用 η 表示，其单位为 r/min，由于风机的流量、压力、功率、噪声等都随着转速的改变而改变，所以也把它列为风机的性能参数之一。

（3）压缩机与冷干机

压缩机是一种将低压气体提升为高压气体的机械，在水厂中主要用于气动阀门的动力气源。冷干机是将压缩机压缩后的高压气体进行冷却，使压缩空气中的水蒸气冷凝成液态，得到干燥的压缩空气。

2. 鼓风设备的安全管理

（1）鼓风机的操作

1）启动前的检查

风机首次启动或大修后，应检查以下的所有项目；日常启动前的检查可按需要选择其中几项。

① 检查所有螺栓、定位销及各部分联接是否紧固，各管路、阀门是否处于正常状态。

② 检查机组底座四周是否全部垫实，地脚螺栓是否紧固。

③ 检查驱动装置的位置和校准精度；检查皮带的张紧度，是否磨损。

④ 检查电气配电系统及电动机绝缘电阻是否符合要求；检查电机转动方向是否与所示箭头一致。

⑤ 检查润滑是否良好，油位是否保持在正确位置。

⑥ 有通水冷却要求的风机，应打开管路的阀门，冷却水温度不超过 25℃。

⑦ 检查所有测量仪表是否完好。

⑧ 用手盘动转子，转子应转动灵活，无滞阻现象，同时注意倾听各部分有无不正常的杂声。

2）风机的启动

为减小电机启动电流，机组应空载启动，即不能闭阀启动。所以应按以下步骤进行：

① 打开鼓风机旁通阀（或放空阀）。

② 起动机组，风机空载运行。检查机组运行情况，如遇电流过大、出现金属摩擦声

等异常情况，应立即停车。风机运行正常后，可继续下面操作步骤。

③ 开出口阀、关旁通阀（或放空阀），使风机达到满负荷运行。

3）风机的运行

风机在正常运行时，不能关闭出口阀，否则将造成设备爆裂事故。风机在正常运行中应检查下列项目：

① 电机运行电流是否超过额定电流。

② 检查机组的振动、噪声、温升是否正常，有无不正常的杂声。

③ 管路有无漏气；设备是否漏油。

④ 观察进、排气压力指示是否正常，空气过滤器是否阻塞。

⑤ 轴承的温度是否正常。

⑥ 冷却水系统、润滑系统是否正常。

4）风机的停车

风机禁止在满负荷情况下突然停车，应按下列步骤操作：

① 打开旁通阀（或放空阀）。

② 接下停止按钮，机组停止运行。

③ 关闭出口阀。

④ 关闭旁通阀。

（2）鼓风机的维护

1）日常检查维护项目：

① 检查鼓风机出口压力、振动、温升，出现不正常现象时应及时停机检查原因。

② 检查电机运行电流是否正常，检查管路和阀门有无漏气情况。

③ 检查隔音罩进排气孔中是否有杂物，若有，应及时清理。

④ 每周检查油位是否在视油镜的中间位置，若少油，应及时加到位。

⑤ 每周检查皮带张紧度，张紧度保持在 3.2N。

⑥ 每周检查滤清器阻力显示，如指示红色，则应清洗滤芯或更换。

⑦ 每周检查轴承润滑脂情况，如发现润滑脂减少，应及时添加。

2）定期维护项目

① 每季度对风机各联接部位进行紧固。

② 每季度对风机进行振动、噪声、温度测试，测试结果应和历次测试作比较，发现数值变大，应找出原因并进行整改。测试结果的比较应在同一测试点及相同的测试条件下进行。

③ 根据润滑油的实际使用情况，每六个月更换一次，每次换油时必须对油箱彻底清洗干净。

④ 每年风机解体检修一次，清洗齿轮、轴承，检查油密封、气密封，检查转子和气缸内部磨损情况，校正各部分间隙。

（3）鼓风机完好标准

鼓风机完好标准如下：

① 鼓风机主要技术性能（流量、压力等）达到设计要求或满足工艺要求；

② 鼓风机机组振动速度应小于 4.6mm/s，噪声小于 85dB（噪声值为距离设备 1 米、

对地高 1 米处的测量值）；

③ 油箱内油质符合要求，油位在正常位置；

④ 空气滤清器阻力显示正常；

⑤ 皮带张紧度符合要求，无打滑现象；

⑥ 轴承润滑正常，轴承温度不超过 75℃；

⑦ 运行时，风机内部应无碰撞或摩擦的声音；

⑧ 电动机运行电流不超过额定电流，温升不超过允许温升；

⑨ 进、出管路及阀门完好，无泄漏现象。所有联接部位螺栓坚固，无松动现象；

⑩ 设备外观整洁，无油污、锈迹，铭牌标志清楚。

第六节　臭氧设备

1. 臭氧发生系统组成

臭氧发生系统由气源系统、臭氧发生系统等组成（参见第三章之深度处理工艺）。其中气源系统由气体输送装置（空压机、鼓风机）、气体干燥装置（吸附装置、冷却装置）和浓缩贮存装置等组成；臭氧发生系统包括：臭氧发生器、供电设备（调压器、升压变压器、控制设备等）及发生器冷却设备（水泵，热交换器等）。

2. 臭氧系统附属设备

（1）液氧站

利用液氧汽化为氧气作为大型臭氧系统气源。

（2）冷却水系统

对臭氧发生器进行冷却。

（3）投加装置

饮用水臭氧处理分为预臭氧处理与后臭氧处理。主要由臭氧投加管路、水射器、静态混合器、曝气盘、仪器仪表及附件组成。

（4）尾气处理

处理后尾气臭氧排放浓度符合国家环境空气质量标准，$\leqslant 0.2mg/m^3$（0.1ppm）。

（5）检测仪器仪表

臭氧系统设备检测仪器仪表主要有臭氧浓度检测仪、流量检测仪、压力与温度计和空气露点仪等。

3. 臭氧设备的安全管理

① 设立臭氧安全管理员。

② 备齐设备的操作说明书。

③ 备齐设备运行管理手册。

④ 作好对操作人员的培训和教育。

⑤ 操作人员不能在臭氧浓度超过 0.1ppm 的场所内进行日常作业。

⑥ 应考虑臭氧泄漏时作业中需设置的保护器具。

⑦ 使用纯氧或富氧空气的设备，应在适当部位配置相合适的灭火器。

⑧ 应设置在劳动安全卫生法上必须要求的指示和标识。

⑨ 定期监测和记录

⑩ 制定发生臭氧泄漏事故的处置预案。

第七节 排泥水处理设备

水厂排泥水是水在净化过程中产生的生产废水。主要来自于絮凝池、沉淀池排泥和滤池反冲洗水。排泥水处理系统主要设备有机械脱水设备，以及附属设备：机械格栅、潜污泵、潜水搅拌、刮泥机、螺杆泵机、PAM制备和投加设备。

1. 污泥机械脱水设备

排泥水处理工艺的选择主要取决于水厂净水工艺和运行方式，以及水源水质和泥饼的最终处置。工艺选择主要内容是确定浓缩方式和脱水方式。选择时应综合考虑建设费用、日常运行费用、维护费用、管理难易、处理效果以及占地大小等多方面的因素。目前国内采用机械脱水的排泥水处理系统主要干化设备有板框压滤机、带式压滤机、离心脱水机。

水厂常用的机械脱水设备有板框式压滤机、带式压滤机、离心式脱水机。

（1）板框式压滤机

板框压滤机脱水的工作原理是对密闭板框内污泥进行加压、挤压，使滤液通过滤布排出，固态颗粒被截留下来，以达到满意的固、液分离效果。

板框压滤机一般要求进泥含固率不宜小于2%，脱水后污泥含固率可大于30%。板框式压滤机采用间歇式运行，占地面积较大，设备较贵，需定期更换滤布，运行噪声较大。

（2）带式压滤机

带式压滤机脱水的工作原理是污泥经重力区脱去部分水后，被夹持在上下滤带之间，经低压、高压区挤压脱水后滤带分开，泥饼排至输送带运走。

带式压滤机一般要求进泥含固率为3%～5%，脱水后污泥含固率可大于20%。带式压滤机可连续运行，占地面积比板框式压滤机小，设备较便宜，噪声小，但需定期更换滤布，操作管理要求高。

（3）离心脱水机

离心脱水机的工作原理类似家用洗衣机。污泥从筒体起端到中心孔加入，在转筒高速旋转下，污泥中比重大的固体颗粒在离心力作用下迅速沉降并聚集在筒体内壁．由于螺旋输送器与筒体两者之间存在转速差，聚集在筒体内壁的泥被螺旋输送器推到转筒锥体部分压密并排出筒体外。分离出来的液体在筒内形成环状水环，连续排出筒体外。

一般要求进泥含固率不宜小于3%，脱水后污泥含固率不应小于20%。离心脱水机工作是连续的，连续进泥，连续排出泥饼和分离液。其占地面积最小，由于是封闭式运行，操作环境干净，设备维护简单。占地面积小，但噪声较大。

2. 排泥水处理系统附属设备

排泥水处理系统附属设备主要包括：

（1）机械格栅

机械格栅主要用于阻挡和捞除工艺系统粗大的固体，保障后续工艺正常运行。

（2）潜污泵

调节池收纳沉淀池排泥后，通常以潜水泵将调节池内污水提升至浓缩池。

（3）潜水搅拌机

排泥水系统调节池和平衡池内污水由于加有明矾或 PAM，污泥容易沉淀，通常装有潜水搅拌机，以防污泥沉淀。

（4）刮泥机

浓缩池中污泥浓缩沉淀后，流动性变差，需由刮泥机将沉淀于底部的浓缩污泥刮到浓缩池中心孔，再以重力流或螺杆泵将污泥提升至平衡池。

（5）螺杆泵

平衡池污泥通常浓度为 3% 左右，流动性差，通常以转速较低的螺杆泵提升至污泥脱水设备。

（6）PAM 制备投加设备

PAM 系统分制备和投加两部分。制备系统是将粉剂 PAM 溶解、熟化，再储存于溶液桶。投加系统是将已制备好的 PAM 溶液投加到浓缩池、污泥脱水设备一套设备，包括螺杆泵、流量计、附属阀门、管道等。

3. 排泥水处理设备管理

（1）脱水设备

1）离心脱水机

① 开机前，主轴承每天需加注润滑脂，螺旋轴承每两月加注一次油脂。

② 开机前检查工艺管线各阀门、设备、液位是否满足可开机状态。

③ 开机时，检查各仪表是否正常显示及显示值是否正常，若异常需通知维修班组。

④ 开机进料后，监测各运行参数是否正常，待出泥后及时观察泥饼是否正常、离心机分离上清液是否正常，若不正常需及时调整设备运行参数。如运行参数变动较大或有其他异常现象，需及时通知相关技术人员。

⑤ 当离心机出泥饼后，应及时检查污泥输送泵或无轴螺旋是否能正常输送污泥。若不正常应及时调整污泥输送泵或无轴螺旋运行参数。

⑥ 制备 PAM 溶液时，运行操作人员须检视加药装置，检查自来水压力是否在允许范围，溶液是否满溢、水射器是否工作正常等。若自来水压力不在允许范围应及时调整压力。

2）带式压滤机

① 带式压滤机（包括各附件）由专人负责使用，维护和保养。

② 每班开动压滤机前，操作人员应认真检查各润滑点润滑情况及各部分紧固情况，确保全机良好的润滑和清洁、整齐。

③ 所有有调速装置的部分，开机时速度应在零位或低速位，关机时调至零位或低速位；机械式调速装置禁止在停机时调整。

④ 认真保护电机和电器设备，不允许有污泥及水进入电动机和控制箱。

⑤ 滤带上、机器内严禁放置任何工具，以免引起事故。

3）板框压滤机

① 机械压紧传动部件及减速箱须加足润滑油。

② 液压油一般每年更换一次，更换时应对液压系统作一次全面清洗。

③ 板框压滤机加料前检查滤板排列情况，滤布不能有折叠现象。

④ 移动滤板时，用力应均匀适当，不得碰撞、摔打。

（2）附属设备

1）潜水泵、潜水搅拌机

调节池设备主要有潜水搅拌机和污泥潜水提升泵。

运行要求：

水位不能过低，防止潜水泵电机过热。

定期清理集水坑垃圾、树枝等杂物，防止潜水泵叶轮卡滞。

定期清洗潜水泵、潜水泵外壳，以防外壳导热不良影响正常运行。

2）刮泥机

浓缩池主要设备有中心传动刮泥机和螺杆泵（浓缩池为重力自排式出泥时不涉及螺杆泵）。浓缩池需定期清理，以防底部积泥硬化，影响正常运行。

3）机械格栅

格栅机日常运行主要检查传动链条是否过松，耙齿面是否过松，耙齿是否有杂物卡滞。

4）螺杆泵

① 螺杆泵启动前应检查设备电气情况，设备基座紧固是否良好，确保安全。

② 螺杆泵启动前应检查进出口阀门是否打开，确保管路通畅。

③ 螺杆泵严禁空载、干运行，同时必须按既定的方向运转，严禁反转。

④ 运行过程中要认真检查泵的噪音、振动是否异常，螺栓是否松动，压力是否正常，温度在允许范围内，各部位有无泄漏。

⑤ 如采用变频控制且使用变频电机的螺杆泵，设备开启后必须开启变频电机风扇电源，保证电机正常散热。

⑥ 如果备用泵长时间不用，应间隔一定时间后开动一次，否则与转子接触的定子橡胶会发生塑性变形。

5）刮泥机运行要求：

① 刮泥通常不停运，以避免浓缩池底积泥。

② 定期检查减速机油位、油质。

6）PAM制备和投加设备

PAM制备、投加系统运行要求：

① 制备水压不能低于最低压力要求，防止PAM粉剂无法溶解或水射器吸力不足。

② PAM储存箱必须密封，防止PAM受潮结块。

③ 投加系统管路必须畅通，禁止投加泵干运转或关阀运转。

第五章

电气基础

第一节　电的基本知识

1. 导体和绝缘体

电，是一种自然界中物体内部电荷运动所带来的现象。

我们把凡是能够传导电能的物体都称为导体，把导电性能极差或几乎不导电的物体称为绝缘体。还有一些物体，其电阻率介乎金属与绝缘体之间，称为半导体。

2. 电路与电路的特性

电路就是指电荷所通过的路径，一般由供应电能的电源设备、使用电能的负荷设备，以及实现电能的传输、分配和控制的导线及控制元件组成。

（1）电的参数

1）电流

电荷有规则的定向运动的现象，称为电流。电流的数值上的大小等于一秒钟内通过横截面电荷量的多少，符号为 I，单位为安（培），单位符号为 A。

$$1 安(A) = 10^3 毫安(mA) = 10^6 微安(\mu A)$$

2）电压

电压，是推动电荷定向移动形成电流的原因，其大小等于单位正电荷因受电场力作用从 A 点移动到 B 点所做的功，电压的方向规定为从高电位指向低电位的方向。电压的符号为 U，单位为伏特，单位符号为 V。

$$1 伏(V) = 1000 毫伏(mV)；\quad 1 千伏(kV) = 1000 伏(V)$$

3）电阻

在电路中，导体流过电流的同时又对电流产生阻碍作用，这种阻碍作用就称为导体对电流的电阻，其与温度、导体的导电性能以及导体长度、截面积等几何尺寸有关。电阻的符号为 R，单位为欧姆，单位符号为 Ω。

$$1 兆欧(M\Omega) = 10^6 欧(\Omega)；\quad 1 微欧(\mu\Omega) = 10^{-6} 欧(\Omega)。$$

（2）电路的特性

1）欧姆定律

电路上，电流、电压、电阻三者之间存在一定的关系（如图 5-1），这就是欧姆定律：

$$I=\frac{U}{R}$$

式中 U——加在电阻两端的电压，伏（V）；

R——电阻元件的阻值，欧（Ω）；

I——流过电阻元件的电流，安（A）。

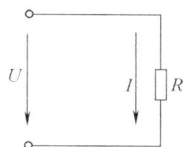

图 5-1 电路示意图

欧姆定律还可以写成：$U=I\cdot R$ 或 $R=\frac{U}{I}$。

2）电功率

电流在单位时间内做的功，叫做电功率，用 P 表示，单位为瓦特，符号是 W，常用的单位有千瓦（kW）等。

负载消耗的功率等于负载两端的电压与流过负载的电流的乘积，即：

$$P=U\cdot I$$

3）电能

电流在一段时间内所做的功，叫做电能，用 A 表示，单位为焦耳，符号是 J。一个功率为 P 瓦的电气设备，若工作时间为 t 秒钟，该设备所消耗的电能为：

$$A=P\cdot t=UIt$$

在电工工程上，常用千瓦小时作为电能单位，用 kWh 表示，1kWh 就是指功率为 1kW 的电气设备，工作 1h 所耗用的电能。

4）电流的热效应

当电流通过电阻时，电流做功而消耗电能，产生了热量，这种现象叫做电流的热效应。

电流的热效应会带来一些不良状况。若大电流通过导线而导线不够粗时，就会产生大量的热，破坏导线的绝缘性能，影响设备的使用寿命，严重时还会直接烧坏设备导致线路短路，引发电火灾。

3. 三相交流电

（1）三相交流电电路

我们日常使用的电源就是具有正弦波形的交流电，其波形如图 5-2 所示。

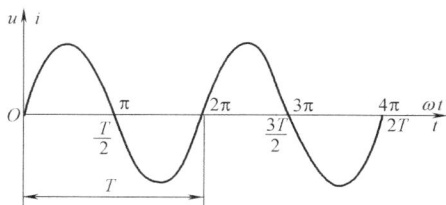

图 5-2 交流电波形图

交流电的频率是指它在单位时间内周期性变化的次数，单位是赫兹（Hz）。我国工业用电的标准频率是 50 赫兹，又称之为工频。

三相交流电就是三个相位差互为 120°的对称正弦交流电的组合。

（2）三相交流电路的特性

1）有功功率、无功功率

在电网中，由电源供给负载的电功率有两种：一种是有功功率，另一种是无功功率。有功功率是将电能转换为其他形式能量（机械能、光能、热能）的电功率，称为有功功率。以符号 P 表示，单位主要有瓦（W）、千瓦（kW）。

无功功率是用来在电气设备中建立和维持磁场，对外不做功，称之为无功功率，以符号 Q 表示，单位为乏（Var）。

2）视在功率

在交流电路中，我们将无功功率与有功功率两者的合成功率叫做是视在功率，常用 S 表示，单位为伏安（VA）。

视在功率、有功功率和无功功率三者关系符合勾股定律，即：$S=\sqrt{P^2+Q^2}$。

3）功率因数

在功率三角形中，有功功率 P 与视在功率 S 的比值，称为功率因数 $\cos\phi$，即 $\cos\phi=\dfrac{P}{S}$。

在电网的运行中，功率因数反映了电源输出的视在功率被有效利用的程度。在视在功率不变的情况下，功率因数越低，有功功率就越小，同时无功功率却越大。这种使供电设备的容量不能得到充分利用。功率因数低不但降低了供电设备的有效输出，而且加大了供电设备及线路中的损耗，因此，必须采取并联电容器等补偿无功功率的措施，以提高功率因数。

第二节　水厂变配电系统

电力是制水厂的主要动力能源，通过电源电压转变，电能输送分配和用电设备工作三个部分，将整个制水厂的生产工艺串联起来，组成一个完整的水厂变配电系统。

1. 水厂供电模式

（1）水厂供电负荷等级

为了保障供电的可靠性，按照用电负荷的性质和由于事故停电在政治经济上造成损失或影响的程度，将用电负荷分为三级。

根据国家有关规定，凡属首都直辖市、特大城市、经济特区、省会城市、大城市、重要中等城市的主要供水水源、净（配）水厂、泵站供电应采用一级负荷，上述城市的非主要供水水源、净（配）水厂、泵站和一般中等城市、小城市的供水水源，净（配）水厂，泵站的供电可采用二级负荷。

一级负荷的供电方式一般应由两个独立电源供电，按照生产需要和允许停电时间，采用双电源自动或手动切换的结线。

二级负荷的供电方式一般由两路电源供电，当取得两路电源有困难时，允许由一路专线电源供电，要求不会长时间中断供电，并能迅速恢复供电。

（2）水厂供电电压等级

水厂供电电压等级一般有两种：一种是低压供电，接入额定电压为三相 380V 的电源，直供 380V 三相电气设备或 220V 单相设备使用；另一种是高压供电，接入额定电压为 10kV（或 35kV）的电源，厂内设有高压配电站或变压器房，通过变配电供给 380V 三相电气设备或 220V 单相设备使用。

（3）供电质量

按照国家标准，供电公司提供的电源应达到：供电频率额定 50Hz，允许偏差为 ±0.5Hz；35kV 及以上的供电电压允许偏差不得超过 $\pm10\%$；10kV 及以下的高压供电和低压电力用户的电压变化不得超过额定电压的±7%；220V单相供电的电压变化不得超过额定电压的+7%或−10%。

2. 水厂常见供电结线方式

（1）水厂常见的10kV高压供电结线方式

1）双路10kV进线，环网柜结线，低压分列运行

双路10kV进线使用环网柜结线装置，高压侧不设母分开关，低压侧设母分开关，如图5-3所示。

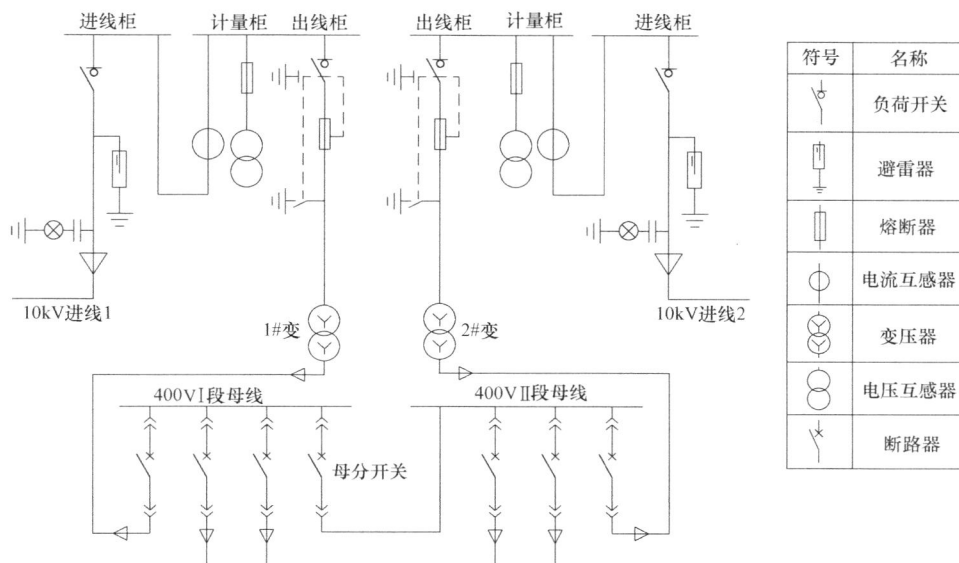

图5-3 双路10kV进线使用环网柜结线

正常运行时，二路高压电源同时使用或一用一备，0.4kV侧母分开关断开或合上（此时一路高压进线开关须拉开）。当一路高压电源中断供电时，通过低压侧母分开关倒闸操作使0.4kV另外一段母线仍能带电运行。

2）双路10kV进线，高压柜结线，低压分列运行

双路10kV进线，高压分段，设高压母分开关，如图5-4所示。水厂采用"二路同时用，先通后断操作"运行方式时，需和电力公司建立24小时调度关系，成为其调度户。

正常供电时，二路电源同时使用，母分断开。当一路进线电源要中断供电时，进行倒闸操作，可允许二路电源短时并环操作，即先合上母分，再拉开进线电源。因此在调换电源、检修倒换母线时，可实现不停电操作，避免短时停电和机房的频繁开停泵。

（2）水厂常见的0.4kV低压供电结线方式

1）双路0.4kV进线，两段母线分列运行

双路0.4kV进线，两段母线分列运行，设有母分联络开关，如图5-5所示。

正常运行时，二路0.4kV进线同时使用或一用一备，母分开关断开或合上（此时一路进线开关须拉开）。当一路进线中断供电时，通过母分开关倒闸操作可使带电进线提供两段母线运行。

2）双路0.4kV进线，一段母线运行

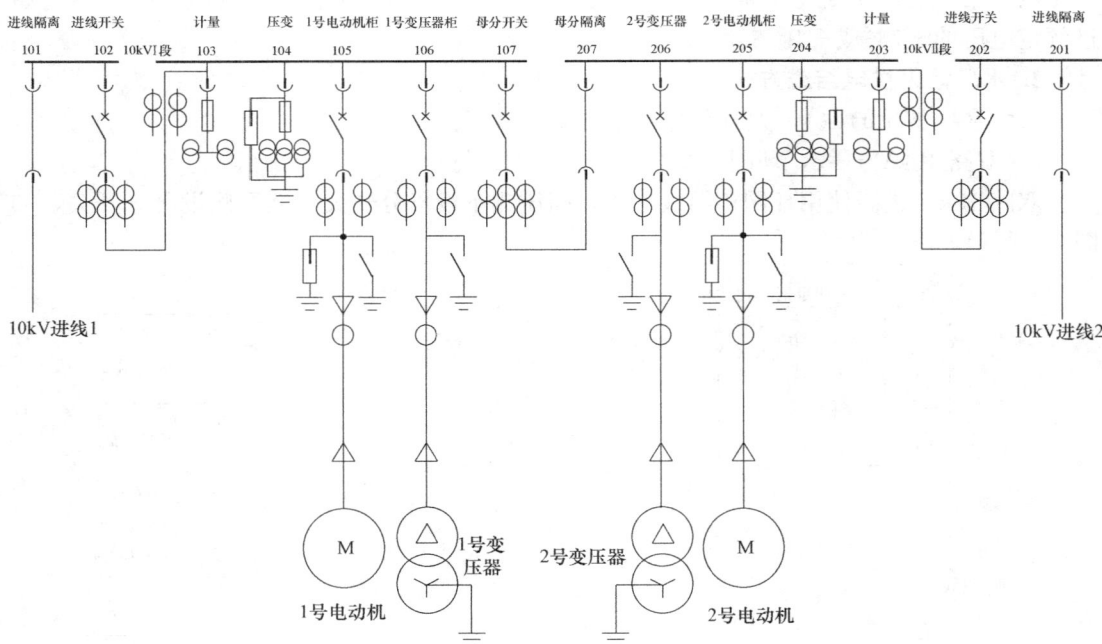

图 5-4 双路 10kV 进线高压柜结线

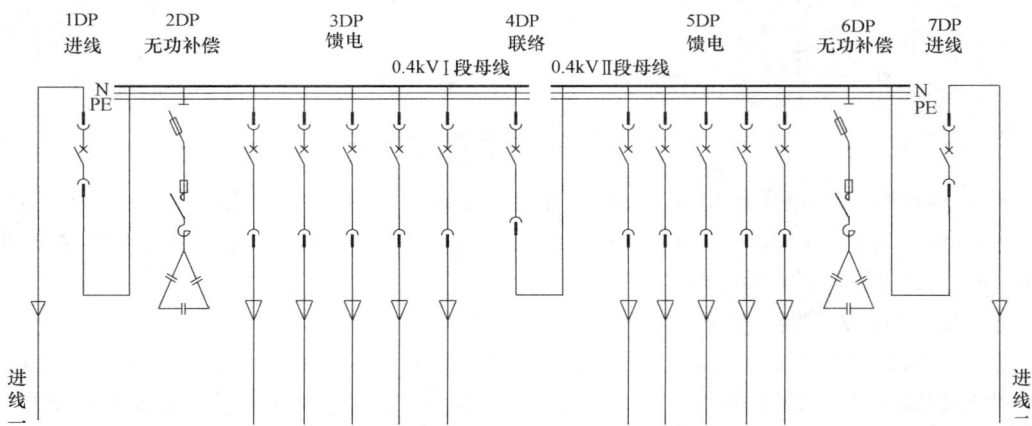

图 5-5 双路 0.4kV 进线两段母线分列运行

双路 0.4kV 进线，一段母线运行，不设母分联络开关，如图 5-6 所示。

正常运行时，二路 0.4kV 进线一用一备。当一路电源中断供电时，通过自动投切装置或人工切换，投运备用进线，使母线仍能带电运行。

3. 水厂主要变配电装置

（1）变配电装置

变配电装置，是用来接受、分配和转换电能，主要设备有变压器、高低压开关柜、测量仪表，连接母线（或电缆）和其他辅助设备的，可安装户外和户内两种。变配电装置须整体布局，有一定的电气安全间距、适当的通道等。

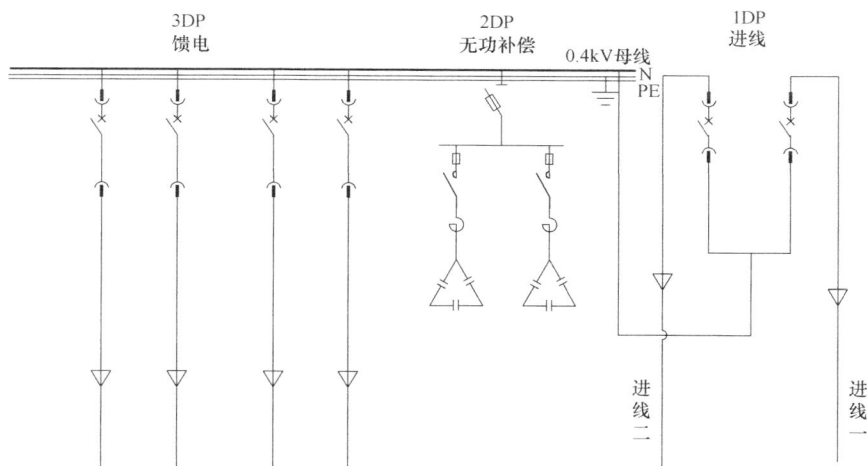

图 5-6 双路 0.4kV 进线一段母线运行

户内变配电所按变配电装置功能区分，可分为高压配电室，低压配电室，变压器室等，还有中央控制室等，都应具有"四防一通"功能，即防火、防汛、防雨雪、防小动物，并有良好的通风。

高压配电室承担着电能的受电、计量及分配馈电至变压器高压侧的功能；低压配电室承担着把从变压器受电转换过来的低压电能分配给各个用电现场或设备的任务；中央控制室一般放置信号屏，控制台等，负责对整个电力系统运行情况进行监视控制。

（2）高压开关柜

水厂 10kV 高压配电室一般都采用成套高压开关柜设备。按照不同功能，高压成套开关柜内可以安装高压断路器、电流互感器、电压互感器、避雷器、高压熔断器等一次设备，组合成断路器柜、计量柜、压变柜、馈电柜等不同用途的高压柜，形成一套完整的配电设备。

这种成套高压开关柜设备具有一定的防护等级，还有防误操作的联锁装置，即所谓的"五防"闭锁功能：防止带负荷拉合隔离刀闸；防止误合误分断路器；防止带接地线合闸；防止有电挂合接地线闸刀；防止误入带电间隔。

（3）低压开关柜

低压配电室的电源引自从变压器低压 0.4kV 侧，通过低压母线，经低压配电柜各种馈线送至现场设备用电。低压开关柜内的元件主要有刀闸、熔断器和空气断路器等。

除了低压开关柜外，水厂还常用就地动力控制箱、集中操作台、照明配电箱之类的。就地动力控制箱常在用电设备就近地方安装，用于现场控制用电设备。集中控制台通常装有控制按钮、信号灯及相关仪表等，用于某一工序的集中控制。

第三节 水厂常用电气设备

1. 高压电器

（1）高压断路器

电力系统正常运行时，高压断路器可以接通和切断高压电路中的空载电流和负荷电流;电力系统发生故障时,高压断路器在与保护装置协同控制下,能迅速切断故障电流,隔离故障设备,防止事故扩大,保证电力系统的安全运行。

在高压供电系统中,常用的断路器有少油、真空、六氟化硫等几种。其中真空断路器由于具有体积小、重量轻、开断容量大、维护工作量小、能防火防爆等特点,得到了广泛的使用。真空断路器如图 5-7 所示。

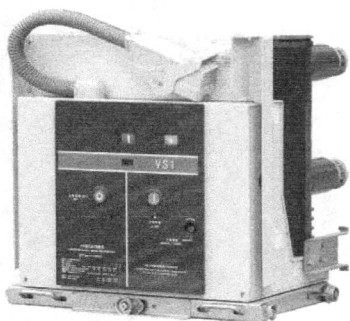

图 5-7　真空断路器

高压断路器在运行中应检查:

① 分、合闸位置指示应与当时实际运行情况相符。

② 支持绝缘子无裂纹及放电声。

③ 真空灭弧室无异常。

④ 少油断路器、油断路器是否漏油。

⑤ SF6 断路器的气体压力是否正常。

⑥ 操动机构内分、合闸线圈无冒烟和异味。

高压断路器发生下列情况之一时,应立即停电检查:

① 合闸后,内部有异声或有异味。

② 真空断路器的真空度过低。

③ 因漏油引起严重缺油或严重喷油喷烟。

④ SF6 断路器的气体压力过低。

(2) 负荷开关

高压负荷开关,即具有灭弧机构的小容量高压开关。只能在额定电压和额定电流下,接通或切断负载电流,不可切断故障短路电流,常与高压熔断器配合使用,由熔断器来切断故障短路电流。高压负荷开关按灭弧原理可分为:产气式、压气式、真空、SF6 等几种。

负荷开关的巡视检查有:

① 检查负荷电流是否在额定电流范围内,接点部分有无过热现象。

② 检查瓷绝缘的完好性及有无放电痕迹。

③ 检查灭弧装置的完好性,消除烧伤、压缩时的漏气等现象。

(3) 隔离开关

隔离开关,主要用于接通或隔离电源,断开电路时有一个明显的断开点。因其没有专门的灭弧结构,所以只能在没有负荷情况下使用,不能用来切断负荷电流和短路电流。其必须与断路器相配合使用,只有在断路器断开电路后才能进行拉断操作。

隔离开关在下列情况下也可断开或接通小功率电路,直接断合操作:

① 拉开或合上电压互感器和避雷器。

② 拉开或合上母线及直接连接母线上设备的电容电流。

隔离开关的巡视检查有:

① 接头和触头应无脏污、烧伤、过热痕迹。

② 绝缘子无裂纹、电晕和放电现象。

(4) 互感器

在电力系统中采用了电流互感器和电压互感器这两种电流和电压的变换装置,将大电流变成小电流、高电压变成低电压,供测量仪表和保护装置使用。

互感器在运行中，应检查项目有：

① 瓷套管或其他绝缘介质清洁完整，无裂纹、破损或放电现象；

② 无声响、无异味；

③ 互感器所连接的表计指示是否正常。

（5）高压成套装置

水厂使用中的高压成套柜有三种类型：固定柜、手车柜、环网柜。固定式开关柜，柜内所有元器件都有相对固定位置，不能移动。由于性能上的缺点，现固定式较少使用。手车式开关柜，现普遍采用中置手车结构（如图 5-8 所示），断路器置于柜体中部，利用滑架和滚轮，推入、拉出手车十分轻便。环网柜，是一种间隔式固定柜，主要装配为负荷开关、撞针式熔断器，具有体积小、可靠性高、操作安全、维护方便、性价比高等优点。

高压柜在运行中，应巡视检查项目有：

① 母线和各接点是否有过热现象，示温蜡片是否熔化。

② 开关柜中各电气元件在运行中有无异常气味和声响。

③ 一次回路各绝缘体有无碎裂、闪络、放电痕迹。

④ 操作机构的分合闸指示及指示灯显示是否和断路器实际状态相符。

⑤ 仪表、信号、指示灯等指示是否正确，保护压板及转换开关的位置是否正确。

⑥ 二次回路各继电器、开关、熔断路、电缆、端子连接等是否良好。

⑦ 设备接地是否良好。

⑧ 高压配电室的通风、照明及安全防火装置是否齐全，电缆沟是否积水，防小动物设施是否完备。

图 5-8　手车式开关柜

2. 低压电器

（1）低压断路器

低压断路器（又称空气开关），一般可用于手动或自动对配电线路、电动机或其他用电设备的不频繁通断操作，当电路中出现过载、短路和欠电压等不正常情况时，能自动分断电路，保护用电设备免受损害。

低压断路器在日常运行中，应检查断路器接头、塑壳等地方的发热情况等。

（2）接触器

接触器，常用于电力拖动和自动控制系统中，可以作为执行元件远距离、频繁地自动控制电动机的起动、运转、反向和停止。它能短时接通和分断超过数倍额定电流的过负载。当用于控制和保护电动机等电气设备时，必须和其他保护和控制电器（如熔断器、保护继电器、按钮等）配合使用。

接触器在运行中，应经常检查，检查项目有：

① 接触器有无异常噪音。

② 接触器电磁线圈有无发热冒烟现象。

③ 接触器动静触头有无过热、放电痕迹。

（3）熔断器

熔断器，在用电设备发生过载或短路时，电流超出限定值，熔体能自身熔化进而分断电路，避免对用电设备造成损害。

低压熔断器在使用中应注意下列几点：

① 熔断器及熔体必须可靠安装，接触良好。

② 更换熔丝时，一定要切断电源，避免身体或工具触到带电部分引起触电事故或发生闪络事故，避免可能发生的带负荷拔熔丝事故。

③ 只许更换相同容量的熔丝，不能擅自调大。

（4）热继电器

热继电器，主要用来对异步电动机进行过载保护。其工作方式是过载电流通过热元件后，使双金属片加热弯曲去推动动作机构来带动触点动作，从而将电动机控制电路断开实现电动机断电停车，起到过载保护的作用。

热继电器在运行中应检查：

① 检查电路的负荷电流，是否在热元件的整定范围内。

② 检查热继电器有无过热、异味及放电现象，各部件螺丝有无松动，脱落及接触不良，表面有无破损及清洁与否。

（5）刀开关

低压刀开关，主要用于低压配电装置的电路中，一般的刀开关不能带负荷操作，在负荷开关切断电路后只起隔离电压的作用，有明显的绝缘断开点，以保证检修和操作人员的安全。

刀开关在运行中应检查：

① 检查刀开关的负荷电流是否超过额定电流值。

② 检查三相触头是否同时接触，连接处有无过热现象。

③ 检查绝缘连杆、底座有无损坏和放电现象，灭弧罩是否清洁完整。

（6）低压成套设备

低压成套装置，是以低压开关电器和控制电器组成的成套设备。常用的低压开关柜有GGD 系列固定式低压开关柜；GCK、GCS 型抽屉式低压开关柜；ArTU、SIKUS 型固定分隔式低压开关柜。

低压开关柜在运行中应检查：

① 电流表、电压表、功率因素表等指示仪表应外表清洁、显示正常、固定可靠、数值在额定范围内。

② 各级断路器应外表清洁、触点完好、无过热现象、无噪音。

③ 继电器、交流接触器和互感器等元件应外表清洁、触点完好、无过热现象。

④ 指示灯、按钮转换开关等控制元件应外表清洁、标志清晰、牢固可靠、转动灵活。

⑤ 母线排应压接良好、色标清晰、绝缘良好、无发热现象。

⑥ 隔离开关应触头正常、开合正常。

⑦ 接地系统应接地良好。

3. 变压器

变压器是利用电磁感应的原理来改变交流电压的装置，以满足不同电压等级负荷的需要

（1）变压器的分类和结构

1）变压器的分类

除特殊用途变压器外，常见的变压器可按其冷却条件进行分类：

① 油浸式变压器——变压器内部的铁心和绕组完全浸在变压器油里。

② 干式变压器——变压器绕组使用环氧树脂干封，用风机吹冷。

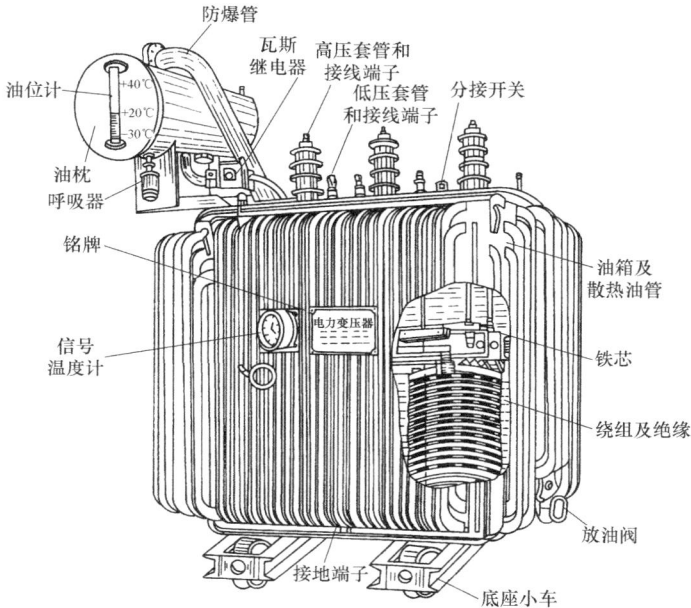

图 5-9　油浸式变压器

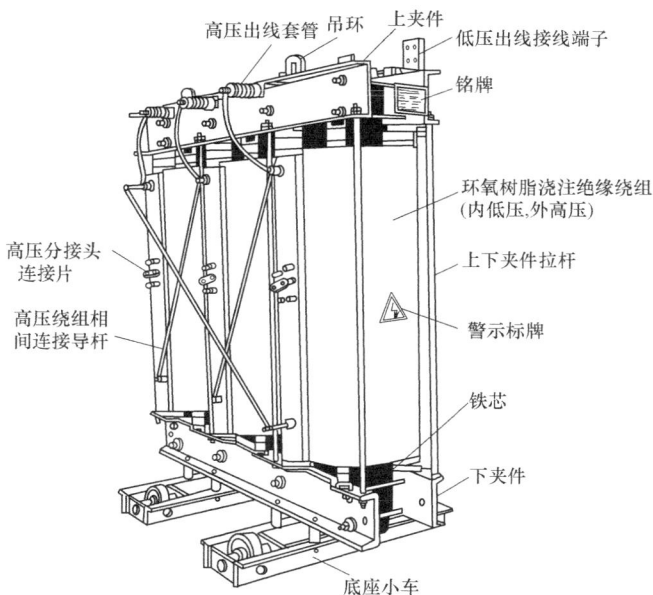

图 5-10　干式变压器结构图

2）变压器的结构

变压器的基本结构，有铁心和绕组两大部分，以及附属配件等。

普通三相油浸式变压器的结构图，如图 5-9 所示；环氧树脂浇注绝缘的三相干式变压器的结构图，如图 5-10 所示。

（2）变压器的工作特性

1）变压器的工作原理

变压器是利用电磁感应原理，从一个电路向另一个电路传递电能的一种电器设备，它可将一种电压的交流电能变换为同频率的另一种电压的交流电能，图 5-11 为其工作原理示意图。

变压器具有高压侧绕组匝数多、电流小；低压侧绕组匝数少、电流大的特性。

2）变压器的主要技术参数

① 额定容量（KVA）：变压器在厂家规定的使用环境和运行状态下，变压器连续运行时，能输送的容量。

② 额定电压（KV）：变压器长时间运

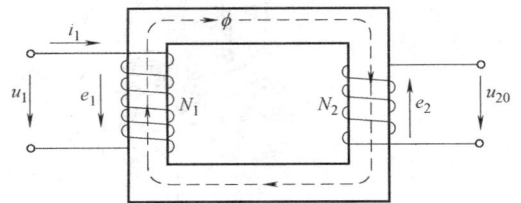

图 5-11　电磁感应原理

行时所能承受的工作电压，其一次侧的额定电压等于电力网的额定电压，二次侧的额定电压为变压器空载情况下，当一次侧绕组加上额定电压时，二次绕组的空载电压值。

③ 额定电流（A）：变压器在额定容量下，变压器一、二次绕组允许长期通过的电流。

④ 绝缘等级：变压器绕组主要采用 B、F、H 绝缘等级标准。

⑤ 冷却方式。油浸变压器的冷却方式有：油浸自冷、油浸风冷、强油风冷、强油水冷等几种。干式变压器的冷却方式有：空气（循环）自然冷却、吹风冷却。

3）变压器的运行方式

① 变压器运行温度

变压器在运行中，电能在铁芯和绕组中的损耗转变为热能，引起各部件发热，使变压器自身温度升高。若长时间超温运行，变压器内部元件会加速绝缘老化，易造成绝缘破裂击穿，而使变压器损坏。对于油浸式变压器，在正常情况下，为防止变压器油劣化过速，上层油温不宜超过 85℃；对强迫油循环风冷的变压器最高不得超过 80℃；对强迫油循环水冷的变压器最高不得超过 75℃。

干式变压器的温度限值如表 5-1 所示（制造厂有规定时按制造厂规定）。

干式变压器绕组温升限值　　　　　　　　　　　　　　　　表 5-1

变压器绝缘耐热等级	绝缘系统温度等级　（℃）	额定电流下的绕组平均温升限值 K
B	130	80
F	155	100
H	180	125

② 变压器并列运行

将两台或多台变压器的一次侧以及二次侧同极性的端子之间，通过同一母线分别互相连接，这种运行方式叫变压器的并列运行。变压器并列运行可根据用电负荷大小来进行投切，可尽量减少变压器本身的损耗，达到经济运行的目的；同时在倒电源期间可有效减少停电范围和次数，提高供电可靠性。

不同变压器应同时满足下列条件，方可进行并列运行：

a. 变压器的接线组别相同。

b. 变压器的变比相同（允许有±5%的差值）。

c. 变压器的短路阻抗相等（允许有±10%的差值）。

d. 并联变压器的容量比一般不宜超过 3：1。

（3）变压器的巡检与异常情况处理

1）变压器的巡检

变压器在运行中，值班人员应根据相关仪表监视变压器的运行情况，还需进行现场检查。有人值班的变电站内的变压器每天至少检查一次，每周应有一次夜间检查。无人值班的变电站和容量在 3150kVA 及以上者，每十天至少检查一次，容量在 3150kVA 以下者，每月至少检查一次，并应在每次投入前和停运后进行检查；安装在室内的 3150kVA 以下的和柱上变压器每 2 月至少检查一次；在气温突变或特殊情况下，均应进行额外的检查，雷雨后应检查套管有无放电痕迹，避雷器及保护间隙的动作情况。

变压器在运行中，值班人员应定期或定时进行巡视检查，检查内容见表 5-2。

变压器的巡视检查 表 5-2

序号	类别/名称		检查内容及标准
1	综合	负荷检查	在一般情况下，读取的变压器实际负荷电流不应超过铭牌额定电流
2		音响	应为平稳、均匀、轻微的嗡嗡声。如发现响声特别大或不均匀，有放电声，有其他声音等，则属于声音异常
3		接地	中性点和外壳接地良好
4		辅助设施	房屋不漏水，门、窗完好，防小动物设施完好，通风正常
5	油浸式变压器	顶层油温检查	运行中变压器的顶层油温一般应低于 85℃
6		防爆膜(或压力释放器)、瓦斯继电器	防爆管顶端的防爆膜应完整无裂纹、无存油。(或压力释放器完好)；瓦斯继电器上部无气体积聚
7		油位	变压器油位计显示正常油位，变压器各密封处无渗漏油现象
8		绝缘套管与引出线接头	绝缘套管应清洁、无破损裂纹及放电痕迹。引出线接头接触良好，无发热变色现象
9		呼吸器	呼吸器应畅通，硅胶吸潮未达到饱和(硅胶未变色)
10	干式变压器	元器件	柜内各元器件、接头无发热变色现象，绝缘设备无破损及放电痕迹
11		温控仪	温控仪表运行正常，面板温度指示正确(按绕组绝缘等级来判断温升)，无故障报警信息
12		风机	风机运行正常，无异常声音，手、自动切换正常
13		器身	柜门关闭良好，器身进风口与出风口无阻塞

2）变压器异常处理

① 运行中的变压器发现有下列情况之一的，<u>应立即停运变压器</u>：

a. 变压器在额定电流之下，冷却正常时，油温不断升高或器身喷油或严重漏油。

b. 变压器内部发出不均匀的声响或爆裂声。

c. 一二次接线套管发生破裂，或有放电现象。

d. 变压器器身着火，或临近物体着火，严重危及变压器安全。

② 当运行中的变压器发生继保（综保）动作跳闸，应先查看高压柜继保（综保）信号，确定发生动作保护装置类型，再了解在变压器跳闸同时发生的外部现象，如变压器负荷情况、变压器进线情况等，之后再酌情分别处理：

a. 若变压器进线情况正常，继保（综保）过负荷保护动作，这一般是由于变压器负荷过大引起的。应急措施为：先对变压器作一般性外部检查，设备检查无恙后，可将变压器再次投入运行，但应注意负荷调控，避免再次过负荷跳闸。

b. 若继保（综保）速断保护动作，这一般是变压器高压线路上出现相间短路或对地短路故障所引起的。应急措施为：停用变压器，对高压线路上所有设备（包括高压柜、出线全程电缆、变压器）进行仔细检查，未找到短路故障点将之隔离前，不得对变压器再次送电。

c. 若瓦斯或差动保护装置保护动作，这一般是变压器自身出现故障所引起的。应急措施为：对变压器做外部详细检查，检查变压器套管是否损伤、电缆头或连接变压器的低压母线是否损伤等，并应测量变压器线圈的绝缘电阻和绕组直流电阻，待故障消除后，方可再次送电。

4. 三相交流异步电动机

电动机是把电能转换成机械能的一种设备。为不同用途和不同工作环境需要，制造厂制有各种系列电动机，每个系列的电动机按不同性能参数，用不同的型号来表示。常用的国产异步电动机有 Y、Y2 等系列。

（1）三相交流异步电动机的结构

三相交流异步电动机，由固定的定子和旋转的转子两个基本部分组成，转子装在定子内腔里，借助轴承被支撑在两个端盖上。为了保证转子能在定子内自由转动，定子和转子之间必须有一定间隙，称为气隙。其内部结构如图 5-12 所示。

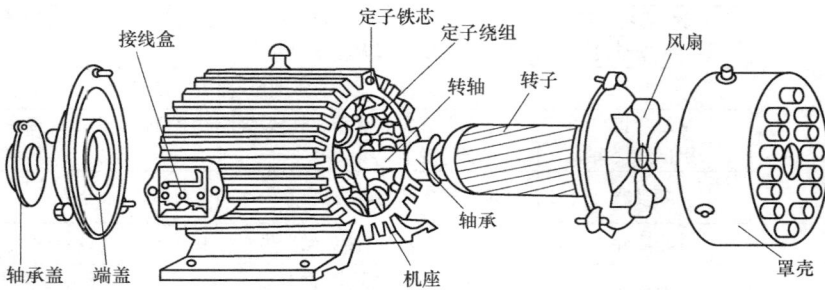

图 5-12 三相交流异步电动机内部结构示意图

① 定子

定子是用来产生旋转磁场的。三相异步电动机的定子由定子三相绕组、定子铁心和机座组成。

② 转子

转子是用来产生电磁力矩带动负载转动的部件。转子由转子铁芯、转子绕组及转轴组成。

③ 其他部分

主要包括端盖、轴承盖、风扇及风罩等。

（2）异步电动机的工作特性

1）电动机的工作原理

电动机是利用通电线圈（定子绕组）产生旋转磁场并作用于转子形成磁电动力旋转扭矩，输出拖动负载设备，从而实现电能至机械能的转变。

电动机的旋转方向由定子线圈电流的相序决定，若任意对调两根电源线的接线，则电动机随之改变转向。

2）交流异步电动机的主要参数和性能指标

① 额定功率

又称额定容量，指电动机在额定工作状态下运行时，转轴上输出的机械功率，用符号 P 表示，单位为 kW。

② 额定电压

指在额定工作状态下，电动机三相定子绕组应加的线电压值，用符号 U_e 表示，单位为 V 或 kV。

③ 额定电流

指电动机在额定工作状态下运行时，定子绕组输入的线电流，用符号 I_e 表示，单位为 A。

④ 额定转速

指在额定工作状态下运行时，电动机转子每分钟的转速，用符号 n 表示，单位为 r/min。

⑤ 接法

指在额定电压下，电动机三相定子绕组各个首末端头的联接方法。三相异步电动机的联接方法有星形（Y）联接和三角形（△）联接两种。

⑥ 绝缘等级

指电动机绕组所用的绝缘材料的耐热等级，它表明电动机所允许的最高工作温度。电气绝缘材料的耐热等级分为七级，电动机常用的为：Y 级—极限 90 ℃、A 级—极限 105 ℃、E 级—极限 120℃、B 级—极限 130℃、F 级—极限 155℃、H 级—极限 180℃。

⑦ 额定功率因数

当电动机在额定工况下运行时，定子相电流和电压之间的相位差（ϕ）的余弦值 $\cos\phi$，称之为额定功率因数。功率因数是电机的力能指标，其数值大小直接影响着电动机利用率的好坏。

⑧ 额定效率

电机在运行时，其输出功率与输入功率不等，两者差值等于电动机本身的损耗，包括铜损、铁损及机械损耗等。当电动机在额定工况下运行时，输出功率与输入功率的比值，称为电机效率，用百分数表示。一般鼠笼式电动机在额定运行时的效率约为 72%～93%。

⑨ 起动转矩

当给处于停止状态下的交流异步电动机加上电压时的瞬间，电动机产生的转矩称为启动转矩，这个启动转矩能克服转子的静摩擦和电机所带动的负荷产生的阻力。通常交流异步电动机在全压的状态下，瞬间起动转矩为额定转矩的 125% 以上。如果起动转矩过小，会使电动机不能带负载起动。

⑩ 起动电流

电动机接通额定电压从零速开始起动时输入的线电流，称为起动电流。电动机起动电流一般为其额定电流的 5～7 倍。随着电动机转速逐步升高达到额定转速时，电动机运行电流也由大变小，最后恢复到电动机的额定电流。

（3）电动机的运行和维护

1）电动机起动

电动机在操作起动之前，需要对其进行相应的检查：

① 对长时间停用的电动机，应检查其绕组的绝缘电阻（包括相间及相对地），500kW 及其以上的电动机还应增加吸收比的测量，吸收比应大于 1.3。

② 检查输入电源电压是否正常，电压变动范围应在其额定电压的 -10%～+10% 范围内，三相电压的差别不大于 5%。

③ 检查电机和负载之间的联轴器是否牢固连接，机组转动是否灵活，有无摩擦、卡住、窜动等不正常现象。

④ 检查电动机轴承是否有足量油，若轴承用水冷却，则应开启冷却水。

⑤ 检查电动机的配套设备（控制柜、机旁电容补偿柜、机旁避雷器柜等）是否正常。

⑥ 检查电动机外壳接地是否可靠，机组周围有无妨碍运行的杂物或易燃物品等。

电动机接通电源起动后，若发现电动机没有起动或起动时转速较低以及声音有不正常等现象，应立即切断电源检查故障原因。只有在排除故障后，才能重新接通电源起动。

起动同一母线下的多台电动机时，应按电机容量从大到小一台一台起动，切勿同时起动，以免压在母线上的起动电流过大使得母线断路器跳闸。

电动机应避免频繁起动，防止因频繁起动而使电动机出现过热现象，人为缩短电动机的使用寿命。正常情况下，鼠笼式电动机允许在冷态情况下，起动两次，每次间隔时间不得小于 5 分钟；在热态情况下，允许起动一次。无论冷态还是热态，电机起动失败后，都应查找原因。

2）电动机运行中的监视与检查

电动机在正常运行时，重点应监视检查下列内容：

① 电源电压：不超过额定电压的 -5%～+10%，三相电压不对称的差值不应超过 5%。

② 负载电流：不得超过铭牌额定电流，三相电流不平衡的差值不得超过 10%。

③ 温升：是指电动机的运行温度与环境温度的差值。三相异步电动机的最高允许温度和最大允许温升应符合其绝缘等级规定。

④ 声音：电动机运行时，各部位不应有异常声响，电机运转声音没有明显的改变或加大。

⑤ 振动：电动机运行时，应转动平稳，振动无明显加大，振动测量数值应符合相关规定。

⑥ 气味：电动机各部位无异味、焦糊味甚至冒烟现象。

⑦ 电机接地良好，散热通风口畅通。

3）电动机的一般异常情况处理

电动机在长时间运行过程中，会发生各种各样的异常情况，归纳起来可分为机械方面的异常故障和电气方面的异常故障。

① 电机起动后，声音异常，振动大

可能原因和处理办法：

a. 电源缺相，电机单相运行。应检查电源及相关主回路设备，消除缺相。

b. 转子不平衡或转子扫膛。应拆机，检查转子并校验其动平衡。

c. 机壳裂纹振动或地脚螺栓松动。应修补裂纹，紧固地脚螺栓。

d. 风叶碰壳或风扇损坏。应检修风叶，必要时更换风扇。

② 电动机在运行中过热或冒烟。

可能原因和处理办法：

a. 电压过低或电压过高，引起电流增大，绕组发热。应检查电源电压情况并采取相应措施。

b. 电动机单相运行。应停机检查电源及主回路中各器件完好情况。

c. 三相电压严重不平衡。应检查电源电压以及同母线上的其他电气设备情况。

d. 定子绕组短路、断路或接地。应停机检修定子绕组。

e. 负载过重或电机频繁起动。应减轻负载，避免频繁起动。

f. 电动机轴弯曲、变形。应停机检修电动机转子，必要时更换轴承。

g. 电动机通风散热差。应停机检修清扫风道。

h. 周围环境温度过高。应加强环境通风，并对电机外壳强制吹风降温。

4）电动机事故处理

当运行中电动机跳车停运时，值班人员应迅速查明跳车原因，必要时起动备用完好设备，以保障供水安全。在事故原因不清时，不得对跳闸电动机进行再合闸运行。

电动机在运行中如出现下列情况之一时，应立即切断电源，停机检查：

① 发生人身事故。

② 水泵及附属设备发生故障或损坏而不能送水。

③ 电动机剧烈振动、噪声大或声音异常。

④ 电动机绕组、轴承温升超过允许值。

⑤ 电流突然剧烈变化。

⑥ 电压单相运行。

⑦ 电动机冒烟起火。

⑧ 电动机联轴器、风扇损坏

⑨ 电动机控制设备、机旁避雷柜或无功补偿柜故障。

第四节　电气管理

为确保安全生产，制水厂应建立健全并严格执行电气设备安全操作规程和安全管理制度，采取各种切实有效的措施，防止各类电气设备事故的发生。

1. 电气设备巡检和事故应急

（1）电气设备巡检

巡检电气设备是掌握设备运行情况，发现设备的异常情况、变化情况，从而确保设备连续安全运行的必要手段，水厂应制定相关的电气设备巡检制度。

值班人员必须按规定时间、巡查路线、巡查项目认真执行。巡回检查要求通过目测、耳听、鼻嗅、辅助工器具等方式进行细致检查，做到勤看、勤听、勤嗅、勤分析比较，主动发现消除电气设备缺陷，并及时上报、记录。

一般电气设备正常巡视内容有：

① 设备外部绝缘状况是否损坏裂纹等。

② 设备有无异常声音、发热及油位或压力异常变化情况等。

③ 设备有无漏油、异味及色变等。

④ 设备灯光、音响是否正常，测量表计指示是否正确。

⑤ 设备遮拦、标示牌应醒目齐全。

⑥ 配电室内有无漏水，电缆沟是否积水，门窗应关闭严密。

电气设备巡检时，人员应带合格的工具、仪器、劳动保护用品，注意与高压带电设备、电机设备转动部分保持足够的安全距离。在检查电缆、空气开关、接触器时，严禁直接用手或直接手持金属物件或湿物件去触摸带电导体。

（2）电气事故应急

发生电气事故时，值班人员必须沉着、清醒、准确地进行处理，不应慌乱匆忙、未经慎重考虑即进行处理，以免扩大事故，具体措施有：

① 尽快限制事故的发展，消除事故的根源，并解除对人身及设备的威胁。

② 按相关断电应急预案进行操作和处理，对重要设备保证不停电，对已停电的设备应尽快恢复供电。

③ 必要时，改变供电运行方式，使供电恢复正常。

④ 在事故处理的过程中，值班人员除积极处理外，还应有明确分工。要将事故发生及处理情况分别详细地记录在值班记录本、设备缺陷记录本和事故记录本上，并且立即向企业有关负责人及相关电气技术人员汇报。

⑤ 对于有事故的设备，在判明事故范围和性质后应尽快隔离处理，如值班人员无法处理，应尽快通知有关电气技术人员、检修人员来处理，值班人员应做好现场的准备工作。

⑥ 为了防止事故的扩大，值班人员必须将事故处理的每一阶段正确地报告给有关负责人及相关电气技术人员。

2. 电气安全管理

（1）高配（高压配电所）安全管理

1）高配的两票三制

水厂的高压配电所，其安全运行须建立两票三制。两票：当电气设备检修（工作）时要有工作票；当电气设备操作时要有操作票。三制：运行值班人员在交班和接班时要有交接班制度；运行值班人员在当班期间要定时定期对设备进行巡回检查，并明确巡回检查内容，即巡回检查制度；为保证设备的完好性和备用设备完好地处在备用状态，应定期对设备及备用设备、事故照明、消防设施等进行试验和切换使用，即设备定期试验轮换制度。

2）高配的倒闸操作

高压电气设备如开关、闸刀等因需要进行合上、拉开或切换等相关的操作，叫做倒闸操作。

倒闸操作一般应由两人进行，一人操作，另一对设备较为熟悉的人进行监护。操作人员按操作任务正确填写操作票，并在模拟图板上预演正确，监护人核对。操作中，监护人员按操作票逐项唱票、监护确认设备状态变位；操作人员复诵、操作。

对于倒闸操作顺序，除严防带负荷拉、合闸外，应下列原则进行操作：停电拉闸时按开关、负荷侧闸刀、母线侧闸刀顺序依次操作；送电合闸操作顺序与停电拉闸相反。这是当开关失灵而没有真正拉开或合上时造成带负荷拉、合闸事故的范围可以缩小。

（2）保障安全作业的组织措施和技术措施

1）保障安全的组织措施

在全部停电或部分停电的高压电气设备上工作，必须完成的组织措施有：工作票制度、工作许可制度、工作监护制度、工作间断、转移和终结制度。

2）电气设备安全作业的技术措施

安全生产作业的技术措施有：停电、验电、装设接地线、悬挂标示牌或装设遮拦。上述措施有值班人员执行，并应有人监护，对于无人值守的设备和线路，可由工作负责人执行。

（3）电气安全用具

在生产运行中，为了保障人身安全、防止电气事故发生，工作人员按规定必须使用相关电气安全用具。电气安全用具按使用功能可分为绝缘安全用具和一般防护安全用具两大类。

1）绝缘安全用具

绝缘安全用具是保障人员不受到直接电击的安全用具。常用的有：

① 绝缘杆（又称操作杆）

绝缘杆主要用于接通或断开隔离开关、带电测量试验等工作，其结构主要有工作、绝缘和握手三部分组成，如图 5-13 所示。

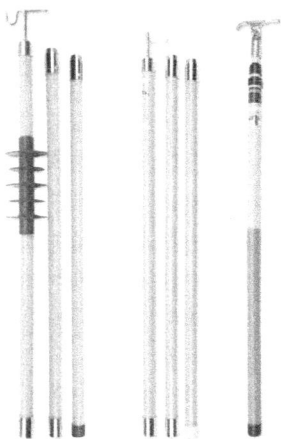

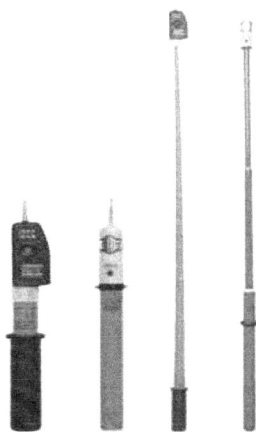

图 5-13　绝缘杆　　　　　　图 5-14　高压验电器

使用绝缘杆前，必须核对确认绝缘杆的电压等级应与所操作的电气设备的电压等级相同，并在试验合格有效期内。使用时，人员应穿戴绝缘手套和绝缘鞋，手应握在杆的握手部位。

② 有源声光型高压验电器

高压验电器用于检测对地电压为 250V 以上的电气设备是否带电。声光型验电器由声光电压指示器和全绝缘自由伸缩式操作杆组成，如图 5-14 所示。

使用验电器前，必须核对确认验电器的电压等级应与所操作的电气设备的电压等级相同，并在试验合格有效期内。使用时，人员应穿戴绝缘手套和绝缘鞋，手应握在杆的握手部位，将操作杆拉伸至规定长度，然后按声光电压指示器按钮进行自检，如有条件，还应再到同等电压带电设备上进行验证。验电时，人体应与验电设备保持安全距离 0.7m（10kV 及以下电压等级）。

③ 绝缘手套、绝缘鞋和绝缘垫

在高压电气设备上进行操作，人员必须穿戴绝缘手套和绝缘鞋。使用前，人员应检查绝缘手套、绝缘鞋是否在使用试验合格有效期内，并检查其外观有无破损。若已过有效期或外观破损，则不得使用。

绝缘垫一般铺放在配电设备前后的地面上，用以提高人员对地的绝缘，防止人员触电伤害。

2）一般防护安全用具

一般防护安全用具主要用于防止停电设备突然来电、工作人员误操作等事故的发生。常用的有：

① 携带型接地线

携带型接地线是在检修设备停电后，对设备进行三相短路接地用，可有效防止发生人员触电事故。装设接地线应先接接地端，后接导体端，接地线应接触良好，连接应可靠。拆接地线的顺序与此相反。

② 遮拦、标示牌

遮拦是提醒人员应注意的措施，防止人员走错位置、误入带电区或临近带电危险距离。

标示牌是用来警告人员不可靠近带电设备以及表明禁止向某设备或线路合闸操作。标示牌，可分为禁止类、警告类和提示类，例如"禁止合闸，有人工作"、"止步，高压危险"、"在此工作"等。

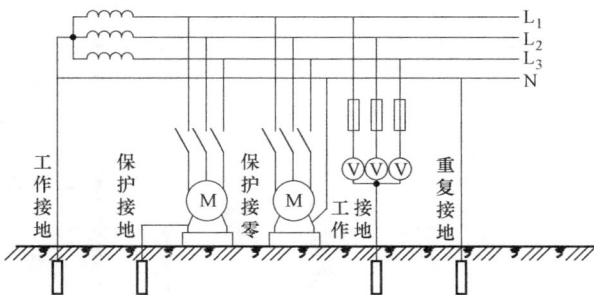

图 5-15 接地方式

3. 触电和电气火灾

（1）电气设备接地保护

在电力系统中，为保障电力系统及电气设备的正常运行，防止人身触电的危险，通常采用接地保护，其方式有工作接地、保护接地、保护接零、重复接地等，如图 5-15 所示。

（2）触电急救

1）触电的原因和危害

触电是人体触及带电体或带电体与人体之间电弧放电时，电流经过人体流入大地或是进入其他导体构成回路的现象。当一定强度的电流通过人体时，就能使人的肌肉剧烈收缩，无法自主脱离电源，同时通过的电流又使人体机体受损、神经麻痹，严重时会使呼吸停止，心脏停跳，致人死亡，所以触电对人的伤害相当危险。

电流对人体的伤害，主要分为电击和电伤。电击是人体触电后，由于电流流过人体的内部器官，使其出现生理的变化，如呼吸中区麻痹、心室颤动，呼吸停止等。电伤是人体触电时，电流对人体外部造成的伤害，如电灼伤、电烙印等。

电流对人体伤害程度与通过人体电流的大小、频率、持续时间、途径以及人体的电阻大小等因素有关。在一般情况下，通过人体的工频电流超过 50 毫安，心脏会停止跳动；通过 100 毫安以上的电流将很快导致人死亡。

2）触电的现场急救

当发现有人触电时，首先应迅速使触电人脱离电源，然后根据触电人的具体情况，采取相应的方式进行急救。

触电人伤势不重，神志清醒，应就地仰面躺平，保持气道通畅，间隔 5s 时间，呼叫或轻拍其肩部，以判断其意识是否丧失。

触电人如呼吸停止但有心跳的，应采用口对口（鼻）人工呼吸法抢救。

触电人如有微弱呼吸但无心跳的，应采用胸外心脏按压法抢救。

触电人如呼吸、心跳都停止的，应采用口对口人工呼吸法和胸外心脏按压法交替进行使用，每做 10～15 次胸外心脏按压再吹气 2～3 次，反复进行。

触电现场急救，必须坚持到医务人员来接替抢救为止。

（3）电气火灾

1）电气火灾的原因

电气火灾，就是由于电气设备原因发引发其绝缘体或其他物体的燃烧的灾害。引发电气火灾的常见原因主要有：

① 短路。短路的时候，电流迅速升高至额定电流的 10～15 倍，使电线电路严重超负荷而发热，导致火灾发生。

② 过载。电气过载，电气本身及线路因超负荷而发热燃烧，导致火灾发生。

③ 静电、电弧。因静电或接触不良等原因产生的电弧将可燃物品或气体点燃导致火灾发生。

2）电气火灾的扑救

电气火灾有其特殊性，一是着火电气设备还可能带电，如不注意可能会引起触电事故，二是有些电气设备带有大量油，着火后可能发生喷油甚至爆炸事故，而造成火势蔓延，扩大火灾范围。因此电气火灾危害性很大，需要及时扑灭。

当发生电气火灾时，首先要设法切断电源。有时为了争取灭火时间或因生产原因，无法断电，则需要带电灭火。带电灭火须使用不导电的灭火器进行灭火，如二氧化碳、干粉灭火器等适用于扑灭电气火灾的灭火器。带电灭火必须注意周围环境，必须保持足够的安全距离，对 10kV 及以下的设备，该距离不应小于 40cm，防止身体或使用消防器材等直接与带电部分接触或过于接近，造成触电事故。切记：绝对不能直接用水，也不能用酸碱或泡沫灭火器，因其灭火药液有导电性，手持灭火器的人员会有触电危险。

第六章

计算机基础与自动化信息化

第一节　计算机基础知识

1. 计算机硬件

计算机硬件是指计算机系统中由电子，机械和光电元件等组成的各种物理装置的总称。这些物理装置按系统结构的要求构成一个有机整体，为计算机软件运行提供物质基础。

从外观上来看，微机由主机箱和外部设备组成。主机箱内主要包括 CPU、内存、主板、硬盘驱动器、光盘驱动器、各种扩展卡、连接线、电源等；外部设备包括鼠标、键盘等。

计算机由运算器、控制器、存储器、输入设备和输出设备等五个逻辑部件组成。

硬件系统的核心是中央处理器（Central Processing Unit，简称 CPU）。它主要由控制器、运算器等组成，并采用大规模集成电路工艺制成的芯片，又称微处理器芯片。

存储器（Memory）是计算机系统中的记忆设备，用来存放程序和数据。计算机中全部信息，包括输入的原始数据、计算机程序、中间运行结果和最终运行结果都保存在存储器中。它根据控制器指定的位置存入和取出信息。有了存储器，计算机才有记忆功能，才能保证正常工作。

输入设备（Input Device）是用户与计算机进行交互的一种装置，用于把原始数据和处理这些数的程序输入到计算机中。

输出设备（Output Device）是计算机的终端设备，用于接收计算机数据的输出显示、打印、声音、控制外围设备操作等。也是把各种计算结果数据或信息以数字、字符、图像、声音等形式表示出来的设备。

2. 计算机软件

计算机软件（Software，也称软件）是指计算机系统中的程序及其文档，程序是计算任务的处理对象和处理规则的描述；文档是为了便于了解程序所需的阐明性资料。

软件是用户与硬件之间的接口界面。用户主要是通过软件与计算机进行交流。软件是计算机系统设计的重要依据。为了方便用户，为了使计算机系统具有较高的总体效用，在设计计算机系统时，必须通盘考虑软件与硬件的结合，以及用户的要求和软件的要求。

软件的含义：

① 运行时，能够提供所要求功能和性能的指令或计算机程序集合。

② 程序能够满意地处理信息的数据结构。

③ 描述程序功能需求以及程序如何操作和使用所要求的文档。

计算机软件总体分为系统软件和应用软件两大类

系统软件是负责管理计算机系统中各种独立的硬件，使得它们可以协调工作。系统软件使得计算机使用者和其他软件将计算机当作一个整体而不需要顾及到底层每个硬件是如何工作的。一般来讲，系统软件包括操作系统和一系列基本的工具。

应用软件是为了某种特定的用途而被开发的软件。它可以是一个特定的程序，比如一个图像浏览器。也可以是一组功能联系紧密，可以互相协作的程序的集合，比如微软的 Office 软件。也可以是一个由众多独立程序组成的庞大的软件系统，比如数据库管理系统。

第二节　自动化与信息化概述

1. 供水自动化和信息化的一般概念

供水自动化和信息化技术，完全改变了供水企业传统的生产和管理模式，它使生产从手动向自动控制的方向发展，将提高水质、保障供水、优质服务和提高效率的努力提升到了新的阶段。

自动化和信息化的概念不完全相同，但之间并无严格的界限。自动化着重于生产过程，强调由手工操作变为无需人工介入的过程，它是生产过程的信息化。而信息化则覆盖生产、经营管理、服务等领域，强调信息的综合利用，它的含义更加广泛。在一定的意义上来说，前者是后者的基础，后者是前者的扩展和延伸。

2. 供水自动化和信息化系统组成

供水自动化和信息化系统组成　　　　　　　　　　　　　表 6-1

序号	系统名称	使用部门
1	水厂监测与控制系统	水厂
2	计算机辅助调度系统	总公司
3	管网地理信息系统	总公司、营业所
4	自来水客户服务系统	总公司、营业所
5	抄表和营业收费系统	营业所
6	管理信息系统	总公司、水厂、营业所
7	计算机网络系统	总公司、水厂、营业所
8	安保系统	总公司、水厂、营业所

尽管有各种不同的分类、命名和组织方法，供水企业的自动化和信息化系统通常由以下子系统组合而成，见表 6-1。

自动化和信息化系统在供水企业的生产、管理、服务中已经起到不可替代的作用。可以说，今天若没有自动化和信息化技术的支持，几乎不可能有效和经济地运行一个供水企业。

3. 供水自动化信息化的发展趋势

随着自动化信息化技术的飞速发展，城市供水自动化信息化发展趋势是：

① 各个系统的进一步的集合整合

将当代的先进技术，如模糊逻辑技术、神经网络技术、前馈控制技术、数学模型技术、智能和自动的分析方法应用在系统中，完成各子系统之间无缝的集成整合，应用水平很高，系统功能变得十分强大。

② 提高系统可靠性和可用性

闭环控制技术、远程手动控制技术、高级优化控制技术均达到很高水平。由于系统的可靠性高，中小型水厂实现夜间无人值守，可以关门运行，不会受到影响。但大型水厂仍需现场管理，要 24 小时值班。

③ 注重系统的实用性和标准化，不盲目追求豪华，硬件配置朴素

在国内外供水企业中比较先进的调度室，使用的电脑或服务器不一定是最新的，但可靠性很高，维护保养到位，故障率很低。同时，看不到配置豪华的 DLP 大屏，多数是固定式的模拟屏，或者投影仪。

第三节 水厂监测与控制系统

净水厂的生产具有连续不间断的特点，监控对象分布在加药、滤池、泵站等各个单元，数据分散、监测量大、顺序控制量多、反馈调节量少是水厂控制系统构成的主要特点。根据水厂工艺的这些特点，它的工作模式是"集中管理、分散控制"，系统结构是"纵向分层，横向分站"。

"集中管理"指调度主机完成信息采集和处理，实行集中的监控管理；

"分散控制"指控制系统分散智能、分散控制、分散供电和分散负荷；

"纵向分层"指水厂的控制系统从结构上分为三级：现场级、控制级和管理级，局部网络将三者紧密地联系起来；

"横向分站"指按照水厂的工艺流程，一般将控制单元划分为原水泵房、加药、沉淀、过滤、深度处理、出水泵房、排泥水处理等单元站。

1. 系统组成

水厂监测与控制系统也称自来水厂自动控制系统，由现场仪表（含执行机构）部分、数据采集与控制部分、监控部分组成，系统框图见图 6-1。

（1）现场仪表部分

现场仪表部分包括过程参数仪表以及机泵设备等执行机构，提供水厂各个生产环节的现场实时数据，是最基础的部分。

过程参数检测仪表包括水质参数的在线检测仪表，如水温、浊度、pH 值、电导率、溶解氧等在线测量装置；供水系统工作参数有在线检测仪表，如压力、液位、流量等仪表。

（2）数据采集和控制部分

数据采集与控制部分采集现场仪表系统提供的数据，并据此做出相应的控制。根据其采集和控制方式可分为集中型控制系统 CCS 和集散型控制系统 DCS；根据结构模式，可

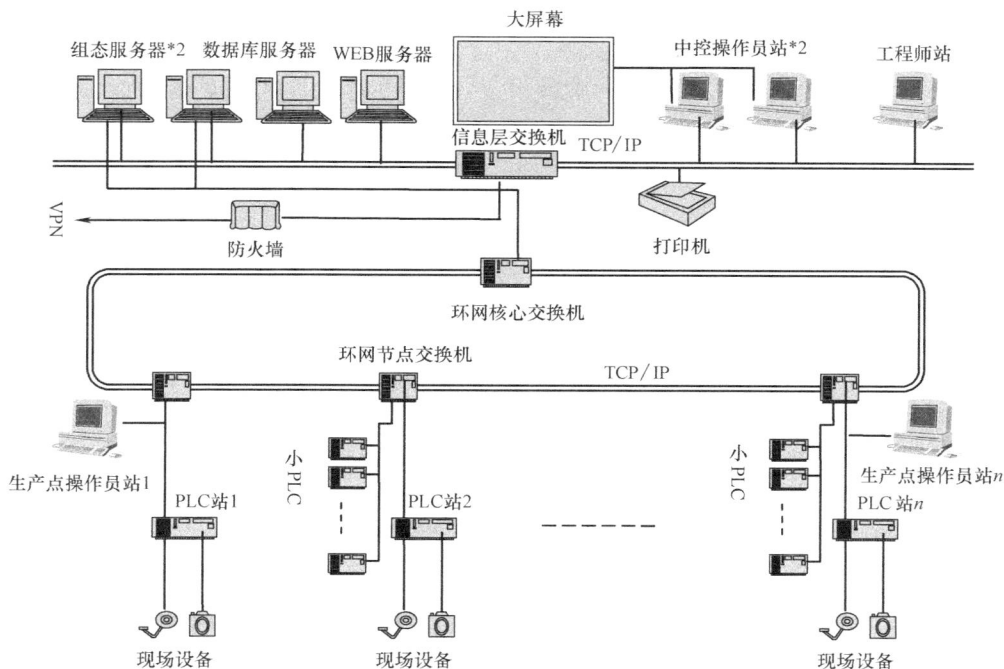

图 6-1 系统结构框图

以分为现场总线型系统和集散型控制系统。

数据采集和控制部分一般由可编程控制器 PLC 来实现。PLC 是在电器控制技术和计算机技术的基础上开发出来的，并逐渐发展成为以微处理器为核心，将自动化技术、计算机技术、通信技术融为一体的工业控制装置。现阶段国内水厂常用的 PLC 产品有：德国 SIEMENS 公司：S7-300，S7-400 系列；美国 Rocwell 公司：Control Logix5550 系列；法国 Schncider Electric 公司：MODICON 系列。

（3）上位机监控部分

监控部分用于向数据采集与控制系统写入工作参数或输入操作命令，并将采集到的数据以图表等直观的形式显示，实现人与机器的交互操作。

目前，大多数水厂监控部分都设在调度室，由 PC 机来完成。一般都选择工业组态软件进行二次开发，也可以选择国内厂家自主开发的专用软件，其优选应该是国际知名品牌的工业组态软件。

在图 6-1 中，现场仪表系统设置在生产现场；数据采集与控制系统设置了多个 PLC 站，分别用于监测和控制各生产点工艺流程和设备状况，网络系统采用了工业以太网，完成信息的传送交流。

2. 系统技术特点

（1）以 PLC 控制器实现分散控制

PLC 站面向现场，每个 PLC 站都具备 CPU 控制功能，具有现场输入/输出（I/O），整个系统的 I/O 和控制功能由各个 PLC 站分担。这样既可以避免由于一个站点失效造成整个系统的失效，提高系统可靠性，也可以使各站点分担数据采集和控制功能，有利于提高整个系统的性能。

（2）以 PC 机实现集中管理

PC 机的功能被定位于人机界面、参数设定、远动控制、事件报警等方面，从而实现集中管理。由于 PC 机的可靠性指标与 PLC 相比要低得多，它的品质往往成为系统可靠性的瓶颈，因此选择高性能的工控 PC 机是相当重要的。

（3）以网络为系统的骨架

网络的实时性、可靠性和扩充性起着重要作用。网络要保证在确定的时间限度内完成信息的传送，还要保证无论在任何情况下，通信都不能中断。网络也应该满足系统扩充的要求，网络上可接入的最大节点数应比实际使用的节点数量大若干倍。这样，一方面可以随时增加新的节点，另一方面也可以使系统网络运行于较轻的通信负荷状态，以确保系统的实时性和可靠性。因此说，网络是这个系统的骨架。

随着智能化仪表和现场总线技术的发展，现场总线系统 FCS 正逐渐得到推广应用。

3. 系统功能

（1）监测功能

监测内容：水质参数（余氯、浊度、pH 值等）；过程参数（压力、水位、液位、流量、重量等）；电气参数：（电压、电流、电度、功率因素等）；设备运行工况（自动、手动、运行、停止、阀门开、阀门关、阀门开度等）。

在人机界面上既显示动态工艺流程及相关参数图、工艺参数运行曲线图、设备运行状态图、报警画面、趋势画面等，亦可显示历史数据（趋势曲线）。显示方式亦可以为数据、表格、图像、曲线、棒图、饼图等形式，并能通过颜色变化、百分比、色标填充等手段增强画面的可视性。这些画面可以通过转换设备转移到大屏幕、投影屏、模拟屏上显示。

（2）数据处理功能

1）数据采集

利用现场 PLC 控制设备，采集实时检测的各类数据，数据类型要求包括：模拟量、开关量、脉冲量等。

2）数据存档

系统采集的实时数据或运算数据，按照其不同类型、属性、时序等特征分类，建立和保存在相应的数据库中。这些数据库是开放性的平台，支持大多数的软件系统，并具有良好的与各种硬件兼容的性能。

应用数据库包括：实时数据库、生产日志数据库、故障数据库、报警数据库、运行参数数据库等。

需要设置不同级别的数据库操作权限和密码，每个等级密码中设计有操作工号。

3）数据处理

对存放在数据库中的数据，进行最大值、最小值、平均值、偏差值、累计值和其他各种特殊的运算处理。并根据需要，生成各类实用图表、趋势曲线等。

4）报表生成

包括即时报表、班报、日报、月报、季报、年报、报警记录报表、操作记录报表等。

还可根据需要生成各类综合报表，如电耗、药耗、水质参数等报表。并具有定时打印和随机打印的功能。

（3）自动控制功能

根据控制要求及工艺条件，按照预先设定的程序自动启动或停止工艺设备，在加药、加石灰、加氯、漏氯、过滤、反冲洗、排泥等工艺环节，根据需要形成本地闭环控制系统，保证各生产工艺按设定工艺自动运行。

控制方式选择：本地手动方式、远程控制方式、自动控制方式。本地手动方式优先级别最高，远程控制方式次之，自动控制方式优先级别最低。在远程控制的模式下，系统操作人员可以通过人机界面计算机直接下达命令，启动或停止某些设备。

在人机界面计算机上可对生产工艺上的运行参数进行设定，如：SCD值、滤池的过滤水位和反冲水位、滤后水浊度等参数。

4. 系统软件

（1）工业组态软件

工业组态软件的特点是功能全面、开放性和兼容性好、便于二次开发，它们对于数据通信、处理、存储、显示、报警、参数组态、数据统计、分析、曲线、制表等都有成熟的开发方式。用户只要经过简单的学习，就能够胜任应用软件设计工作，组态定义各类监控画面。其主流产品有 Intellution 公司的 iFIX、Wonderware 公司的 Intouth、西门子公司的 WinCC 等。

（2）数据库

中小型的主流数据库有 Access、SQL Server、MySQL，等，大型数据库有 ORACLE、SYBASE 等。一般水厂可选择 SQLServer 企业版或 MySQL，它们操作简洁，对操作系统和服务器的配置要求不高。但当数据量过大，有上 TB 的数据量时，其处理能力较差，为提升大数据量查询性能，可考虑选用工业实时数据库。

5. 水厂典型控制

（1）自动加矾

根据原水流量、原水浊度及用户设定的各区间投加量设定值，计算投加流量期望值以控制计量泵。用户可自定义原水浊度区间及对应的投加量，区间投加量。计算公式（6-1）：

投加流量期望值(L/h)＝用户设定的投加量(kg/kT)×对应管路水流量(m³/h)/1000×投加浓度(%) / 药液密度(kg/L)

$$(6-1)$$

如表 6-2 所示（数据仅为举例）：

不同原水浊度下加矾量　　　　　　　　　　　　　　　　表 6-2

原水浊度（NTU）	用户设定投加量（kg/kT）
＜5	3
5～10	4
10～20	5
20～40	6
＞40	7
…	…

（2）自动加氯

前加氯点，系统根据流量及用户设定的投加量设定值，计算投加流量期望值以控制计量泵。计算公式（6-2）：

投加流量期望值(L/h)＝用户设定的投加量(kg/kT)×对应管路水流量(m³/h)/1000×投加浓度(%)/药液密度(kg/L)

$$(6-2)$$

后加氯点，系统根据管路出水流量、出水余氯进行复合环控制，控制分两部分：

① 系统根据管路出水流量及用户设定的投加量设定值，计算投加流量期望值 X，计算公式（6-3）：

投加流量期望值 X(L/h)＝用户设定的投加量(kg/kT)×对应管路水流量(m³/h)/1000×投加浓度(%)/药液密度(kg/L)

$$(6-3)$$

系统将周期检测水流量的变化，当周期起始处流量与周期结束处流量差值大于一定值（用户设定），系统根据公式刷新投加流量期望值 X。其中投加浓度范围 0～100%，由用户设定。药液密度为次氯酸钠溶液储罐中的药液密度，由用户设定。

② 系统根据管路余氯值与用户设定的余氯目标值进行 PID 计算以调整（1）中得到的投加流量期望值 X，使管路余氯值逼近用户设定值。

（3）自动加碱

氢氧化钠投加，系统根据管路出水流量、出水 pH 进行复合环控制，控制分两部分：

① 系统根据管路出水流量及用户设定的投加量设定值，计算投加流量期望值 X，计算公式（6-4）：

投加流量期望值 X(L/h)＝用户设定的投加量(kg/kT)×对应管路水流量(m³/h)/1000×投加浓度(%)/药液密度(kg/L)

$$(6-4)$$

系统将周期检测水流量的变化，当周期起始处流量与周期结束处流量差值大于一定值（用户设定），系统根据公式刷新投加流量期望值 X。其中投加浓度范围 0～100%，由用户设定。药液密度为氢氧化钠储池中的药液密度，由用户设定。

② 系统根据管路 pH 值与用户设定的 pH 目标值进行 pID 计算以调整（1）中得到的投加流量期望值 X，使管路 pH 值逼近用户设定值。

（4）滤池恒液位控制及自动反冲

1）恒液位过滤控制

目前水厂普遍采用 V 型滤池恒液位控制滤格过滤工艺，在保证滤格进水阀门全开的基础上，当进水量变化时通过调节出水阀门的开度来保证滤格内的滤前水液位为一个恒定数值。

用户给定一个液位数值，系统根据实际液位与用户给定值进行 PID 计算，调整出水阀门开度，使液位逼近用户设定值。

2）自动反冲控制

滤格运行一段时间后，细小的矾花被砂层阻隔，滞留在砂层中，当这些矾花积累到一定程度，会使得滤格过滤能力下降，最后导致滤格撂池，无法过滤，因此需要定时或按需要对滤格进行反冲洗，保障滤格的正常运行，目前有几种控制滤格自动反冲的方式：

① 定时冲洗：设定一个时间周期，当系统内部计时器达到设定值即开始反冲洗。

② 阻塞冲洗：部分滤格安装有阻塞仪，可以由用户设定一个阻塞值，当阻塞仪测到

滤格阻塞值超过设定值即开始自动反冲。部分滤格未安装阻塞仪，此类滤格判断阻塞的标准是由用户给定一个液位值（大于滤格恒滤液位）当滤格液位持续超过给定值且滤格出水阀门已经全开的情况维持一段时间的，即判定滤格为阻塞状态，进入自动反冲洗。

冲洗启动后系统自动按预先设定的时长进行气冲、气水冲与水冲程序，并自动控制鼓风机、反冲水泵、滤池反冲气阀、水阀及排水阀等的动作。反冲结束后自动进入静置或初滤水排放阶段，最后进入正常过滤阶段。滤池进入程序冲洗之前，还可以设置一些条件判断，如反冲水渠（水池）水位与排放水水池液位是否达到启动反冲条件、有无正在进行其他水池的反冲等，如不满足则该滤池不会自动启动反冲。

6. 自来水生产工基础巡检内容

作为自来水生产工，在巡检时对于自控系统主要关注的内容有以下几个方面

① 上位机有无自控设备故障报警。如 PLC 故障，UPS 故障等。

② 自控设备上有无故障显示。如设备有无故障报警灯亮起。

③ 上位机关键仪表数据与现场数据是否一致。

④ 机房内部通风散热状态是否良好，机柜内部卫生情况是否良好。

当自控设备出现故障无法自动运行时，迅速采用手动运行模式手动开启设备，确保运行稳定。

第四节　计算机辅助调度系统

计算机辅助调度系统的主要功能是远程数据采集与监控，因此也经常被称为远程数据采集与监控系统（Supervisory Control And Data Acquisition），英文缩写为 SCADA。

除此之外，这个系统在不同的应用场合和时代还被赋予了许多别名：

"远程系统"——由于它是对广阔地区的生产过程进行监视和控制的系统，故得名。

"三遥系统"——由于该系统可以实现遥测、遥信、遥控的三遥功能，故得名。

"四遥系统"——若在三遥基础上再开发遥调功能，成四遥，故得名。

1. 系统构成

计算机辅助调度系统由中心站 MCC（Master Control Central）和若干个远程站 RTU（Remote Terminal Unit）构成。MCC 与各个 RTU 之间，通过远程数据通信链路进行信息交换。如图 6-2 所示。

（1）中心站 MCC

中心站 MCC 是整个系统的管理指挥部。它由中心站计算机、通信处理器和外围设备组成。

（2）远程站 RTU

远程站 RTU 是该系统的底层智能设备，它们位于各个现场工作点，实时采集泵站或管网的仪表、设备的运行状态和参数，传送到中心站，并根据中心站的指令完成对有关设备的控制。

远程站的构成是根据其现场管理设备的输入、输出信号进行配置的。它包括电源、数据处理器、I/O 接口、一次仪表及变送器、设备的执行机构、通信设备等。

（3）应用软件和数据库

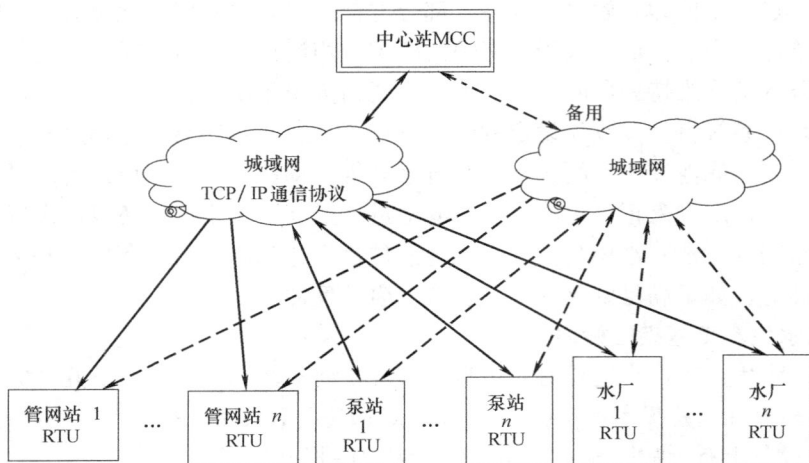

图 6-2　计算机辅助调度系统结构图

1）应用软件

该系统中的应用软件包括：SCADA 软件以及在这个平台上开发运行的各种应用软件。

应用软件一般都选择国际知名品牌的工业组态软件，也可以选择国内厂家自主开发的专用软件，其优选应该是工业组态软件。

工业组态软件的主流产品有 Intellution 公司的 iFIX、Wonderware 公司的 Intouth、西门子公司的 WinCC 等。

工业组态软件的特点是功能全面、开放性和兼容性好、便于二次开发，它们对于数据通信、处理、存储、显示、报警、参数组态、数据统计、分析、曲线、制表等都有成熟的开发方式。用户只要经过简单的学习，就能够胜任应用软件设计工作，组态定义各类监控画面。

2）数据库

目前中小型的主流数据库有 Access、SQL Server、MySQL 等，大型数据库有 ORACLE、SYBASE 等。

与水厂监测与控制系统一样，公司计算机辅助调度系统的数据库可选择 SQLServer 企业版或 MySQL，它们操作简洁，对操作系统和服务器的配置要求不高。但当数据量过大，上 TB 的数据量时，其处理能力较差。

ORACLE 是大型数据库的首选，它的价格往往成为用户选择的障碍。

2. 系统的功能

（1）数据通信功能

数据通信是指通过有线或无线通信方式，总公司与净水厂、泵站、管网站之间进行的双向的数据传输通信。其中既有总公司向各远程站收集的各种实时数据，也有总公司向各远程站发送的调度命令。

（2）数据处理功能

1）数据存档

中心站对其从各远程站采集到的各种数据，按照其不同类型、属性、时序等特征分类，建立相应的数据库。这些数据库是开放性的平台，支持大多数的软件系统，并具有良好的与各种硬件兼容的性能。

2）数据显示

中心站对采集到的各种数据，按要求以不同的形式进行显示，其显示方式为数据、表格、图像、曲线、棒图、饼图等不同形式，并可以颜色和符号表明数据的性质。

3）数据处理

该系统可对存放在数据库中的数据，进行最大值、最小值、平均值、偏差值、累计值和其他各种特殊的运算处理。并根据需要，生成各类实用图表、趋势曲线等。

4）密码保护

根据工作需要，设置不同级别的数据库操作权限和密码，每个等级密码中设计有操作工号。

5）报表生成

该系统具备报表自动生成功能，包括即时报表、班报、日报、月报、季报、年报、报警记录报表、操作记录报表等，并具有定时打印和随机打印的功能。

（3）监测和报警功能

1）监测功能

监测内容：在显示屏上以报表、图像的形式动态显示给水系统的工艺过程、水质水量水压的实时和变化情况、设备工况、参数。既可以显示当前监测的数据，又可显示历史数据（趋势曲线）。

监测画面：管网运行状态图、动态工艺流程及相关参数图、设备运行状态图、泵站运行状态图、报警画面、趋势画面、等水压曲线图、棒状图等。并能通过颜色变化、百分比、色标填充等手段增强画面的可视性。这些画面可以通过转换设备转移到大屏幕、投影屏、模拟屏上显示。

2）报警功能

报警内容：原水停水、原水水质异常、管网水质超限、管网水压超限、工艺运行故障、设备故障、操作系统故障、生产事故、停电、火灾以及各类突发事件等。

报警形式：当故障发生时，发出声光警报，显示故障点和故障状态，并在显示画面上提示处理故障的方法，电脑完成报警记录，报警打印机自动打印故障记录。

（4）辅助调度功能

1）供水量预测

根据近期供水状况和供水量变化规律，提出未来三天的供水量预测，包括供水总量、水量分配、大用户用水量、与日均水量的差异。

2）经济调度方案

该系统以水厂、泵站、管网的大量实时的和历史的数据信息为基本依据，根据实际给水能力、设备完好情况，提出两种或更多的经济调度方案，并进行比较，选定并执行合理的调度运行方案。

3）调度操作

① 向各个水厂和泵站下达不同时间段内的出厂压力、水量目标。

② 向水源地下达不同时间段内的出水水量目标。

③ 对管网上的主要阀门和设备，提出不同时间段内的工况要求。

④ 指导处理给水系统的突发事故的处理方案。

⑤ 指导安排管网维修、检漏计划。

⑥ 设置不同的调度操作权限，实现精致管理，调度人员的所有操作记录都以报表形式在系统中自动记录在案。

4）在线修正调度方案

调度人员可以在线修正计划，在保证管网动态水量、压力平衡的基础上，实现管网经济运行，达到合理给水调度目的。

5）管网设施的优化

根据管网中水压的变化情况，提出管网设施的优化方案，以达到改善服务和节约能源的效果。

（5）系统的再开发功能

可以对源程序进行在线编辑和修改，完成系统开发、修改等工作。

当系统的参数需要重新调整和设定时，通过计算机可以完成系统参数的调整和设定，完成在线调试工作。

通过诊断软件，可以对系统的各个硬件和软件进行在线诊断，迅速找出故障原因并采取相应措施排除。

计算机辅助调度系统的最大特点就是远程数据通信，这是因为总公司和水厂、泵站、管网点的分布一般都距离较远，为了交流信息，远程数据通信是无法回避的选择。

第五节　管理信息系统

管理信息系统 MIS（Management Information System）是一个综合概念，在给水行业中，包含办公自动化、设备管理、水质管理、点巡检、动态数学模型、辅助决策等子系统，它们都是实用的应用软件系统。

1. 办公自动化系统

办公自动化 OA（Office Automation），是将现代化办公和计算机网络功能结合起来的一种新型的办公方式，是当前新技术革命中一个非常活跃和具有很强生命力的技术应用领域。它以计算机为中心，基于工作流的概念，利用 Internet/Intranet 技术、计算机技术和数据库技术，采用一系列现代化的办公设备，使企业内部人员方便快捷地共享信息，高效地协同工作，实现办公规范化和制度化，从而达到提高行政效率的目的。

办公自动化系统应该实现以下 12 项功能：

内部公告、文档管理、在线文件管理、工作报告管理、研发项目管理、事务审批、人事考勤管理、会议管理、任务管理、员工论坛、企业邮件、短消息等。

对办公自动化系统的基本要求是：基于 Internet/Intranet 的设计架构，方便易用、友好的界面和提示；完善的用户登录及安全机制；管理多种数据类型；支持协同工作和移动办公；结合 C/S 和 B/S 模式；具有可扩展性、易升级性和开放性。

2. 设备管理系统

设备管理系统是利用网络通信技术、计算机技术和数据库技术，对企业中的设备实行从购置到报废全过程的监督、检查、维护和管理。

设备管理系统应该实现以下 6 项功能：设备档案管理，设备运行管理，设备检修管理，设备变动管理，备品备件管理，设备资产管理。

对设备管理系统的基本要求是：基于 Internet/Intranet 的设计架构，方便易用、友好的界面和提示；支持从 Excel 导入设备资料；权限管理功能；完善的数据备份和恢复功能；高效强大的查询工具；开放式的报表设置功能。

3. 水质管理系统

水质管理系统是利用网络通信技术、计算机技术和数据库技术，对给水系统水质进行监督、管理和指导。

它包括原水水质、出厂水质和管网水质三方面的管理内容。

原水水质包括：浊度、pH、温度、氨氮、COD_{Mn}、色度、铁、锰、氯化物、臭味等，数据来自公司的计算机辅助调度系统和水厂的监测与控制系统；

出厂水质包括：浊度、余氯、pH、温度、氨氮、COD_{Mn}、色度、铁、锰、压力、流量等，数据来自水厂的监测与控制系统；

管网水质包括：浊度、余氯、压力、流量，数据来自公司的计算机辅助调度系统。

水质管理系统应该实现以下 4 项功能：水质信息的存贮、查询、统计功能，能快速输出报告单；水质信息的图表分析功能，能支持导出 Excel 格式报表；水质评价功能，以丰富的报表、图形、曲线来体现水质的变化信息；指导提高水质的分析、管理功能。

对水质管理系统的基本要求是：基于 Internet/Intranet 的设计架构，方便易用、友好的界面和提示；水质报表包括：每日汇总、指标合格率、日、月、旬、年报等报表；水质图形包括：各种水质分布图、变化图、直方图、饼图等图表；水质曲线包括：各水质指标的连续曲线表示方式；系统管理包括：基础数据维护及数据导出等维护功能，完善的数据备份和恢复功能。

4. 点巡检系统

点巡检 APP 作为企业轻量级的安全管理工具帮助企业员工管理现场安全业务，覆盖设备、隐患、任务检查、维修作业等各项现场安全管理业务，各项数据打通，形成以一手数据为基础的量化效能管理体系，实现全员参与、全数据采集、全局可视、落实过程管控、责任到人、分级量化管理。

（1）系统介绍

系统总体架构为 6+1 方式，6 代表的是六层结构，自下而上分为感知层、数据层、基础框架层、组件支撑层、业务层、展现层，1 代表一套平台数据接口，架构具体内容如下：

① 感知层，为平台赋予自动感知和数据采集的能力，主要包括温度传感数据采集、湿度传感数据采集、压力传感数据采集、手持设备 GPS 信息采集、手持设备 NFC 感应能力、手持设备二维码扫描识别能力。

② 数据层，建设平台的数据中心，为上层业务应用提供数据资源，资源类型包含各类结构化数据和非结构化数据，涉及的业务数据主要包括基础数据库、设备库、传感数据库、巡检库、风险缺陷库、知识库等。

③ 基础框架层，为应用系统提供最基础的框架支撑，本平台运行环境为企业服务总

线中间件、mysql 数据库，使用的后端框架为 java 接口。

④ 组件支撑层，为应用系统提供基础组件，主要包括报表组件、权限组件、消息组件、身份认证组件、数据交换组件等。

⑤ 业务层，是应用系统的业务应用能力体现，通过业务层实现各类业务逻辑和业务功能，主要包括危险源辨识管理、危险源评估分级、风险管控措施、风险四色分布图、巡检任务管理、隐患整改闭环管理、缺陷库管理、知识库管理、工作提醒等。

⑥ 展现层，平台通过 pc 端、app 端的交互形式和各类数据的展现，为用户提供各项服务。

⑦ 数据接口，平台通过 mirth 提供接口开放能力，集成了常用的通信方式，满足各种结构的数据，实现系统之间异构数据的传输。

（2）系统使用

点巡检系统是一款对自来水生产工进行巡回检查十分有帮助的辅助 APP 系统，运行工可以按照系统给出的巡检任务对水厂内部的各个生产要害点和生产设备进行有效的巡回检查，巡检任务中给出设备具体的运行参数范围，巡检人员根据参数对设备进行检查，判断设备是否存在安全隐患；巡检人员也可将看到的存在疑问的现象通过拍照上传的方式分享至系统，方便技术人员通过照片对设备运行状况进行判断。

5. 动态数学模型系统

水处理过程是一个动态系统，其动态特性都可用数学形式来描述和分析，这就是给水动态数学模型系统。

数学模型是把实际系统的本质的部分信息简缩成有用的描述形式，动态数学模型就是用数学形式来描述给水的动态过程，它是描述给水系统输入、输出各种变量以及内部中间变量之间关系的数学表达式。以微分方程、差分方程或状态方程的形式表示出来。

给水数学模型系统由水厂数学模型系统、管网数学模型系统、水质数学模型系统和经济管理数学模型系统构成，它们都由五大水力学要素：流量、压力、管网结构、电量、水质和三大管理学要素：人、财、物构成。

（1）水厂数学模型系统

水厂数学模型系统是真实水厂的仿真模型，它主要完成水厂加药的状态模拟和单泵及组合泵运行的状态模拟，并取得相应的、经过效验的、可以信赖的模拟数据。它的用途是：

①选择出合理的加药方案，达到提高水质的目的。

②选择出合理的配泵方案，达到节能降耗的目的。

（2）管网数学模型系统

管网数学模型系统是真实管网的满足工程精度的仿真模型，主要实现管网压力、流量的模拟，通过模拟所得的数据指导管网的生产、运营、改扩建等工作。它的用途是：

1）查询管网状态

① 供水满足区域和超压、欠压区域。

② 供水路径查询，水源供水分界线。

③ 水流方向的模拟。

2）供水量分析

① 计算节点流量，主要用户水量。

② 诊断管网中的异常情况（如摩阻突变、错关阀门等），并给出解决方案。

③ 模拟分析管网在泄漏或事故情况下的运行状态，以及关阀之后管网的运行状态，任一设备或用户的供水路径，关闭任一阀门后受影响的用户等。

3）管网分析

① 搞清目前给水管网系统中的实际情况，对管网的实际运营能力和突发事件进行评估。

② 自动检验各管段之间连接的合理性和正确性，找出管网连接关系存在的错误并发现管网的症结所在。

4）指导新给水系统的设计

① 具有管网的设计水力计算和改扩建水力计算功能。

② 具有平面选线、管网改、扩建的分析功能。

③ 具有分析各种管网设备的剩余和扩展能力，可根据现有的管网布局、人口密度分布、道路走向、地形地势等各种综合情况，辅助给出具体的管网建设的设计图纸以及预算分析结果。

（3）管网水质数学模型系统

管网水质数学模型系统是在满足工程精度的管网数学模型基础上，经过水质数据管理系统的数据效验，利用计算机模拟水质参数或者是某种污染物在给水管网中随时间和空间的变化和分布情况的模型。它的用途是：

① 搞清水质在管网中的变化规律。

② 管网中发生的水质突发事件进行评估，并提出应急处理方案。

（4）经济管理数学模型系统

经济管理数学模型系统是由生产成本中的各个要素、管理成本中的各个要素、人工成本中的各个要素构成的一个有机的相互关联的模型，它是供水企业信息时代生产、管理、决策的工具。它的用途是：

① 当一个或几个要素发生变化时，对生产、运营、管理产生的影响或后果。

② 在管理要素变动的情况下，找到合理的解决方案。

由于各种条件的制约，对于不同的水厂或公司，它们的动态数学模型系统是不完全相同的。一个优秀的动态数学模型可以精确地表示系统的各种动态特性。

6. 辅助决策系统

辅助决策系统以决策主题为重心，根据给定的条件，通过管网动态模型和虚拟仿真技术，模拟重大决策事项，经过量化的分析计算，实现计算机辅助决策。

辅助决策系统的工作依据：动态数学模型系统。辅助决策系统的主要工具：虚拟仿真技术。

（1）供水企业的辅助决策功能

① 指导供水企业发展的中、长期规划。

② 指导新水厂、水库、增压泵站的安排，新水源的挑选。

③ 为水厂、泵站和管网的新建、扩建、改建方案提供技术分析和意见、建议。

④ 为提高水质、服务质量和降低成本完善管理提供技术分析和意见、建议。

（2）水厂的辅助决策功能

1）自动配泵功能

根据调度指令和水泵的状况，由计算机制定经济上最合理的、耗能最少的配泵运行方案。

制定依据：出厂水压、水量要求，清水池水位要求，各水泵的工频特性曲线、变频特性曲线，变频器性能，设备完好状况。

控制目标：在满足供水压力的情况下，水泵总电耗最低。

实行步骤：输入公司调度指令；计算机根据调度指令和水泵的状况制定配泵方案，并显示日水量分配和小时水量分配；在调度员认可后执行该方案，或否定该方案重新制定配泵方案；检查出厂水压、水量，判定该方案是否真正合理可行，具有实用功能。

2）自动控制加药功能

根据水质、水量的变化情况，由计算机控制加药品种、加药量，达到保证出厂水质的目的。

控制依据：原水水质和出厂水质要求，包括在线仪表和化验室检测的所有数据。

控制目标：在合适的经济效益下，使出厂水达到最佳水质。

加药品种：包括各种混凝剂、助凝剂、消毒剂、pH 调节剂和高锰酸钾、粉末活性炭等氧化剂。

加药方式：应用数学模型和反馈技术，自动设置各种计量泵、加氯机、加氨机的运行状态。

实行步骤：计算机根据原水水质、出厂水质、设备运行状况、设备的状况制定加药方案，确定加药品种和加药量，并制定加氯机工作方案、计量泵工作方案；在调度员认可后执行该方案，或否定该方案重新制定加药方案；系统稳定后，检查出厂水质，判定该方案是否合理可行，具有实用功能。

第六节　计算机网络系统

供水企业的计算机网络系统包括企业内部网（Intranet）和企业门户网站（Internet）两部分的内容。

1. 企业内部网

企业内部网（Intranet）是指覆盖企业范围的网络，即把企业的通信资源、处理器资源、存储器资源，以及企业的信息资源等捆绑在一起的网络。

自来水公司建立企业内部网是基于企业内部的需求，其目的是为了满足其在管理、信息获取和发布、资源共享及提高效率等方面的要求。

企业内部网的主要特征是：采用 TCP/IP 通信协议；采用 Web 技术；不对外开放，仅供单位内部使用，并具有明确的应用目标；对外具有与外部网（Extranet）的接口；有安全设施，防止内部和外部的攻击。

企业内部网覆盖范围：公司各经理、各科室、水厂、泵站、管网管理、调度中心以及设备、生产计划、销售、财务等数据和实体的联系。

对企业内部网的要求是：界面友好、操作简单、内容丰富、功能完善；开放的体系结构；有合理的带宽和网速，能满足企业的需求；采用具有容错功能的服务器及网络设备，选用双机备份、后代服务器 Cluster 技术的硬件设备配置方案，出现故障时能够迅速恢复并有适当的应急措施。

2. 企业门户网站

企业门户网站（Internet）通过互联网来宣传企业、提高服务水平、降低管理成本，一般由若干个栏目组成，每个栏目都有实时更新的动态内容。网站门户平台的要求是：界面友好、操作简单、内容丰富、功能完善；开放的体系结构；有合理的带宽和网速，能满足客户的需求；采用先进的计算机技术，如双机热备份技术、双机互为备份技术、共享阵列盘技术、容错技术、RAID 技术等集成技术、多媒体技术等；采用先进的网络技术，如网络交换技术、网管技术，通过智能化的网络设备及网管软件实现对网络系统的有效管理与控制，及时排除网络故障，及时调整和平衡网上信息流量；功能可无限扩展，提供标准的程序接口，支持二次开发的维护管理。

3. 网络安全策略

计算机网络系统是一个非常脆弱的系统，它受到的威胁和攻击主要来自计算机犯罪、计算机病毒、黑客攻击、信息战争和计算机系统故障等。

网络安全策略是保护计算机网络系统免受人为破坏和外界攻击，确保系统正常运行，它包括以下内容。

（1）操作权限控制

操作权限控制是针对可能出现的网络非法操作而采取的安全保护措施。用户被赋予一定的操作权限。网络管理员能够通过设置，指定用户和用户组可以访问网络中的哪些服务器和计算机，可以在服务器或计算机上操控哪些程序，访问哪些目录、子目录、文件和其他资源。

（2）防火墙技术

防火墙可看作是一个过滤器，用于监视和检查流动信息的合法性。

防火墙分为专门设备构成的硬件防火墙和运行在服务器或计算机上的软件防火墙。通常都安置在网络边界上，通过网络通信监控系统隔离内部网络和外部网络，以阻挡来自外部网络的入侵。

（3）数据加密技术

通过数据加密技术，把数据变成不可读的格式，防止企业的数据信息在传输过程中被篡改、删除和替换。

（4）系统容错技术

容错技术就是对自身的错误具有屏蔽作用；一旦发生错误，可以从错误状态恢复到正常状态；在发生错误时，能完成预期的功能；在一定程度上具有容错能力。系统容错技术有：数据的实时备份，网络设备和链路冗余备份，服务器冗余备份。

第七节　安保与防雷系统

给水自动化和信息化领域的安保与防雷系统包括电视监控系统、周界报警系统、防雷和接地系统、突发事件处理系统等四部分内容。

1. 电视监控系统

电视监控系统是水厂安全的重要保障系统。它可以得到被监视控制对象的实时、形象、真实的画面，并可录像保存，还可与周界报警系统联动。实现对各重要部位的有效监控。

(1) 系统结构

电视监控系统由视频采集、云台控制、信号传输和视频处理四部分组成。

1) 视频采集

由各观测点的彩色摄像机组成，它们是电视监控系统的眼睛，把监视的内容变为图像信号，传送控制中心的监视器上，摄像部分的好坏及它产生的图像信号质量将影响整个系统的质量。摄像机镜头避免逆光安装，应顺光源方向对准监视目标。在光照度变化大的场所应选用自动光圈镜头并配置防护罩，大范围监控区域则应选用带有转动云台和变焦镜头的摄像机。

2) 云台控制

由云台和控制器组成，在视察角度较大的位置，把摄像机安装在电动云台上，由云台带动摄像机进行上下左右旋转、镜头的调焦、放大、缩小等控制功能，从而使摄像机监控的角度更大。安装在室外的云台应采用双层全密封结构。

3) 信号传输

包括电源信号的传输、视频信号的传输和控制信号的传输线路，传输线缆可由光纤、同轴电缆、网线或无线实现。

4) 视频处理

视频处理系统由操作主机、硬盘录像系统、视频矩阵、画面处理器、切换器、分配器组成，完成对视频信号的数字化处理，图像信号的显示、存储及远程传输任务。显示部分一般由几台或多台监视器组成，它的功能是将传送过来的图像显示出来。它也可用普通电视机替代。

(2) 系统基本要求

对水厂的重要部位实行 24 小时全天候监控；操作主机的监视界面友好、操作简单；显示清晰，每路显示、存储、回放不低于 6.25 帧/秒，显示分辨率不低于 768×576，回放分辨率不低于 384×288；具有视频信号的硬盘存储功能，采用数字压缩技术实现对图像的显示、存储、回放及远程传输；历史记录均有时间标记，并能实现多条件检索和回放，保存时间超过 90 天；可通过局域网、广域网等实现图像的远程浏览。

2. 周界报警系统

周界报警系统安装在水厂或公司的围墙上，将整个厂区或公司围起来，24 小时不间断监控围墙状态，对非正常进入立即报警，它是厂区安全的第一道防线。

周界报警系统要与图像监测系统联动，当有非正常进入时，周界报警系统立即报警，显示报警点的位置，同时附近的云台摄像机立即对报警点进行监控，录制下现场情况。夜间报警时，警情发生区域的探照灯自动开启。

(1) 系统结构

周界报警系统由报警主机、传输线和探测器三部分组成。

报警主机由主机、显示屏及键盘组成。当报警被触发时，显示屏上显示具体报警点，警号发出声光告警，提示值班人员注意。主机上设置模块化的联动输出节点，可根据水厂实地情况配置，用于触发探照灯开启和相应摄像机的开启，并同时进行录像。

传输线保证从探测器得到的信号快速、安全地传送到报警主机。

探测器是周界报警系统的重点，不同的探测器组成不同的周界报警系统。

（2）系统技术要求

无防范盲区和死角；误报率：≤1%；反应时间：≤20ms；定位误差：≤2m；联动响应时间（与图像监测系统）：≤0.5s；对不良天气环境的抗干扰能力强；安装、运行、维护成本低；使用寿命长。

3. 防雷和接地系统

我国处于温带多雷地区，一年中平均雷击日为25～100天，每年因雷击灾害遭受的损失很大。

研究和实践都表明，计算机和控制系统对雷电极为敏感，即使几公里以外的高空雷闪或对地雷闪出有可能导致计算机CPU误动或损坏。国外资料介绍，0.03高斯的磁场强度可造成计算机误动，2.4高斯即可将元器件击穿。因此对于自动化和信息化系统来说，防雷是一项必不可少的措施。

（1）雷电的种类

雷电是雷电云和雷电云之间或是雷电云和大地之间的放电现象。根据雷电的作用情况，可将雷电分为直击雷和感应雷两种。

直击雷是指雷电直接作用在建筑物上，产生电效应、热效应和机械效应的雷击。直击雷所产生的电压可达数千万伏，电流可达几十万至几百万安培，闪电通道的温度在6000～20000℃之间，具有极大的破坏力。被直击雷击中的物体往往很难幸免。但由于直击雷作用点很小，实际上并不多见，我们常遇到的往往是感应雷。

感应雷是指由雷击所产生的感应电压引起的二次雷击效应，在雷电电流通过的通路周围有强大的电磁场产生，这电磁场使附近的导体或金属结构产生很高的感应电压，这种感应电压足以破坏一般电气设备的绝缘材料。感应雷可以通过各种导体传递，因此，它的电压虽然不及直击雷所产生的高，但它的作用范围要大得多，击中物体的途径也更多，因此物体被感应雷击中的概率要高得多，其破坏造成的损失也要大得多。

直击雷和感应雷的性质不同，防范措施也是不一样的。

（2）直击雷的防护

防止直击雷，主要是设法使雷电迅速散到大地中去，通常采用避雷针、避雷带或避雷网作为避雷装置。

按照现行国家标准《建筑物防雷设计规范》GB 50057的要求，计算机网络系统所在大楼为第二类或第三类防雷建筑物，一般都按要求建设有防雷设施，如大楼天面的避雷网（带）、避雷针或混合组成的接闪器等，这些接闪器通过大楼立柱基础的主钢筋，将强大的雷电流引入大地，形成较好的建筑物防雷设施。直击雷直接击中计算机网络系统的可能性非常小，因此通常不必再安装防护直击雷的设备。

但对于一些没有条件安置在防雷建筑物内的系统设备，如计算机辅助调度系统的远程站RTU、电视监控系统的室外云台等电子设施，则仍须为它们安装防护直击雷的避

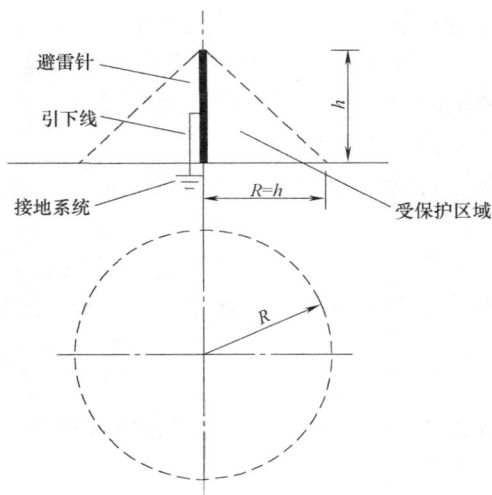

图 6-3 避雷针的保护区域

雷针。

避雷针包括引下线和接地系统，它实际上是一个引雷器，它将雷电流引向其尖端后泄入大地，从而避免雷电对设施造成危害。据估计，采用避雷针措施，可以避免 85% 左右的直击雷，这个古老的方法还是相当有效的。

避雷针的针尖一般用镀锌棒或钢管制成。它的保护范围是一个圆锥形的空间，其高度等于避雷针的高度，其底面为半径等于针高的圆，被保护的设备只要不超出这个保护范围，就能得到有效的保护，见图 6-3。

1) 电源避雷

对一个信息系统来说，电源部分遭受雷击的可能性最大，这是因为室外的输电线很容易吸收感应雷，并将其引进来。虽然电力部门设置了两级防雷措施，但仍会有幅值较低的浪涌电压在电网中存在，一般的稳压电源对此都无能为力，但这种低幅值的浪涌电压对微电子设备的威胁最大。

因此，在电力部门的两级防雷外，我们还需要设置第三级电源避雷器，以滤去对电子设备有害的残余浪涌电压。

电源避雷器由二级防护电路组成，第一级起纵向防护作用，第二级起横向防护作用。其原理图如图 6-4 所示，其中 U1 是电源的纵向防护电路，切断浪涌冲击电压，保证设备的供电安全。U2 是电源的横向防护电路，将浪涌电流泄放入地。

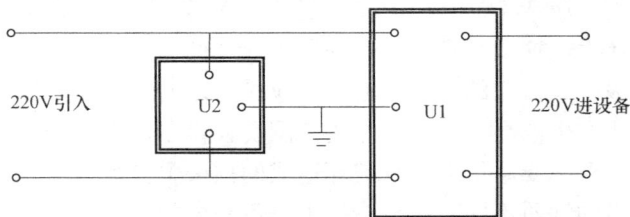

图 6-4 电源防雷器工作原理图

衡量电源避雷器的性能，需考察其雷电能流容量、残压峰值、响应时间等参数。

2) 信号（数据）避雷

室外设备和仪表的信号电缆，是感应雷传导的良导体，为避免将感应雷引入设备，室外设备和仪表的防雷系统应该隔离除仪表输出信号以外的一切电信号，同时还应保持正常信号的传输。其工作原理如图 6-5 所示，其中的隔离转换模块将仪表信号调制和隔离处理，切断设备和仪表的输出信号和后面设备的直接联系，限压限流模块阻止高能浪涌电压窜入设备。正常情况下，信号经两个模块进入设备。当雷电窜入时，由于两个模块的隔离和阻挡，它被泄放入地。

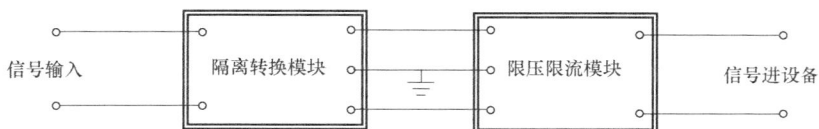

图 6-5　信号防雷器工作原理图

衡量信号避雷器的性能，需考察其雷电能流容量、插入损耗、响应时间等参数。

（3）接地系统

无论是直击雷或感应雷，最终都是把雷电流引入大地，接地的目的就是为了释放瞬间大电流的雷击能量。

接地系统的好坏，对防雷效果有决定性的意义。

防雷接地应采用等电位接地技术，采用等电位接地技术可有效地解决地电位差异的影响，等电位接地是将交流工作接地、直流工作接地、安全保护接地、防雷接地等四种接地共用一组接地装置，以消除雷电引起的毁坏性的电位差。

4. 突发事件处理系统

供水行业的突发事件可分为人员事件、设备事件、水质事件、事故事件四种，包括：人身伤亡、设备事故、操作系统故障、液氯或液氨泄漏、爆管、原水停水、原水水质恶变、管网水质恶变、生产工艺事故、停电、投毒、爆炸、恐怖袭击、地震、火灾、水灾等。

不同单位、不同事件的因应措施是不同的。一般要求是：迅速掌握和解决突发事件，在事件发生后，处置得当，减少损失，化险为夷。一般的处理执行程序见图 6-6。

对信息化系统的要求：当突发事件发生后，系统电脑上显示事故报警，并显示突发事件处理预案，打印备案。其显示画面具有最优

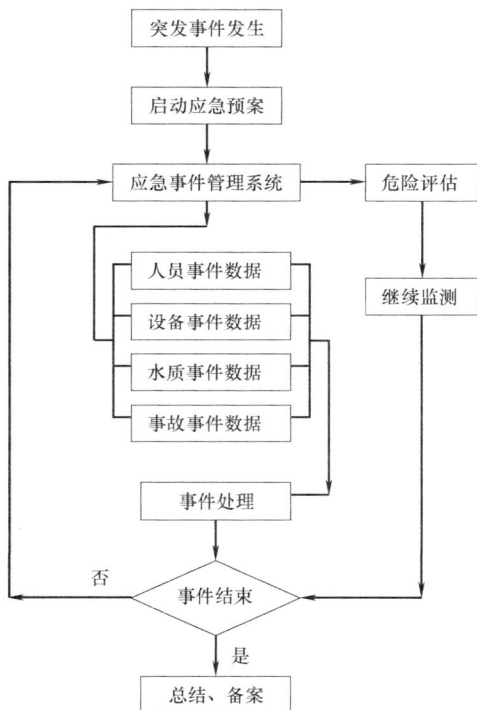

图 6-6　突发事件的处理执行程序

先级。值班人员可根据系统给出的简易流程进行事件处理，降低事件扩大概率。

第八节　各系统集成

在给水行业的自动化和信息化领域中，每个系统都具有自己的特点和功能，并且都能独立运行。

当这些系统独立运行时，它们是一个个的信息孤岛，无法享用其他系统的数据和信息，也得不到其他系统的支持和帮助。在这种情况下，它们各自的作用是很有限的。

集成整合以后，它们就升华成为一个新的整体，能够完成原先无法实现的功能。

1. 集成整合的内涵

集成整合的内涵是完成各系统中不同属性的信息资源的统一整合管理，实现真正意义上的数据共享，使之实现互动操作。其目标是系统功能的提升和新功能的开发，达到1+1＞2的整体效果。

集成整合的范围包括给水行业中的十大系统：水厂监测与控制系统、计算机辅助调度系统、管网地理信息系统、自来水客户服务系统、抄表和营业收费系统、办公自动化系统、管理信息系统、突发事件处理系统、动态数学模型系统、辅助决策系统。

2. 集成整合的方法

各个系统的数据库不同、网络结构不同、通信规约不同，实现不同系统之间的集成整合是有一定难度的。一般的做法是，在各系统之上，建立一个统一的数据中心和统一的信息平台，见图6-7。

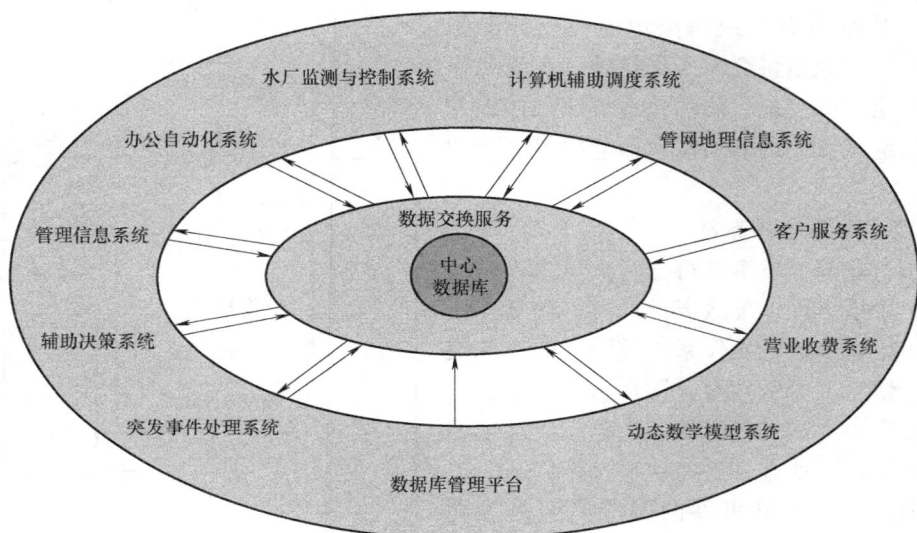

图6-7 各系统的集成整合框图

建立统一的数据中心：在网络环境下实现各子系统的互联交换和资源共享，数据中心的结构包括：数据仓库、管理平台、访问平台、信息门户四部分，网络是数据中心的交换平台。

建立统一的信息平台：在统一的信息平台上，通过数据共享机制、数据安全机制、访问控制机制，各客户端交换数据。统一的信息平台可以根据需要调用辅助与支持系统提供的数据资源和处理工具，它是各系统集成整合的关键。

集成整合的结构：包括主机及操作系统、数据库管理系统、中间件管理系统、数据存储系统、数据备份系统、网络安全及管理系统等六部分；

3. 集成整合的衡量标准

功能的提升是衡量集成整合成功的唯一标准。各系统集成整合后，至少应该实现以下功能。

（1）水量预测功能

系统能提供未来三天的供水量预测，包括供水总量、水量分配、大用户用水量、与日均水量的差异。

要求：次日供水量预测误差 $\delta_1 \leqslant 5\%$；后二日供水量预测误差 $\delta_2 \leqslant 10\%$。

（2）科学调度功能

① 能提出两种或更多的经济调度方案，并进行比较，择其优者实施。

② 向各个水厂和泵站下达不同时间段内的出厂压力、水量目标。

③ 向水源地下达不同时间段内的出水水量目标。

④ 对管网上的主要阀门和设备，提出不同时间段内的工况要求。

⑤ 能够指导处理给水系统的突发事故的处理方案。

⑥ 能够指导安排管网维修、检漏计划。

（3）辅助决策功能

① 指导给水企业发展的中、长期规划。

② 指导新水厂、水库、增压泵站的安排，新水源的挑选。

③ 为水厂和泵站的新建、扩建、改建方案提供技术分析和意见、建议。

④ 为管网的新建、扩建、改建方案提供技术分析和意见、建议。

⑤ 为提高水质的方案提供技术分析和意见、建议。

⑥ 为合理降低成本的方案提供技术分析和意见、建议。

⑦ 为提高服务质量的方案提供技术分析和意见、建议。

⑧ 为改善管理的方案提供技术分析和意见、建议等。

第七章

供水调度基础

城市供水行业的调度就是合理组织和协调给水系统各组成部分之间的运行管理，以确保供水安全、提高服务质量和降低运行费用，调度工作起着供水企业生产供应的统帅作用，其工作的好坏严重影响企业信誉和生产成本。

第一节 调 度 分 类

城市供水行业的生产系统主要有制水、供水两大环节。制水包括原水供应、水厂运行管理，供水包括泵站（含水厂出水泵房）加压供水、管网调配、营销服务。

1. 按过程分

供水企业的调度按过程可分为三个方面：原水调度、生产调度、供水调度。

（1）原水调度

原水调度的主要内容是根据制水厂出水量情况、蓄水池（清水池）水位情况调节原水进水量，确保满足水厂制水生产需要，并尽量保持蓄水池（清水池）高水位，以备不时之需；多水源水厂选择更加优质的原水。部分公司的原水调度还包括备用水源的调蓄调度。

（2）生产调度

生产调度的主要内容是做好制水厂内部运行管控，合理调节各工艺设施运行，安排水池排泥、反冲时机、回用，确保制水厂水量、水质。科学调度是降低电耗的长期手段，电耗在制水厂的成本中占很大的比例，应在实际运行数据大量积累的基础上，对各机组的运行效率进行统计、分析，排列次序，在运行中选择最佳配备。

（3）供水调度

供水调度的主要内容是为了供需平衡，经济运行，确保客户用水需求，达到压力均衡，减少跑、漏。压力均衡是指根据管网流量、控制压力、等压线、漏损率等技术参数，使城市供水区域内压力相对均衡，其实施的主要手段是靠制水厂、供水泵站科学布局，压力缺口由就近的水厂、泵站加压补充及管网配水调整。环状管网供水方式是实现压力均衡的最佳供水方式。部分制水厂建在城市地势相对较高处，水厂内不设出水机房，主要靠重力势能作用实现供水输送，并通过调节沿线管网上安装的调流调压阀进行压力、流量控制，以实现供水压力相对均衡。

2. 按管理层级分

调度按管理层级划分，通常可分为两级管理，一级调度是公司调度，二级调度是制水厂调度；公司调度主要涉及原水调度（多水源需要统一切换、对两个以上水厂原水供应会产生影响的）、供水调度；制水厂调度主要涉及原水调度（多水源可自行切换、对其他系统无影响的）、厂内生产调度。部分公司下属的管网或泵站管理单位对辖区小型泵站、配水管网的运行调度管理，也属于二级调度。

第二节　调度工作内容

1. 公司调度

（1）公司调度的作用

公司调度部门是供水生产运行的最高指挥机构，是计划、生产、供应、统计、信息反馈等实施的核心，是指根据供水系统工作情况，协调制水与供水两大环节，力求供水系统保持水量与水压的动态平衡，满足用户需求，促进生产发展。调度内容主要包括数据监控、原水调度、水厂、泵站加压供水调度、管网调度。要做好调度工作，必须掌握水资源的变化规律和制水能力；熟悉管网、掌握其特点；了解用户的用水情况以及气候和节假日对供水的影响。

（2）公司调度的主要工作内容

① 做好通过信息平台对供水运行全过程进行数据监管，及时发现、报告、解决异常问题。

② 编制水量、压力等调度计划，确定制水厂、泵站工作任务。

③ 对多水源且相互关联的系统，做好原水供应的统一调配，确保满足水厂制水生产需要；发生某一水源污染时，及时进行水源切换，原水运行调整。

④ 根据管网水压、水质、流量情况，结合各制水厂、泵站的实际运行状况，动态调整各制水厂、泵站出水机组的开停或变频高低，及时做好综合平衡。并根据实际情况，调整供水干管阀门运行情况，调整区域供水模式。

⑤ 编制不同情况下的应急预案，突发应急时统筹调配，减少对用户的影响。

⑥ 指挥管网爆管、泵站或者制水厂故障的抢修，开展应急调度，利用多种措施、多种途径缓解故障区域供水困难。

⑦ 制定工程配合供水调度方案，尽量减少计划性管道割接或其他影响供水的工程施工对用户的影响。

⑧ 通过合理调度以降低能耗，使供水系统经济运行。

⑨ 开展供水生产运行分析，查找问题并予以解决。

⑩ 协调生产的辅助部门，使之更好地为生产服务。

2. 制水厂调度

（1）制水厂调度的作用

制水厂调度是指制水厂班组对本厂内的泵房机组开停、净水原料投放、沉淀、过滤、消毒等整个生产过程各环节的指挥。其管理的主要作用为根据生产计划指标和用水需求，协调各个生产控制环节，保证制水水质和水量。

（2）制水厂调度的主要工作内容

① 密切监控制水厂进水机房、加药间、沉淀池、砂滤池、中间提升泵房、炭滤池、出水泵房等各生产运行环节工况，及时发现、报告、解决异常问题。

② 根据公司调度的指令，开停出水泵房机组或调整出水压力、流量。

③ 根据制水厂出水量、各工艺设施负荷程度、清水池水位情况，调节原水供应量，满足制水厂的原水进厂水量要求。

④ 及时根据水量变化调整加药量，根据进出水量合理调节滤池反冲洗、沉淀池吸泥行车运行、回用水池回用时间，合理调整工艺段平行系统（水池）组间水量配比。

⑤ 掌握净水材料供应情况，及时与有关部门联系，确保生产进行。

⑥ 掌握了解设备状况及机组运行效率情况，及时与有关部门联系，督促做好设备保养、维修工作，保证正常运行，力争经济运行。

⑦ 检查与调节生产作业计划；按生产需求，合理调配劳动力。

⑧ 准确填写相应的生产报表、巡检和设备故障记录。

⑨ 遇到突发事故，及时进行处置，确保生产正常运行。

⑩ 上传下达指示，组织执行。

第三节　一般调度流程及要点

1. 一般调度流程

供水调度的整个过程需要公司调度与制水厂调度相互结合，公司调度监控管网压力及热线受理等情况，下达调度指令，制水厂根据调度指令调整出水运行模式，并调整进水量，做好各工艺设施运行控制，一般调度流程如图 7-1。

2. 制水厂调度要点

为保持制水厂平稳运行，确保持续供水能力，制水厂调度部门要注意以下要点：

① 要充分利用用水低峰时段，合理调控进水量，蓄满制水厂清水池，确保高峰来临前清水池处于高水位，便于高峰时段调蓄运行。

② 与公司调度部门保持有效沟通，了解该日整体水量情况，合理安排各工艺段运行。

③ 在制水厂高负荷运行阶段，要利用下午平峰及夜间低峰时段，交替进行滤池反冲洗及沉淀池排泥工作，保障高峰时段生产工艺段正常运行。

④ 在制水厂出水量高于制水能力时段，要密切监控清水池水位情况，清水池水位过低可能会出现浊度上升，出水泵运行异常等情况。

⑤ 夜间低峰供水时段制水厂进水流量很低时，要密切关注反应池加药混合效果，及时调整，确保滤前水浊度达标。

⑥ 密切关注原水水质情况，原水水质异常时要及时调整加药方式，启用多品种加药，或者切换水源。

⑦ 监控各生产环节数据及设备运行情况，生产设备发生故障时及时进行调度，确保不影响出水水质与水量。

⑧ 当高峰时段须开泵加压或低峰时段须停泵减压时，要根据压力变化平缓操作，避

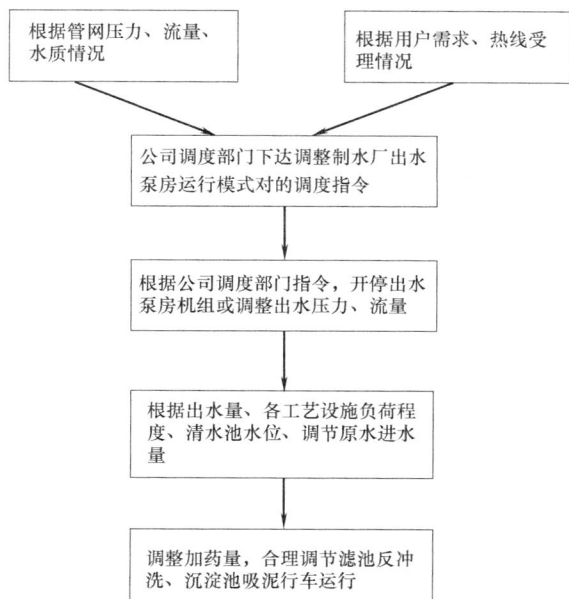

图 7-1　一般调度流程

免因同时开停多台水泵而发生水锤爆管。

⑨ 制水厂内发生工艺管线爆管、危化品泄露、突发断电、火灾、台风暴雨受淹等影响正常运行的应急事件时，应立即将情况上报公司调度部门，便于公司调度部门统一调配，减轻该厂运行负荷或暂时停运；并启动相应的应急预案，组织专业技术人员赶赴现场，将影响减到最小。

第四节　调 度 措 施

1. 确定管网服务压力

（1）管网服务压力的定义与作用

管网服务压力是指提供给各项用水需要的管网压力。供水水量不足、泵站扬程不够或者管网布局等方面存在问题，会导致管网服务压力过低，满足不了用户对水压的要求；管网服务压力过高，会造成电力资源的大量浪费，增加生产成本。不合理地提高管网的工作压力，会引起管网漏水量加大，漏损率提高，甚至造成管网破坏。

（2）怎样确定管网服务压力

1）管网服务压力设计规范

管网的服务压力为：满足一层楼的自由水头为 10m，二层为 12m，三层以上每层增加 4m。

2）不同地理环境（城市）的服务压力确定标准及方法

在管网运行中，每个供水区域、管段、节点的压力都是不同的，随着水厂运行机组的增减，外部用水量的变化，一天当中不同时间段的压力也是不断变化的，供水服务压力是根据城市的地理环境、供水布局与方式、供水时段及当地供水企业服务承诺所确定的，标准也是不一定的,通常管网干管末梢压力不应低于0.14MPa;住宅配出水点前流出水头不应低于0.05MPa。

一般由二级泵站直接供水的给水系统,离泵站距离越远水压下降得越明显;所处地形越高水压也相应越低。为保障低压地区的正常用水,应在中心区、管网末梢区选择控制点,标定该点应到达的压力范围,通过调控控制点的压力来控制整个管网的水压。这些控制点的水压会直接影响到水厂的出口压力,影响能源消耗及制水成本,因此控制点的标定压力必须控制在合理范围。

(3) 管网服务压力的检测

1) 检测的作用和方法

管网压力因用水量的不同而发生变化,同时送水机组的增减也是变化的,这就要求对管网的服务压力进行实时检测,根据管网的压力来调配各个水厂的机组开停。检测管网服务压力的方法有很多,按测量仪器工作原理可分为:液柱式、弹性式和压力传感器等;按传送方式可分为自动和手动两种,而自动又可分为有线和无线两种方式。

将测得的管网服务压力进行整理汇总,在管网平面布置图上,按2~5m的水头损失,绘制出整个管网的等水压线图,以此了解各个管段的负荷是否均匀。从等水压线图中找出不合理的管径和管段,根据等水压线标高减去各点的地面标高,绘制出等自由水压线图,并绘出低压区的分布和面积,为合理调度及管网改造提供可靠依据。

2) 测压点的布置原则

在供水区内选择一些有代表性的测压点为管网压力的控制点,经常测定其服务压力,用以反映和控制整个管网的水压。合理的测压点位置应设在对水厂进行调度时能有所反映的主要管道的会合点上和用水范围较广的中型管道上。以300~600mm的配水管为宜。

3) 水压合格率

《城市建设统计指标计算方法》规定:服务压力合格标准满足测压点所属地区一天中最低的需要压力即为合格。一天中的压力随着用水量的变化随时都在变化,一般每十五分钟一次的检测频率比较合适。水压合格率是水压合格次数与检查次数的商,式(7-1):

$$水压合格率 = \frac{水压合格次数}{检查次数} \times 100\% \tag{7-1}$$

水压合格率反映了一天当中管网的服务压力的波动情况。

4) 平均水压值

平均水压值是所有测压点一天所测得的水压值的总和与总检测次数的商,式(7-2)。

$$平均水压值 = \frac{水压值总和}{总检测次数} \tag{7-2}$$

平均水压值是测压点的水压绝对值,反映了城市水压达到的高低程度。不同城市的水压合格率接近,但水压值可能有很大差距。

(4) 提高管网服务压力采取的措施

为更好地服务用户,提高供水服务质量,可以采取以下措施:

① 开源节流,挖潜改造,增加供水。

② 合理管网布局,提高输、配水能力。

③ 在管网中建补压井、叠压供水。

④ 加强管网动态工况检测，为合理调度和保持优化运行提供依据。

2. 水厂出口水压的确定

（1）水厂出口水压选择原则

水厂出水要尽量满足各区域用户的用水需要，而管网最不利工况点是城市供水管网末梢或地势较高处，容易发生供水不足情况；因此要根据管网最不利工况测压点确定水厂出水最低压力，并按照出厂压力需求合理选择机泵扬程。

（2）确定水厂出口水压的方法

① 参数测定：管网最不利工况点水压；管网流速。

② 满足条件：管网最不利工况点水压满足用户需要。

3. 蓄水池的运用（含清水池）

（1）蓄水池的作用

蓄水池的使用主要是为了在供水不足的情况下，令有限的水资源充分得到开发和利用。用水低峰时间生产能力大于用水需要时，可将时段多余的水量利用蓄水池的调蓄能力贮存起来；如用水高峰时间发挥现有设备最大生产能力也满足不了外部用水需要，此时利用蓄水池贮存的水进行补充供水，以满足用户对水量的需求，这就是蓄水池的避峰调蓄作用。

（2）蓄水池的运用

合理安排调节量，充分发挥蓄水池的利用率，是合理安排生产，保证产供平衡的科学方法，见式（7-3）～（7-7）。

$$蓄水池调解率 = \frac{调节量}{总容量} \times 100\% \tag{7-3}$$

$$蓄水池调蓄量 = (最高水位 - 最低水位) \times 蓄水池面积 \times 个数 \tag{7-4}$$

$$蓄水池调蓄率 = \frac{调蓄量}{总容量} \times 100\% \tag{7-5}$$

$$蓄水池利用率 = \frac{(最高水位 - 最低水位)}{标定水位} \times 100\% \tag{7-6}$$

$$蓄水池调蓄量 = (最高水位 - 最低水位) \times 蓄水池面积 \tag{7-7}$$

4. 水量变化分析

（1）分析用水量变化的作用

生活用水量随着气候和生活习惯而变化，例如不同季节、工作日与节假日、一日之内的不同时段用水量都存在加大差异；工业企业生产用水量的变化取决于工艺、产品数量、设备能力、工作控制等因素，某些季节性企业用水量变化很大。给水系统必须能适应这种变化的供需关系，才能确保用户对水量的需求。

（2）日变化系数 K_d

在一定时期内，用来反映用水量逐日变化幅度大小的参数叫日变化系数。常用 K_d 表示，其意义可用下式（7-8）表达：

$$K_d = \frac{Q_d}{Q_d} \tag{7-8}$$

Q_d 最大日用水量，是某一时期内用水量最多一日的用水量；

$\overline{Q}_d$ 平均日用水量，是某一时期内总用水量除以给水天数所得的数值。

式中 Q_d、$\overline{Q}_d$ 分别代表了某一时期内最大日用水量的峰值和均值的大小。因此 K_d 值实质上显示了一定时期内用水量变化幅度的大小，反映了用水量的不均匀程度。不同城市，不同的用水性质，K_d 值不同，可根据多方面的、长期的调查、研究、统计、分析得出。

（3）时变化系数 K_h

在一日内，用来反映用水量逐时变化幅度大小的参数叫时变化系数。常用 K_h 表示，其意义可用下式表达：

$$K_h = \frac{Q_h}{\overline{Q}_h}$$

Q_h 最大时用水量，是一日内用水最多时段的用水量；

$\overline{Q}_h$ 平均时用水量，是一日内总用水量除以 24 小时所得的数值。

式中 Q_h、$\overline{Q}_h$ 分别代表了一日内用水量的峰值和均值大小。因此，K_h 值实质上显示了一日内用水量变化幅度的大小，反映了用水量的不均匀程度。不同的城市，不同的用水性质，K_h 值不同，可根据多方面的、长期的调查、研究、统计、分析得出。

第五节 经 济 调 度

1. 经济调度依据

经济调度的基本原则是在保证服务、满足社会需求的前提下，灵活调整、合理运行、降低制水成本。要实现经济调度，就应实现以销定产，按需定压，以压调水。满足社会的用水需求量，就是要保证管网的服务压力稳定，因此合理选择服务压力控制点，合理确定服务压力值是实行经济调度的依据。

2. 经济调度的主要手段

为了提高经济调度水平，使制水厂取水、送水机组合理运行，应对供水设施的水、电、动、管、池的工作性能实行全方位考核，进行统一调整、综合平衡。使机泵效率在高效区内运行。管网要达到经济流速，需在此基础上采取机动灵活，经济合理的最佳运行方案。

① 对流供水，指从管网的两侧或几个方向同时向一处供水。在有多个水厂，环形管网运行的大、中城市供水系统中，各水厂分别加开机组，实行对流供水，会使管网水压迅速提高，以满足用户用水需要。

② 交叉运行，在有多个水源，环形管网运行的大、中城市供水系统中，各水源交叉运行，使管网水压缓慢上升，就不会出现水源出口水压瞬时过高的情况，因而可减少能耗。

③ 机组调整，合理调整取水、送水机组的蓄水和送水时间，精确计算并合理使用蓄水池调节量，使制水和供水协调运行，在保证服务的同时降低能耗。

④ 运行调整，多运行低耗电，出水多，扬程低，高效率的经济水泵。

另外，变配电设备匹配协调、合理确定经济出口水压等都是经济调度应采取的手段。

第八章

质量管理基础

第一节　质量管理概述

1. 质量

质量是客体的一组固有特性满足要求的程度。"特性"指可区分的特征，包括物的特性，如机械性能；感官的特性，如气味、噪音、色彩等；行为的特性，如礼貌；时间的特性，如准时性、可靠性；人体工效的特性：如生理的特性或有关人身安全的特性；功能的特性，如交通工具的最高速度。"要求"指明示的、通常隐含的或必须履行的需求或期望。以自来水为例，它的质量应该包括满足用户需求与国家供水标准要求，清澈无杂质无异味无异色，水温合适，饮用健康安全，且供应稳定及时、水压充足等内容。显然自来水供应质量的含义明显大于平时讲的水质的含义。

2. 全面质量管理

全面质量管理指一个组织以质量为中心，以全员参与为基础，目的在于通过顾客满意和本组织所有成员及社会受益而达到长期成功的管理途径。它的特点包括全面性：指全面质量管理的对象，及企业生产经营的全过程；全员性：指全面质量管理要依靠全体职工；预防性：指全面质量管理应具有高度的预防性；服务性：主要表现在企业以自己的产品或劳务满足用户的需要，为用户服务；科学性：质量管理必须科学化，必须更加自觉地利用现代科学技术和先进的科学管理方法。因此自来水生产供应的质量管理应涵盖生产管理与工艺处理的全过程，全员参与，突出源头与过程控制，运用新技术新方法，不断满足用户对供水服务的需要。

3. 质量控制

质量控制是为使产品或服务达到质量要求而采取的技术措施和管理措施方面的活动。质量控制的目标在于确保产品或服务质量能满足要求。质量控制大致可以分为以下几个步骤：选择控制对象、选择需要监测的质量特性值、确定规格标准并详细说明质量特性、选定能准确测量该特性值或对应过程参数的监测仪表或自制测试手段、进行实际测试并做好数据记录、分析实际与规格之间存在差异的原因、采取相应的纠正措施。当采取相应的纠正措施后，仍然要对过程进行监测，将过程保持在新的控制水准上。一旦出现新的影响因子，还需要测量数据、分析原因、进行纠正。质量控制小组（QC 小组）活动是企业组织职工运用质量管理理论和方法来改进质量、降低消耗、提高人的素质、安全程度和经济效益等为目的的活动。在自来水生产中应选择如浊度、余氯、加药量、水位等作为过程监控参数，建立各工艺段控制标准值，过程监测值与控制标准值进行差异比较后，分析原因并采取调整措施。

4. PDCA 循环

PDCA 循环亦称戴明循环，是一种提高产品、服务或工作质量的科学工作程序。P（plan）——计划；D（do）——实施；C（check）——检查；A（action）——处理。第一阶段是计划阶段，这个阶段的主要内容是通过市场调查、用户访问、国家计划指示等，搞清楚用户对产品质量的要求，确定质量政策、质量目标和质量计划等。第二阶段是执行阶段，这个阶段是实施计划阶段所规定的内容，如根据质量标准进行产品设计、试制、试验与生产，其中包括计划执行前的人员培训。第三阶段是检查阶段，这个阶段主要是在计划执行过程中或执行之后，检查执行情况，是否符合计划的预期结果。第四阶段是处理阶段，主要是根据检查结果，采取相应的措施。四个阶段循环往复，没有终点，只有起点，见图 8-1。自来水生产的质量管理也是一个通过 PDCA 循环持续提升的过程。

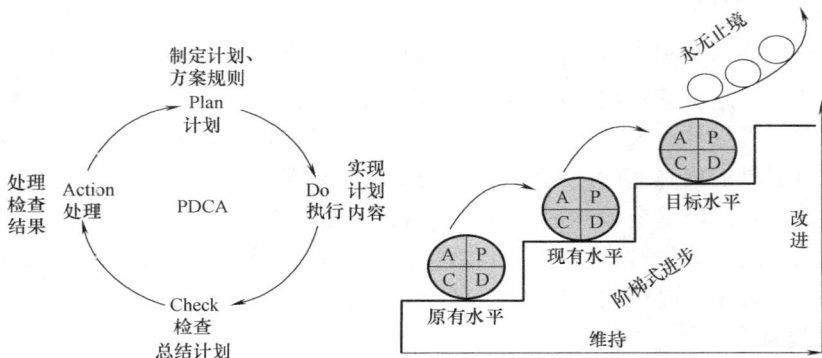

图 8-1 PDCA 循环和持续改进图

5. 质量检验

质量检验是指采用一定检验测试手段和检查方法测定产品的质量特性，并把测定结果同规定的质量标准作比较，从而对产品或一批产品作出合格或不合格判断的质量管理方法。产品合格率是指经检验合格的产品数占总产品数的百分比。水质检验作为自来水生产质量检验的重点，通常由水厂班组、水厂化验室、公司化验中心三级分工进行。自来水水质检验属于抽样检验，合格率计算为抽样合格的产品数（或次数、项次数）占总抽样产品数（或次数、项次数）的百分比。

第二节 质量管理常用工具

全面质量管理常用七种工具，就是在开展全面质量管理活动中，用于收集和分析质量数据，分析和确定质量问题，控制和改进质量水平常用的七种方法。

1. 统计分析表法和措施计划表法

质量管理讲究科学性，一切凭数据说话。因此对生产过程中的原始质量数据的统计分析十分重要，为此必须根据本班组、本岗位的工作特点设计出相应的表格。统计分析各类生产指标是自来水生产中必不可少的一项工作，可以及时发现与计划或与标准的偏离及与指标的异常变化。

2. 排列图法

排列图法是找出影响产品质量主要因素的一种有效方法。制作排列图的步骤：收集数据，即在一定时期里收集有关产品质量问题的数据；进行分层，列成数据表，即将收集到的数据资料，按不同的问题进行分层处理；统计各类问题反复出现的次数（即频数），按频数的大小次序，从大到小依次列成数据表；计算出每类问题在总问题中的百分比，然后计算出累计百分数；根据上述数据进行作图。通常排列图有两个纵坐标，一个横坐标。横坐标表示影响质量的各个因素，左边的纵坐标表示频数，右边的纵坐标表示频率，曲线表示各影响因素大小的累计百分数，这条曲线称帕累托曲线。自来水生产中可使用排列图法来分析查找关键问题与主要因素，如分析水中杂质水质参数在不同工艺段中的去除、降解比例来确定影响该水质指标达标的主要工艺段，通过不同车间与设备用能分析确定列为节能关键的重点耗能车间与设备等。

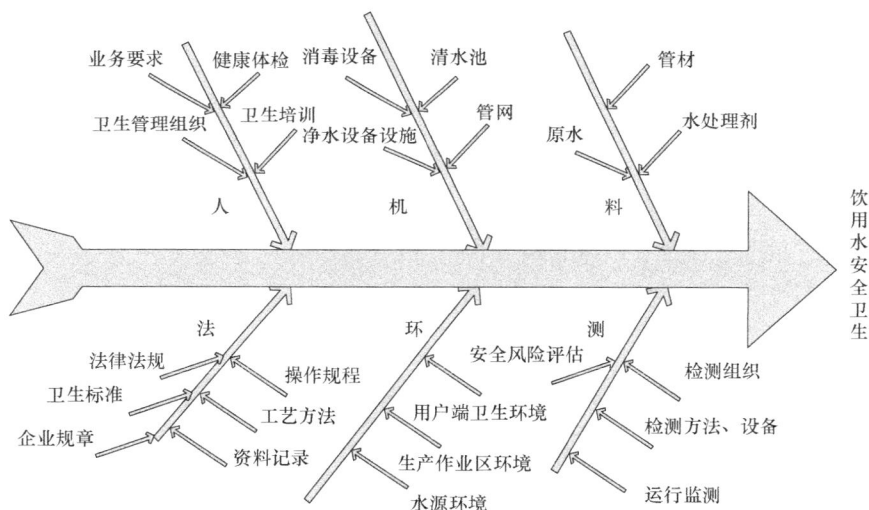

图 8-2　5M1E 饮用水安全卫生分析鱼刺图

3. 因果分析图

因果分析图又叫特性要因图，按其形状有人又称它为树枝图或鱼刺图。它是寻找质量问题产生原因的一种有效工具。画因果分析图的注意事项：影响产品质量原因通常从五个大方面去分析，即人、机器、原材料、加工方法和工作环境。每个大原因再具体化成若干个中原因，中原因再具体化为小原因，越细越好，直到可以采取措施为止。讨论时要充分发挥技术民主，集思广益。别人发言时，不准打断，不开展争论。各种意见都要记录下来。自来水生产中可组织班组 QC 小组活动，使用鱼刺图来解决处理生产中遇到的各类问题，在分析几乎所有引发原因的基础上查找主要原因，再针对主要原因采取应对措施。图

8-2 为杭州市水务开展的 5M1E 饮用水安全卫生分析鱼刺图。

4. 分层法

分层法又叫分类法，是分析影响质量（或其他问题）原因的方法。我们知道，如果把很多性质不同的原因搅在一起，是很难理出头绪的。其办法是把收集来的数据加以分类，把性质相同或相同生产条件下的数据归在一起。这样，可使数据反映的事实更明显、更突出，便于找出问题，对症下药。分类方法多种多样，常见分类如按不同时间、按操作人员或班组、按使用设备、按操作方法、按原材料、按检测手段、按天气条件等。自来水生产中分类法使用较多，如从不同班组或不同设备间生产消耗、水质完成指标等的差异分析寻找提高管理的机会，从不同操作方法或不同原材料间处理效果的差异分析寻找最佳工艺方案等，图 8-3 为某市各类水质投诉分类情况，提示水黄水浑等管道因素为水质投诉主要来源。

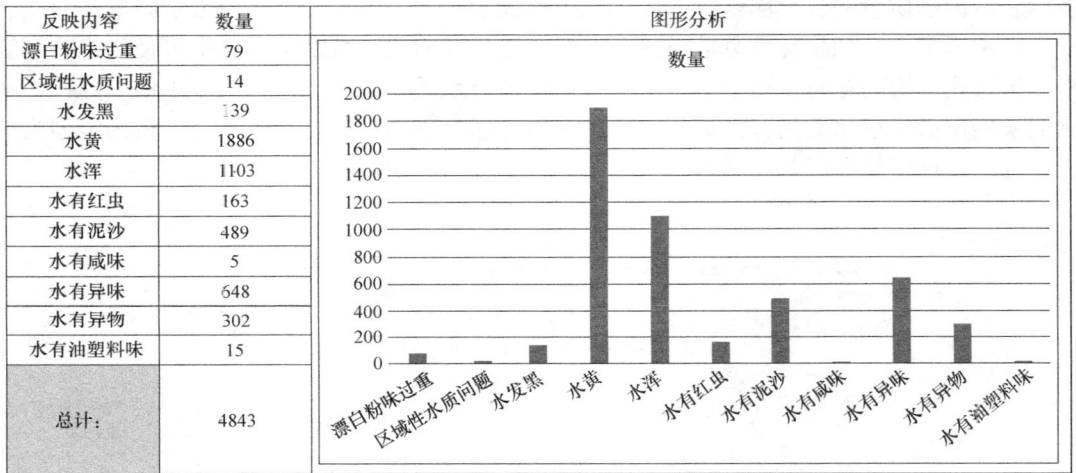

反映内容	数量	图形分析
漂白粉味过重	79	
区域性水质问题	14	
水发黑	139	
水黄	1886	
水浑	1103	
水有红虫	163	
水有泥沙	489	
水有咸味	5	
水有异味	648	
水有异物	302	
水有油塑料味	15	
总计：	4843	

图 8-3　某市三年用户水质投诉分类表

5. 直方图法

直方图是频数直方图的简称。它是用一系列宽度相等、高度不等的长方形表示数据的图。长方形的宽度表示数据范围的间隔，长方形的高度表示在给定间隔内的数据数。自来水生产中可以使用直方图来分析水质参数、设备性能参数等变动情况。

6. 控制图法

控制图法是以控制图的形式，判断和预报生产过程中质量状况是否发生波动的一种常用的质量控制统计方法。它能直接监视生产过程中的过程质量动态，具有稳定生产，保证质量、积极预防的作用。自来水生产中常用控制图法来反映如水质、药耗、电耗、设备性能等的波动是否在控制范围内，重要考核指标有无按计划完成等。

7. 散布图法

散布图法，是指通过分析研究两种因素的数据之间的关系，来控制影响产品质量的相关因素的一种有效方法。在生产实际中，往往是一些变量共处于一个统一体中，它们相互联系、相互制约，在一定条件下又相互转化。有些变量之间存在着确定性的关系，它们之间的关系，可以用函数关系来表达；有些变量之间却存在着相关关系，即这些变量之间既有关系，但又不能由一个变量的数值精确地求出另一个变量的数值。将这两种有关的数据列出，用点子打在坐标图上，然后观察这两种因素之间的关系，这种图就称为散布图或相关图。自来水生产中常用相关图法来反映如浑浊度等水质变量与聚合铝等药剂投加需求变量之间的关系，该方法也是水质检验中标准色列比色法或分光光度法的理论基础。图 8-4 为某市 8 月每日供水量与最高气温散布图，提示供水量与最高气温间的相关性。

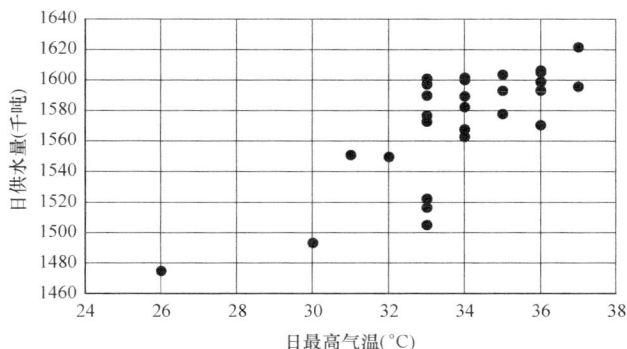

图 8-4　某市 8 月日供水量与日最高气温散点图

第三节　质量标准

1. 管理质量标准

目前国际、国内通用的质量管理标准有《质量管理体系 要求》GB/T 19001/ISO 9001、《环境管理体系 要求及使用指南》GB/T 24001/ISO 14001 等。

供水企业为提高质量管理，应建立质量管理体系，制定质量手册，开展 ISO 9001、ISO 14001 管理体系审核。

2. 产品与服务质量标准

适合于自来水生产的相关质量标准较多，其中水质相关标准有现行《生活饮用水卫生标准》GB 5749、《城市供水水质标准》CJ 206、《浙江省现代化水厂出厂水优质标准》等（详见第二章之饮用水水质标准）；水压、水量计量、售后服务相关标准有现行《城镇供水服务》GB/T 32063 等；水厂安全运行相关标准有现行《城镇供水厂运行、维护和安全技术规程》CJJ/T 58 等。供水企业按需要建立水质、工艺运行、原材料质量、出厂水压、供水服务等内控标准（企业标准），如针对自来水生产各工艺段出水分别建立浑浊度、耗氧量等水质内控标准，针对滤池反冲洗等关键工艺建立气冲、气水混冲、水冲三个过程水量气量与冲洗时间的运行内控标准，便于标准化操作与进行过程监控。

第九章

水厂生产管理基础

第一节　岗位与持证

1. 岗位设置

按照《城镇供水行业职业技能标准》CJJ/T 225—2016，自来水生产工是指在净水过程中，对原水进行操作、运行、管理及监视设备和设施、投加净水药剂等，使水质达到规定标准的人员。自来水生产工的职业技能，要求具备安全生产基础知识与操作知识，具备水力水质基础知识、给水处理工艺与主要设备专业知识、电气管理与自动控制相关知识，具备水厂运行操作与巡检检查技能等。

自来水生产工在自来水厂内部一般包括从事自来水生产的一线运行班组员工，加药操作、滤池操作等是自来水生产工的主要工作内容。各地自来水厂的内部组织架构存在差异，常见的设置有制水（运行）班、化验室、维修班、生产技术科、综合科（综合办公室）等。其中制水班实行倒班制运行，负责水厂每天 24 小时连续运行作业，制水班组内一般设置有班长岗、加药操作岗、滤池操作岗、泵房操作岗、污泥干化岗等岗位，水厂可结合自身生产管理的实际情况在运行班组里设置复合型岗位。

2. 人员持证

自来水厂各类工作岗位需经业务培训才能上岗。高压进网操作、起重设备操作与管理、危化品操作人员以及维修电工、焊工等需按国家相关规定取得对应资格证书后才能上岗。厂内安全管理、统计等岗位人员按照有关规定也应通过专门培训取得对应资格证书。水质化验人员需通过化验工职级认定或具有水质检测相关的技术职称，才能上岗。自来水为生活饮用水，厂内可能与水直接接触的工作人员，如加药净水人员、取样化验人员等需持有健康证，并经饮用水卫生知识的专门培训。各厂工艺、设备类型及内部岗位职责存在差异，自来水生产工要求的持证情况也有所不同，除职业技能证书外常见有危化品操作证、健康证等。

第二节 物资管理

1. 采购验收

水厂净水用原材料应有合适的贮存量，当外围出现短期供应问题时能保证生产的连续进行。水厂按期制订原材料进货补库计划，保证贮存量符合要求。原材料采购前应明确其技术要求，属国家规定的涉及饮用水卫生安全的材料，如聚合氯化铝等絮凝剂、高锰酸钾等助凝剂、次氯酸钠等消毒剂、粉末活性炭等吸附剂、管材管件等均需要具有涉水卫生许可批件。原材料进厂入库前需要查验批次合格证、数量码单等原始出厂凭据，对聚合铝、次氯酸钠等现场查验药剂密度、有效氯等是否合格。净水原材料按批次留样，委托或自行对样品相关质量指标进行抽查。自来水生产工作为净水原材料直接使用人员，对药剂性能及使用过程中出现的问题应及时反馈给厂内相关人员。

2. 仓库与台账

各类原材料入库需作登记，据实填写数量、入库时间、现场查验结果等信息，并附上批次合格证（检验报告）、出厂码单等原始凭据。原材料使用应按先进先出原则，保证库存原材料质量有效。通常液体涉水原材料保存不宜超过一月，性质相对不稳定的次氯酸钠等原材料使用前需对有效氯进行检测。部分水厂已建成物资管理信息系统，水厂物资的采购计划、验收入库、停用登记、报废等都在信息平台上操作，信息流转、查询相对方便。

原材料库房内各类物品应有序归类存放，性质相触的物品应分隔存放，如酸性物质与碱性物质、氧化性物质与还原性物质等的分隔存放。存放固体原材料的仓库应保持干燥，存放粉末活性炭的仓库应注意控尘与防爆。液氯为剧毒物品，保存量应始终不超过安全评价报告确定的数量上限，并做好防泄漏等安全生产措施与防盗防破坏等安保管理措施。盐酸、硫酸等为公安部门确定的易制毒物品，高锰酸钾等既是易制毒物品，又是易制爆物品，均应按相关规定办理申购手续，专库存放，严格领用登记管理。应急物资仓库内物品应专用，平时做好数量与完好性检查。

第三节 计量与节能

1. 计量器具

计量器具是指能用以直接或间接测出被测对象量值的装置、仪器仪表、量具和用于统一量值的标准物质。水厂计量器具使用很普遍，如计量水量、加药量、气量的流量计；计量水、气压力的压力表（含真空压力表）；配电设备上的电能表、电流电压表；称重计量的地称、汽车衡；机泵安装测量使用的千分尺；化验室水质检测使用的天平、温湿度表、分光光度计、浊度仪、pH计与标准溶液等。自来水生产工经常接触到的计量器具有各类压力表、各类流量计、配电箱电流表、在线余氯仪与浊度仪等。

计量器具需定期进行检定，以保证其测量性能的准确性。国家《计量法》要求，企业、事业单位使用的最高计量标准器具，以及用于贸易结算、安全防护、医疗卫生、环境监测方面的列入强制检定目录的工作计量器具，应实行强制检定；此外，政府行政部门或地方对重点用能单位用能、水质水压信息公示等涉及的计量器具也有强制检定的补充要求。计量器具未按照规定检定或者检定不合格的，不得使用。不属于强制检定的计量器具，水厂可通过与已检定计量器具比对，委托有资质的第三方检定、校准、测试等方式实施周期检定。

2. 生产消耗与节能降耗

自来水生产涉及电、水、药剂、设备维护用品等的消耗，衡量用电消耗指标有水厂综合千吨水电耗、送水泵站千吨水电耗、配水电耗等。衡量用水消耗有进出水差率、回用水率、成品水消耗等。衡量药剂消耗指标有千吨水矾耗、千吨水氯耗（次氯酸钠耗）、千吨水液氧耗、千吨水碱耗、单位干化污泥 PAM 消耗等。

水厂消耗控制是运行成本控制的重要内容，通常水厂所在公司年初会与水厂制订各类消耗指标，年底对各项指标完成情况进行考核。水厂节能降耗措施包括管理类与工程技术类。管理类措施有运行班组间控制消耗竞赛、提高节能机组使用率、清水池高水位运行、沉淀池排泥行程动态调整、强化员工节电意识等，工程技术层面有淘汰高耗能设备、送水机房变频改造、加药自动控制改造、滤池反冲水回用改造等。自来水生产工应做好班组药耗、电耗等报表填报，掌握必要的节能降耗措施与方法，运行管理中进行精细化的调整控制，有效控制水厂各类消耗。

第四节　环　境　管　理

1. 环境面貌

自来水供水单位应取得卫生部门颁发的卫生许可证。水厂厂区及各构筑物内均要求卫生整治，垃圾与各类废物及时清运处置，做好虫、蝇、鼠等有害生物防控。按照《生活饮用水集中式供水单位卫生规范》要求，自来水生产厂区外围 30 米范围内应保持良好的卫生状况，不应修建渗水厕所和渗水坑，不应堆放垃圾、粪便、废渣，不应铺设污水渠道，区域内树木花草或农作物不应喷洒农药；供水单位从业人员应保持良好的个人卫生习惯和行为，不应在生产场所吸烟，不应进行有碍生活饮用水卫生的活动。水厂清水池各孔口应有防虫网等隔离措施，人孔盖板上锁，溢流管口不得直接与污水管直接相连。

自来水生产工应做好责任区域保洁与卫生工作，并遵守厂区卫生管理规定。水厂厂区绿化率应在 30% 以上，绿化与景观小品需及时养维护；各类建构筑物外观应完好，粉刷层不鼓泡脱落，室内不漏水。厂区各类盖板应完好，检查作业后及时复位，保持厂内雨污水管通畅，路面、地面不积水。厂区设立停车位（区），规范车辆停放，不影响原材料、污泥运输车辆及应急时车辆通行需要。

2. 环境保护

随着国家环境保护工作要求的提高，水厂要与时俱进，严格做好环境保护工作，办公污水、生产废水、污泥、废气、周界噪声、有害废弃物的排放与处置应合法合规，并取得相关许可证明或检测报告。

水厂排泥水应进行治理，不能直接排入河道，更不能排回饮用水源保护区。水厂排河或纳管的污水应定期进行检测，达到相关排放标准的要求。厂内水处理药剂仓库及加药间应有废液收集沟、应急处置池，避免废液直接进入雨污水管道。干化污泥应委托专门单位运输与处置，并做好台账记录。水厂应委托相关单位对厂区周界噪声进行检测评判，做好车间与设备的噪声治理控制。水厂对污泥库、臭氧投加池等处的臭气应做好隔离防治，减少对周边环境的影响，臭氧接触池尾臭氧破坏装置应运行完好。水厂化验室产生的化学废液与包装瓶（桶）、机修产生的废机油与废蓄电池以及失效的净水药剂等，应委托有资质的单位清运处置。自来水生产工应及时发现加药间与各工艺段出现的废液、泥水污水等跑冒滴漏情况并报告处理，防止污染扩大和进入外环境。

第五节 文 件 管 理

1. 制度与规程

水厂应制定有运行管理、设备管理、材料管理、安全生产管理、门卫安保以及绩效考核、后勤保障等各类管理制度，针对可能发生的应急事件，制订如突发停电、突发水质污染、防汛抗台等各类应急预案。制度、预案需定期进行评估，依据水厂内外部的变化情况、制度适用性与取得效果情况进行修订。为保证岗位现场得到最新有效的制度版本，需对制度文本进行受控管理，进行编号，登记领用后发放。水厂通过 ISO 9000 与 ISO 14000 管理体系创建，可以提高制度与文件管理的规范化水平。

水厂应针对自来水生产各项主要作业内容应制订操作规程，如聚合铝投加操作规程、滤池反冲操作规程、清水池清洗消毒操作规程、脱水机开停车操作规程等。针对已实现自控的运行操作，人工操作规程可在自控故障等情况下指导工作人员现场手动操作。针对安全风险较高的设备操作，也需按操作规程进行操作，如高配倒闸、切割机使用、起重设备使用等，确保人员与设备的安全。水厂化验室水质检测应依据符合国家方法要求的操作规程或作业指导书，做到有章可循。

自来水生产工应了解水厂各类制度的内容，掌握运行管理与安全生产管理方面的制度要求，掌握工艺设备使用的操作规程，掌握突发应急事件时涉及本岗位的处置流程与工作内容。

2. 记录与档案

水厂生产现场有加药、开停泵、水量、水质检测、巡检、安全检查以及交接班等各类现场记录、报表，自来水生产工应按要求如实记录填报。原始记录与报表上的数据信息是水厂生产技术人员分析运行与消耗情况、设备状态等的重要依据，如分析加药量与在线水质数据变化之间的关系指导加药，分析机电设备温升、电流与设备性能之间的关系指导设备检维修等。交接班记录、安全检查记录等是安全生产工作的基础资料。水质检测原始记录可以还原测定过程与复核检测结果。各类记录与报表填写后需签名，数据更改要求规范，一般要求在更改处签名，被更改的原有数据仍能观察到。水厂建有电子报表系统的，作业人员需对电子数据定时复核，防止因数据传输等原因造成的数据异常情况，并定期做好数据备份。

水厂设立档案室，用于保存水厂各类档案资料，提倡同步建立电子档案库。水厂规章制度、管理文件等管理资料，水厂建设时期竣工资料、图纸及主要设备说明书等技术资料，主要生产运行报表、水质报表、检定资料等运行资料，均应定期收集存档。档案室由专人管理，建立档案目录，实行借阅登记。档案室应有消防、防盗等安全设施。

第十章

水厂安全生产基础

第一节 安 全 生 产

水厂所有员工应接受生产经营单位安全生产教育和培训，保证具备必要的安全生产知识，熟悉有关的安全生产规章制度和安全操作规程，掌握本岗位的安全操作技能，了解事故应急处理措施，知悉自身在安全生产方面的权利和义务。未经安全生产教育和培训合格的员工，不得上岗作业。

1. 危险源

水厂内各类危险源众多，包括消防安全、用电安全、危化品使用、旋转机械、特种设备操作、临边临池、有限空间作业安全以及恶劣气象环境如台风暴雨、积雪冰冻等。消防安全需符合消防法有关规定，各类消防设施不得擅自动用，并做好定期检查、检测工作，消防通道必须保持畅通。电气设备的使用应严格遵照作业规程，涉及高压作业、电工维修的须由持证人员进行。危险化学品主要包括液氯、烧碱、液氧、硫酸、盐酸等，必须符合各类危险化学品的相关规定，操作人员需穿戴好防护用品。有腐蚀性的化学品如聚合氯化铝等，操作前也应穿戴好防护用品，避免皮肤与其接触。涉及登高、有限空间、电焊等危险作业的须办理作业审批，作业现场需张贴危险作业安全警示告知。恶劣气象环境下应减少室外活动，室外巡检应有防滑、防跌落保护措施等。

自来水生产工要重点做好加药间危化品操作、电气设备用电安全、临池作业防坠防滑、封闭井池下井等危险源防范。

2. 职业健康

水厂内职业病危害因素主要包括噪音、有害气体、粉尘等，水厂应将工作场所可能产生的职业病危害如实告知岗位人员。在醒目位置设置职业病防治公告栏，公布有关职业病防治的规章制度、操作规程、职业病危害事故应急救援措施，并在可能产生严重职业病危害的作业岗位以及产生职业病危害的设备、材料、贮存场所等设置警示标识。应当依法开展工作场所职业病危害因素检测评价，识别分析工作过程中可能产生或存在的职业病危害因素，并将检测结果予以公示。必须采用有效的职业病防护设施，并为劳动者提供个人使用的职业病防护用品。

水厂应当对员工进行上岗前的职业卫生培训和在岗期间的定期职业卫生培训，普及职业卫生知识，督促劳动者遵守职业病防治法律、法规、规章和操作规程，指导劳动者正确使用职业病防护设备和个人使用的职业病防护用品。员工应当学习和掌握相关的职业卫生知识，增强职业病防范意识，遵守职业病防治法律、法规、规章和操作规程，正确使用、维护职业病防护设备和个人使用的职业病防护用品，发现职业病危害事故隐患应当及时报告。对从事接触职业病危害的作业人员，水厂应按有关规定组织上岗前、在岗期间和离岗时的职业健康检查，并将检查结果书面告知劳动者。职业健康检查费用由水厂承担。自来水生产工职业健康风险主要来自加药间危化品与腐蚀化学品的操作，操作时要佩戴防护手套、护目镜、化学防护服等防护用品，会使用喷淋洗眼器等应急防护设施。

3. 风险管控与隐患排查治理

水厂应建立安全风险辨识、评估、分级管理制度，组织全员对本单位安全风险进行全面、系统的辨识、评估和分级，同时选择工程技术措施、管理控制措施、个体防护措施等，对安全风险进行分级管控。水厂应建立重大危险源管理制度，全面辨识重大危险源，对确认的重大危险源制度制订安全管理技术措施和应急预案。

水厂应建立安全检查与隐患排查治理制度，逐级建立并落实从主要负责人到每位从业人员的隐患排查治理和防控责任制。根据安全生产的需要和特点，采用综合检查、专业检查、季节性检查、节假日检查、日常检查等方式进行隐患排查（安全检查）。根据安全检查与隐患排查的结果，制定隐患治理方案，对隐患及时进行治理，达到隐患整改闭环。隐患治理方案应包括目标和任务、方法和措施、经费和物资、机构和人员、时限和要求。重大事故隐患在治理前应采取临时控制措施并制定应急预案。自来水生产工应进行本岗位工作范围安全检查活动，发现安全问题应及时报告。

4. 应急管理

水厂应按规定建立安全生产应急管理机构或指定专人负责安全生产应急管理工作，建立应急保障体系。在开展安全风险评估和应急资源调查的基础上，建立生产安全事故应急预案体系，制定应急预案，包括综合预案、专项预案和现场处置方案。水厂应针对不同风险类型，建立应急设施，配备应急装备，储备应急物资，如针对氯瓶泄漏设置中和吸收应急装置，针对停电风险配置发电机，针对防汛风险配备排涝机泵与沙包，针对水源污染配备粉末活性炭应急物资等。应急设施、装备、物资应定期检查、维护、保养，确保其完好、可靠。应急信息应及时上报。

水厂应每年至少组织一次消防、突发停电、危化品泄漏、环境突发事件等应急预案的培训和演练，演练可采用桌面推演、沙盘演练、实操等多种形式。应急预案应定期进行评价，结合演练、应急等开展情况及时更新预案，保证预案适用有效。自来水生产工岗位内容涉及水厂危化品泄漏、水源水质污染、加药间失电、环境排放等不同应急事件，应掌握相关应急预案中本岗位处置流程与工作内容，通过应急预案演练提高熟悉程度。

5. 安全责任

安全生产人人有责，包括自来水生产工在内，水厂每一名员工都是各自岗位安全生产责任人。国家安全生产法规定，水厂主要负责人为安全生产工作第一责任人，必须履行安全生产法规定的所有职责，必须建立安全生产责任制，党、政、工、团齐抓共管，明确各部门、各岗位的安全生产职责，水厂内所有岗位人员需签订安全责任书。自来水生产工是本岗位安全生产工作第一责任人，应当严格遵守本单位的安全生产规章制度和操作规程，开展本岗位安全检查与隐患排查；岗位人员应认真执行交接班制度，服从生产与安全管理，正确佩戴和使用劳动防护用品；岗位人员同时享有了解其作业场所和工作岗位存在的危险因素、防范措施及事故应急措施的权力，有权对本单位的安全生产工作提出建议。

第二节　安全保卫

1. 安保人员

水厂必须配备 24 小时值班的安保人员，设置报警与 110 联网，门卫安保应做好进出人员登记管理和物品进出安全检查工作。安保人员需进行定期巡逻，及时发现外来人员非法闯入等治安事件的发生。水厂安保人员应配备对讲机等通信设备、必要的交通工具，门卫值勤点应配备安保器具（械）及人身防护器材，水厂应根据社会面防控需求及时调整防恐等级。

2. 安防设施

水厂安保分人防、犬防、物防、技防等，物防措施主要有实体围墙、厂门、护厂河、进出口升降柱等，技防措施主要有周界红外对射、电子围栏、视频探头、门禁系统以及与属地公安部门的报警联动等。厂内围墙应不易攀爬，安装红外对射报警装置或电子围栏，厂区大门口宜安装升降柱与防撞设施。水厂内主要通道、围墙沿线、取水头部等宜设点安装全方位的监控探头。氯库、高配等重要生产用房应安装门禁系统，严禁无关人员出入。

自来水生产工应遵守水厂安保反恐规定，不带领生产无关人员进入厂区，对出现在工艺段、加药间、配电房等场地的陌生人员，主动问询其身份。

参 考 文 献

[1] 洪觉民. 现代化净水厂技术手册 [M]. 北京：中国建筑工业出版社，2013.

[2] 黄廷林. 水工艺设备基础 [M]. 北京：中国建筑工业出版社，2002.

[3] 上海市政工程设计研究总院. 给水排水设计手册第 3 册、第 9 册 [M]. 北京：中国建筑工业出版社，2016.

[4] 上海市政工程设计研究总院. 给水排水设计手册第 3 册、第 9 册 [M]. 北京：中国建筑工业出版社，2016.

[5] 中国城镇供水协会编. 净水工 [M]. 北京：中国建材工业出版社，2005.

[6] 中国城镇供水协会编. 机泵运行工 [M]. 北京：中国建材工业出版社，2005.

[7] 中国城镇供水协会编. 变配电运行工 [M]. 北京：中国建材工业出版社，2005.

[8] 国家电网公司. 国家电网公司电力安全工作规程（变电部分）[M]. 北京：中国电力出版社，2013.

[9] 刘介才. 工厂供电 [M]. 北京：机械工业出版社，2006.

[10] 严煦世，刘隧庆等. 给水排水管网系统 [M]. 北京：中国建筑工业出版社，2002.

[11] 严煦世，赵洪宾等. 给水管网理论设计 [M]. 北京：中国建筑工业出版社，1986.

[12] 张维佳. 水力学（第二版）[M]. 北京：中国建筑工业出版社，2015.

[13] 洪觉民. 城镇供水工程 [M]. 北京：中国建筑工业出版社，2009.

[14] 王有志. 水质分析技术（第二版）[M]. 北京：化学工业出版社，2018.